Georg Schweisfurth
Christine Koller

NACHHALTIG LEBEN FÜR ALLE

Georg Schweisfurth
Christine Koller

NACHHALTIG LEBEN FÜR ALLE

Bewusster essen, kaufen, reisen, wohnen

Inhalt

Mensch, beweg dich! 10
   Aus der Herde ausscheren 11
   Das Mögliche tun – das Absolute im Sinn 12
   Das Diktat der Verschwendung 14
   Warten Sie nicht auf die Politik! 15

VOM ICH ZUM WIR: AUFBRUCH IN DIE ZUKUNFT 17
Was unser Denken und Handeln bestimmt 18
   Gemeinsam das Überleben sichern 20
Humanität: Ecoismus statt Egoismus 23
Man muss sich auch mal verschlechtern dürfen 26
   Arbeit im Wandel der Jahrhunderte 27
   Das rechte Maß 30
Die Kraft der morphogenetischen Felder 30

ANSTÄNDIG ESSEN: NICHT NUR EINE FRAGE DES GENUSSES 33
Begriffe: Qualitäten, Ansprüche und Eigenschaften ... 35
   Was bedeutet bio überhaupt? 35
   Was heißt bäuerlich? 37
   Fair Trade ist klar definiert! 38
   Regionalität: leichter gesagt als getan 38
   Saisonalität und „jetfresh" 39
   Verpackungsfrei 40
   Slow Food 41
   Gezieltes Einkaufen fördert das Lebensmittelhandwerk ... 43
Die richtige Ernährung 44
   Wichtige Fragen zum Thema Fleisch 47
   Entschieden wird in der Küche 51
   Berechtigte Sorgen, irrationale Ängste 58

Inhalt

Gesunde Ernährung 60
  Meine Ernährungsregeln 60
  Ist bio nicht zu teuer? 62

Supermarkt Garten 63
  Weltweiter Trend: Urban Farming 65
  Selbstversorgung mit Obst und Gemüse 69
  Den Bienen eine Chance 74
  Die Ernte einlagern 76
  Vegetarische Köstlichkeiten aus Garten
  und freier Natur 77
    • Rezept: Tee aus Apfel- und Birnenschalen 77
    • Rezept: Brennnesselgemüse 78
    • Rezept: Kräuterwasser-Kaltauszug 79
    • Rezept: Salbeiöl 80
    • Rezept: Wildkräuterbrot 81

Tierhaltung für Selbermacher 83
  Tierische Köstlichkeiten 84
    • Rezept: Kefir selber machen 85
    • Rezept: Bio-Schweinebraten vom Wammerl
      mit Ofengemüse 89

DEN WEGWERFWAHNSINN WEGWERFEN! 91

Müllvermeidung in der Küche 92
Re-use – von wegen angestaubt! 95
  Second Sale: eine Idee, viele Formen 98
Die handwerkliche Herausforderung: Repair 100
  Internationaler Trendsetter: Repair Café 101
  Sogar die Politik macht mit 102
  Know-how abrufen 103

Da ist noch was drin: Recycling ... 105
   Mülltrennung im Haushalt ... 105
Der Königsweg: Upcycling ... 110
   Verantwortung schon beim Design ... 110
   Sofortmaßnahmen für jedermann ... 112
**Interview mit Michael Braungart:
„Upcycling ist intelligente Verschwendung"** ... 114
Reduce: Kaufverzicht üben ... 118
   Plastikverpackungen meiden ... 118
Korrekt gekleidet: grüne Mode ... 123
   Die wichtigsten Siegel bei Öko-Bekleidung ... 125
   Orientierung für ökologisch korrektes Einkaufen ... 126
   Mode und Gifte ... 127
   Daunen, Seide und Pelz ... 129
   Upcycling beim Outfit ... 130
**Interview mit Anna Schweisfurth: „Öko-Mode
ist mein Beitrag für eine bessere Zukunft"** ... 132

BAUEN UND WOHNEN: ZUKUNFTSFÄHIG BIS INS DETAIL ... 137

Vorreiter Freiburg ... 138
Minihäuser ... 141
Ökologisch dämmen und heizen ... 142
   Helgo von Meiers Tipps für Sanierungen ... 144
   Helgo von Meiers Tipps für Neubauten ... 146
Anders wohnen: neue Konzepte
und Projekte ... 149
   Sozial integrieren statt aufspalten ... 150
   Land, Stadt, Flucht ... 152

BESSER ALS BESITZ: TEILEN MACHT SPASS! ... 159

Sharing: ein Megatrend nicht nur beim Auto ... 162
   Wohnraum: Zugang statt Eigentum ... 163
   Büroraum auf Zeit ... 164
Co-Living ... 165
Crowdfunding oder Crowdinvesting ... 167
Agrargenossenschaften:
guten Gewissens genießen ... 168
   Vorbild Teikei ... 169
   Community Supported Agriculture ... 172
   Genossenschaften: ein altes Erfolgsmodell ... 173
Regio statt Euro: alternative
Währungssysteme ... 173
   Regiogeld: Beispiel *Chiemgauer* ... 174
   Tauschringe: Eine Stunde ist eine Stunde
   ist eine Stunde ... 177
Interview mit Dorina Schlupper:
„Suche Talente, biete *Talente*" ... 177
Grüne Investitionen ... 180
   Ohne soziale Kontrolle kein Gewissen ... 182
   Alternativen zum Big Business ... 184

NATÜRLICHE RESSOURCEN: HAUSHALTEN TUT NOT ... 185

Zerstörerische Ernährungswirtschaft ... 186
   Das falsche Vorbild: wir selbst ... 188
Es reicht für 15 Milliarden Menschen ... 189
   Ökolandbau statt Bioökonomie ... 191

Dürfen wir überhaupt noch Fleisch essen? ... 192
Der Peak Oil und seine Konsequenzen ... 194
   Ölförderung, wo immer es geht ... 195
   Sauber, gratis, zukunftsfähig: Sonnenenergie ... 197
Wir Stromjunkies ... 199
Nachwachsende Rohstoffe:
keine Gratisenergie! ... 202
Bewusst reisen ... 203
   Den CO_2-Ausstoß kompensieren ... 204
   Weiße Riesen, schwarze Wolken ... 205
   Alternativ reisen ... 206

RESSOURCE ICH: WIE WIR ZUR RUHE KOMMEN ... 207

Auch im Job auf Ressourcen achten –
die eigenen! ... 208
Die Freiheit nutzen! ... 210
   Verzicht bringt Lustgewinn ... 212
Weg vom Easterlin-Paradox ... 213
Zeit verschenken hilft ... 214
Perspektivenwechsel ... 215
   Vom Industriemagnaten zum Buddha-Mönch ... 216
Achtsamkeit entwickelt die Persönlichkeit ... 218
   Stressbremse Achtsamkeit ... 220
Interview mit Katja Sterzenbach: „Achtsamkeit
bringt den guten Charakter zum Vorschein" ... 221
   Achtsamkeit für Anfänger ... 224
   Sein statt Tun ... 225
Meditation ... 226
   Meditieren – eine Anleitung ... 226

Bewegung	227
Selbstwirksamkeit	229
Schritt für Schritt	230

AKTIV WERDEN IN DER PRAXIS: EINIGE BEISPIELE ... 231

Die Fischbestände schonen	233
Tierschutz in der Landwirtschaft	234
Naturschutz im Ackerbau	236
Die Industrie ins Boot holen	238
Öffentlich Druck machen	240
Soziales Engagement für die junge Generation	242
Die Solidarität der Gesellschaft fördern	245

JETZT UMDENKEN: ZEHN TIPPS FÜR DEN EINSTIEG ... 249

Literaturtipps	252
Impressum	256

Mensch, beweg dich!

Uns Mitteleuropäern geht es heute materiell besser denn je. Wir genießen einen unglaublichen Wohlstand, an den wir uns gern gewöhnt haben. Von Tier-, Natur-, Klima-, Arten- und Landschaftsschutz haben wir alle schon viel gehört. Aber Ressourcenschonung, Umweltschutz und Energiewende hin oder her: Industrie und Politik predigen unbeirrt weiter den permanenten technischen „Fortschritt", schrankenloses Wirtschaftswachstum und den damit einhergehenden Konsumismus, dem sich alles andere unterzuordnen hat. Wir sollen niemals zufrieden sein, sondern immer mehr und immer weiter kaufen, konsumieren, genießen, reisen... Mit der größten Selbstverständlichkeit und besten Gewissens, weil es ja der Konjunktur hilft und Arbeitsplätze sichert! Die meisten Menschen der Ersten Welt haben diese Ideologie in Form eines egoistischen Anspruchsdenkens so tief verinnerlicht, dass es ihnen kaum noch bewusst ist. Aber wir wissen doch längst: Unsere Lebensweise ist das Umweltproblem Nummer eins. Aus dem „Immer mehr"-Denken müssen wir aussteigen! Schauen wir uns mal zu Hause um: Unsere Kühlschränke sind voll mit Lebensmitteln, und wir werfen einen großen Teil davon weg: „Datum abgelaufen, schlecht geworden..." Klar. Kostet ja nicht die Welt: Vielfach landen Lebensmittel im Müll, weil sie nicht unser Überleben sichern müssen, wie das etwa in Ländern der Dritten Welt der Fall ist. Der Wert ist irgendwo unterwegs verloren gegangen. Wir können es uns – vordergründig gesehen – eben leisten. Wer Geld hat, lebt nun mal so: voller Kühlschrank, Auto, Handy, Laptop, Flachbildfernseher, Mäh- und Staubsaugroboter und andere Elektronikspielereien immer vom neuesten Modell, mehrere Urlaubsreisen jährlich und eine große Wohnung oder ein ganzes Haus für zwei Personen. Das ist toll und schick und für uns fast selbstverständlich. Dass wir so nebenbei immer mehr zu Energie- und Rohstoffjunkies werden, ist offensichtlich vielen egal.

Und dass uns all der Komfort, dessen Aufrechterhaltung viel Zeit kostet, von uns selbst und allem eigentlich Wichtigen ablenken könnte, auf diese Idee muss man erst einmal kommen! Neun von zehn Menschen würden, wenn sie das Geld hätten, nach diesem Stil leben, statt sich materiell zu bescheiden und daraus eine andere Art von Luxus zu schöpfen: den Luxus des „Weniger".

Aus der Herde ausscheren

Das Verhalten des Menschen entspricht in der Regel dem der Gruppe oder Gesellschaft, die die Norm setzt. So folgen die meisten wie mit Scheuklappen der Herde und denken kaum über ihr Tun nach. Das kostet keine Kraft. Mit tausend Argumenten lässt sich das begründen und verteidigen. Etwa: Ich bin klein und schwach; was kann ich als Einzelner schon ausrichten? „Old habits die hard", wie es so schön heißt: Alte Gewohnheiten sterben langsam. Mir geht es manchmal ähnlich. Ich vergesse innezuhalten: Halt, schau mal genau hin! Brauche ich das oder brauche ich das nicht? Muss ich das jetzt tun oder ist es auch okay, es zu lassen?

Wir können unsere Lebensweise nicht von jetzt auf gleich und hundertprozentig umstellen, weil wir eben so sind, wie wir sind. Außerdem sind nur ganz wenige Menschen in der Lage, sich zu ändern, obwohl viele um die Probleme in der Welt wissen. Es ist deshalb ratsam, wie der Neurologe Gerhard Roth (siehe Abb. 1) meint, eine Sache nur in kleinen Schritten zu ändern. Alles auf einmal, das überfordere die Menschen. Aber immerhin sollte ich erkennen, in welchen Lebensbereichen ich der Herde folge und in welchen ich meinen eigenen Weg gehe, auf dem ich mich bewusst anders orientiere. Ein anderes Leben fängt mit anderem Denken an, mit Reflexion. Mein Buch soll Lust darauf machen, die scheinbar unabdingbaren Dinge des Alltags neu zu betrachten.

Bewusst anders als der Mainstream zu leben, das wäre doch wirklich stark! Aus diesem Gedanken heraus und aus meinem 2012 erschienenen Buch *Bewusst anders,* in dem ich Begegnungen mit Menschen beschreibe, die mich geprägt haben und die mich vieles bewusst anders machen lassen, hat sich dieser Ratgeber entwickelt – oder besser gesagt dieser „Lustmacher".

Das Mögliche tun – das Absolute im Sinn

Zuerst hatte ich eine gewisse Scheu davor, dieses Buch zu schreiben. „Bitte kein erhobener Zeigefinger", dachte ich, und es gibt schon allzu viele Bücher, die einem sagen, was man tun und lassen soll. Ich wollte das Buch *Bewusst anders leben* nennen, denn darum geht es ja eigentlich. Ich will mit dem Buch etwas bewegen, indem ich Gedanken und Tipps aus meinen eigenen Erfahrungen entwickle. Es soll nicht abstrakt sein wie ein Lehrbuch und keinen absoluten Anspruch haben. Es soll auch meine Ratlosigkeit und mein Scheitern bei einigen Fragen wiedergeben. Das ist eigentlich der Kern. Wir haben das Buch später umbenannt, um klarzustellen, dass es nicht um eine subjektive Weltanschauung oder gar etwas Esoterisches geht. Denn diese Spur wäre falsch, weil es mir um das ganz Konkrete geht, um das, was wir real ändern können, und um die Begründung, warum wir es tun müssen.

Das Individuelle, vielleicht sogar Spirituelle, spielt da durchaus mit: meine innere Haltung, meine Überzeugung, mein Glaube. „Ein bisschen Spiritualität tut jedem gut", sagte einmal ein Freund. Recht hat er. Ich gehe dabei stets von einem humanistischen und deshalb altruistisch orientierten Menschenbild aus, von der Verantwortung fürs Gemeinwohl, von der Überzeugung, dass wir nur in Sozialität überleben können und dass Solidarität die höchste Form des Miteinanders ist – und nicht eine hemmungslos ausgenutzte Macht und ausgelebte Gier. Unser Respekt, unsere Haltung zur Welt und den Mitmenschen äußert sich in nichts so wirksam wie in dem, was wir täglich tun: was wir denken, wie wir essen, wie wir uns kleiden, wie wir uns fortbewegen, wie wir wohnen, wie wir mit Ressourcen umgehen, wie und wo wir sparen, wie wir investieren und wie wir uns ehrenamtlich engagieren … Ein kultivierter Mensch ist für mich einer, der selbstbewusst sein Handeln in größeren Zusammenhängen sehen kann. Die Erkenntnisse, um die es mir geht, sind nicht neu. Wenn wir Bücher lesen – wie etwa die von Eugen Drewermann (siehe Abb. 2) aus den 80er-Jahren – erkennen wir, dass seitdem eigentlich alles noch schlimmer geworden ist. Aber die Einsichten müssen wohl laufend wiederholt und an die Verhältnisse der jeweiligen Zeit angepasst formuliert werden, damit wir sie in der Gegenwart verstehen.

Wir leben in einer Reproduktionswelt, und viele von uns sind nur mit einem Reproduktionsgeist ausgestattet. Viele gestalten ihr Leben nicht, denn gestalten hieße verändern, Liebgewonnenes ablegen, Eigenständiges machen, nicht kopieren, ins Risiko gehen, vorangehen. Ich frage mich: Warum reproduzieren wir die immer gleichen Fehler? Meine vorliegende Gebrauchsanweisung für ein nachhaltiges Leben, die wir *Nachhaltig leben für alle* auch in Anlehnung an den *basic*-Slogan *bio für alle* genannt haben, soll Ihnen helfen, über den Tellerrand hinauszublicken, über den Konformismus, über die Vorurteile, über die eingefahrenen und unreflektierten Wertvorstellungen, die hinter unserem Tun stecken. Wir müssen uns selbstkritisch betrachten.

Wenn wir 20 Prozent, vielleicht eines Tages 50 Prozent unseres Lebens verändern, ist das gut. Wenn wir dabei froher sind als zuvor, ist die Übung gelungen. Wir Ökos, zu denen ich mich zähle und zu denen ich gezählt werde, werden immer an 100 Prozent gemessen; am Absoluten. Wenn ich etwas Unökologisches tue, zum Beispiel mit dem Auto statt mit der Bahn reise, was selten vorkommt, oder mal in der Not etwas nicht biologisch Erzeugtes esse, werde ich gleich angegriffen, vor allem von Nicht-Ökos. Diese suchen auch immer nach Formulierungen in meinen Schriften oder Reden, mit denen sie meine „wahre" Gesinnung beweisen können. Ich habe leider einmal gesagt, dass „Bio per se nicht besser" sei als

VORWORT

konventionell Erzeugtes, meinte aber nur einen Teilaspekt, nämlich die Nährstoffe in Bio-Lebensmitteln. Im Nu schrieben die Zeitungen, selbst Schweisfurth gebe zu, dass bio nicht besser sei. Obacht! Die Geier lauern überall, und die Industrie setzt viel Geld und ihre Lobbyisten ein, um ihre Doktrin zu verteidigen.
Klar: Ich kann in der Praxis nicht zu 100 Prozent ökologisch leben. Auch ich fahre nicht nur mit Bus, Bahn und Rad. Ich habe ein (altes) Auto und reise, wenn es sich gar nicht vermeiden lässt, auch mit dem Flugzeug. Doch ich bemühe mich bewusst, anders zu reisen. Wir Menschen verbrauchen nun einmal, wir sind dazu verdammt; nur ist die Frage, wie nachhaltig das geschieht.
Ich denke, wir alle müssen Jahr für Jahr ein Stückchen besser werden. Ökologischer. Es ist ein biblischer Auftrag, „Gott ähnlicher zu werden", und genau das ist damit gemeint: Er lässt uns Zeit, und das „ähnlicher" heißt, dass wir nie perfekt wie Gott werden können. „Verschlechtern" dürfen wir uns höchstens materiell.
Vielen dient der Absolutheitsanspruch als wohlfeile Ausrede. Sie denken: Weil das Ideal sowieso nicht zu erreichen ist, brauche ich gar nicht erst bei mir im Kleinen anzufangen. Grundfalsch! Die reale Welt besteht aus Kleinigkeiten! Jedes kleine Herunterfahren ist eine Verbesserung! Man sollte das also nicht zu eng sehen. Natürlich freue ich mich, wenn jemand zwar Porsche, Audi oder sonst was fährt, aber immerhin Bio-Lebensmittel einkauft. Oder einer fliegt in den Urlaub, hat sich aber ein Holzhaus gebaut. Oder jemand fährt jede Woche in den Alpen Ski, engagiert sich aber ehrenamtlich bei einer gemeinnützigen Organisation. Wir leben in einer freien Welt, aber wir nutzen unsere Freiheit nicht!

Das Diktat der Verschwendung

Die Volkswirtschaften in der Ersten Welt sind wegen der spezifischen Wirtschaftsrechnung per definitionem auf Verschwendung angelegt. Mindestens die Menge an Investitions- und Verbrauchsgütern sowie Dienstleistungen, die zusammen das Bruttoinlandsprodukt eines Jahres ausmacht, muss im folgenden Jahr wieder produziert werden! Die Uhr wird am ersten Januar auf null zurückgedreht, und dann geht das ganze Treiben von vorne los: auf dass das Bruttosozialprodukt nur ja nicht geringer ausfalle als im Jahr zuvor. Im Gegenteil: Noch eine Schippe obendrauf muss es jedes Jahr sein, denn das erst ist Wachstum! Dieses perverse Prinzip der Maßlosigkeit wird in unserer „modernen" Gesellschaft mit dem Argument der sonst drohenden Arbeitsplatzverluste krampfhaft aufrechterhalten. Im Gegensatz dazu ist von gerechter Verteilung selten die Rede. Schon gar nicht davon, dass es ja irgendwann einmal genug sein könnte. Laufend redet uns die Industrie neue Bedürfnisse ein, um mit den unsinnigsten Produkten das nächste Riesengeschäft zu machen.

Ich glaube, dass wir aus diesem Irrsinn nur mit neuen, grundlegenden Wirtschaftskonzepten wie dem bedingungslosen Grundeinkommen, ausschließlicher Konsumbesteuerung und Abschaffung der Einkommensteuer herausfinden können, was sich sehr langwierig gestalten wird. Aber wir müssen diesen Weg einschlagen, bevor wir irgendwann kein Öl, kein Gas, keine seltenen Erden, überhaupt keine Rohstoffe mehr haben, die wir nicht durch erneuerbare ersetzen können. Veränderung kommt von unten, und wir Reichen, die reichen Unternehmen und Länder, müssen vorangehen!

Warten Sie nicht auf die Politik!

Die Politik geht niemals mutig voran. Oder haben Sie das je erlebt? Ich nicht, und hier gebe ich ein paar markante Beispiele, bei denen die Politiker gescheitert sind: *UNEP*, das *United Nations Environment Programme* mit 7000 Mitarbeitern in Nairobi, entwickelt seit 40 Jahren Umweltprogramme. Nach meinem Wissen waren es bisher etwa 550 Einzelprogramme, von denen allerdings nur drei umgesetzt wurden. Eines davon war das Montreal-Protokoll zu den Ozonkillern; die beiden anderen waren so unbedeutend, dass wir sie nicht mehr im Gedächtnis haben.

Weltweite Konventionen haben mehrheitlich nichts geholfen, weil sich niemand an sie hält. Erinnern Sie sich zum Beispiel an die *Millennium Development Goals*. Bei diesem Abkommen haben sich im September 2000 alle UNO-Mitgliedsstaaten verpflichtet, bis 2015 die an Hunger leidende Bevölkerung auf 400 Millionen Menschen weltweit zu drücken. Das Ziel ist verfehlt, die Zahl liegt inzwischen wieder bei knapp einer Milliarde Menschen, nachdem sie 1995 schon mal auf 850 Millionen gesunken war! In Deutschland wächst die Kinderarmut dramatisch, was ebenfalls auf eine zunehmend ungerechtere Verteilung hindeutet. *Hunger in Deutschland* heißt deshalb das Programm, das der Verein *Children for a better World* vor zehn Jahren unter anderem mithilfe der Biomarktkette *basic* ins Leben gerufen hat. Die Politik kann, wenn sie gut ist, Strömungen in Richtung Nachhaltigkeit aufgreifen und in Gesetze und Verordnungen einarbeiten. Vorangehen müssen aber immer wir, die Bürger eines reichen Landes, und auch die Promis und die Vermögenden, die Unternehmer.

Wenn aus wenigen Köpfen immer mehr werden, wenn die Vorreiter die anderen mitziehen, wird irgendwann wie bei einer atomaren Kettenreaktion die kritische Masse erreicht sein, und dann kippt das alte System. Einiges ist trotz Umwegen und Hürden in eine gute Richtung unterwegs, beispielsweise die Produktion und Vermarktung von Bio-Lebensmitteln und die Energiewirtschaft. Warum soll also nicht auch in anderen Bereichen ein grüneres, umweltbewussteres und nachhaltigeres Leben in Zukunft möglich sein? In diesem Sinne wünsche ich Ihnen viel Spaß beim Lesen, Verwirklichen und Voranschreiten.

Ihr Georg Schweisfurth

Vom Ich zum Wir: Aufbruch in die Zukunft

Wir leben in einer Welt, in der alles möglich ist, und es scheint, dass wir an unseren Möglichkeiten ersticken. Weil wir offenbar den Hals nicht voll genug bekommen können, ruinieren wir die Welt und damit letztlich uns selbst. Aus dieser Abwärtsspirale müssen wir aussteigen und uns neu ausrichten: weg vom Egoismus, hin zu einem „Ecoismus", zu einem Wir-Denken.

Der weltweite CO_2-Ausstoß steigt von Jahr zu Jahr allen Bemühungen zum Trotz immer noch stark an. CO_2 ist nicht das einzige Gas, das die Wärme in der Atmosphäre „festhält" und so den Klimawandel antreibt; auch 19 weitere sind dafür bekannt. Aber CO_2 ist für zwei Drittel der globalen Erwärmung verantwortlich. Außerdem verändert es die Weltmeere, die zurzeit 25 Prozent des aus Schornsteinen und Auspuffen aufsteigenden CO_2 binden. Vier Kilo pro Person und Tag nehmen die Ozeane auf; mit der Folge, dass sie immer saurer werden und weniger Sauerstoff binden können, was wiederum die Fischbestände und die gesamte Meeresfauna schädigt und dezimiert. Intensivmethoden in der Landwirtschaft bewirken, dass der Humusgehalt im Boden langsam schwindet und mit ihm die Fähigkeit des Erdreichs, CO_2 zu speichern, auf die wir dringend angewiesen sind. Alles, was wir tun, alles, was wir konsumieren, hat einen Einfluss auf unsere individuelle CO_2-Bilanz *und* auf die Möglichkeit unseres Planeten, CO_2 zu binden. Also haben wir eine doppelte Verantwortung: Wir können „weniger" *und* „besser" konsumieren.

Was unser Denken und Handeln bestimmt

Mit der Geburt werden wir in die Welt, wie sie ist, hineingeworfen und erkennen irgendwann, dass wir sie durch unser Denken und Handeln mitgestalten können. Warum? Weil wir verglichen mit den Tieren „selbstreflexiv" sind. Das heißt, wir können über unser Tun und selbst über unser Denken reflektieren.

Wir werden als hilflose Wesen geboren, brauchen als Nesthocker anfangs den Schutz der Mutter, später den der Familie und der Gemeinschaft. Das ist für uns lebenswichtig. Doch mit dem Überschreiten bestimmter Lebensschwellen koppeln wir uns von diesem Schutz immer stärker ab. Wir übernehmen immer mehr Verantwortung für uns selbst und die Gemeinschaft, beginnen also im Sinn unserer Mitmenschen zu handeln. Im Vergleich zum Tier haben wir mehr Freiheitsgrade. Wir sind im Wesentlichen nicht von Instinkten gesteuert, sondern bei uns setzt etwas ein, was man selbstreflexive Vernunft nennen könnte. Diese Vernunft trifft auf die Freiheit, unser Leben und unsere Welt weitgehend so zu gestalten, wie wir es für uns selbst und später für andere Menschen, ja im Idealfall für die ganze Menschheit und ihre Zukunft für richtig halten. In jedem individuellen Handeln, in jeder Tat, selbst in jedem Gedanken spiegelt sich der Grad unserer Modernität.

Wir sind in die Welt gekommen, um sie zu verbessern

Der göttliche Auftrag

Wir sind in die Welt gekommen, um sie zu verbessern. Das ist nicht nur der christliche Auftrag, der im Alten und Neuen Testament geschrieben steht, sondern er ist auch in den Rechtsnormen anderer Kulturen zu finden. Hier konvergieren die Religionen aufs Feinste. Im Christentum hat der Mensch den Auftrag, „Gott ähnlich" zu werden. Danach sollen wir streben. Gott ist in der biblischen Darstellung die ideale Verkörperung aller Gerechtigkeit, aller Toleranz, aller Bescheidenheit und aller Solidarität. Dieser Auftrag ist nicht als Repressalie zu verstehen, sondern als sinnvolle Grundregel für das Zusammenleben. Dass wir oft versagen, steht außer Frage, jedoch wird ja nur eine Tendenz angemahnt. Die Beichte zum Beispiel ist für mich nichts anderes als das Innehalten zur Selbstreflexion, die wir üben sollen. Welche moralischen Vorstellungen aus diesem Grundprinzip zusätzlich abgeleitet wurden, verwässert meines Erachtens die geistige Wurzel dieser elementaren Regel.

Der Auftrag, die Schöpfung zu bewahren, schließt künftige Generationen ein. Im zweiten Kapitel des Buchs Genesis wird der humanistische Grundgedanke, wenn wir es technisch-modern ausdrücken wollten, „dynamisiert". In ihm steckt, dass wir uns bei jedem Handgriff, bei all unserem Tun, überlegen sollen, welche Auswirkungen dasselbe auf das Leben unserer Enkel hat. Enkeltaugliche Lösungen braucht die Welt, wenn sie nicht aus den Fugen geraten soll. Möglichst unversehrt sollen wir sie weitergeben.

Gemeinsam das Überleben sichern

Aufeinander Rücksicht zu nehmen ist eng mit dem Überlebenstrieb verbunden, sagt die Soziologie. Dieser ist einer der wenigen Instinkte, die wir (und auch jedes Tier) mit ins Leben nehmen. Beim Säugling tritt er schon im Saugreflex zutage, beim Erwachsenen darin, dass er sich und seine Sippe vor Hunger und Armut schützt. Hier ist auch die Wurzel zur sozialen Grundhaltung zu finden. Wir lernen idealerweise in der Gemeinschaft, uns sozial zu verhalten, also Rücksicht auf andere zu nehmen. Denn ohne Gemeinschaft gibt es kein Überleben. Handeln wir gegen die Gruppe, hat das Konsequenzen.

Die individuelle Freiheit hat dort ihre Grenzen, wo die Rechte des Nächsten und der Gruppe beginnen. Wir lernen schon in frühester Kindheit, dass bestimmte Dinge einfach „nicht gehen". „Das tut man nicht!", haben uns die Eltern beigebracht und damit fürs ganze Leben geprägt. Betrachten wir allerdings den Planeten, auf dem wir leben, funktionieren Sanktionen leider nicht. Da sagt niemand „Schäm dich!". Ein global anerkanntes und durchsetzbares Umweltstrafrecht wäre aber längst überfällig.

Die Sozialität setzt umso mehr aus, je komplexer die Welt wird und je weitreichender unsere Handlungen werden und wirken. Zu viele Akteure können ihre zerstörerischen Untaten immer noch unter dem Deckmäntelchen der Anonymität und Unübersichtlichkeit verstecken. Nehmen wir die Finanzkrise ab 2007: Banken und Versicherungen hatten das Geld der Sparer verspekuliert und sie um viele Milliarden geschädigt – eindeutig extreme Moralverletzungen. Der damalige Bundespräsident Horst Köhler sagte zu den Verantwortlichen: „So etwas tut man nicht!", und formulierte damit kurz und bündig den Anspruch unserer humanistisch und demokratisch geprägten Gesellschaft. Ähnlich redet der Menschheit seit 2013 der bemerkenswerte Papst Franziskus ins Gewissen.

Ohne Gemeinschaft gibt es kein Überleben

Wir sollen haltmachen, sobald wir das Wohlergehen und die Freiheit der Mitmenschen bedrohen. Diese Haltung ist uns für unsere unmittelbare Umgebung und Umwelt eingeprägt worden, und die ganze Rechtsordnung ist auf dieser moralischen Grundforderung aufgebaut. Anders ausgedrückt heißt das: Unsere Freiheit endet da, wo die Freiheit des anderen anfängt. Unsere Gesetze haben sich nicht irgendwelche Juristen im Elfenbeinturm ausgedacht, sondern sie sind Ausdruck der moralischen Überzeugungen der Gesellschaft. Sie sind niedergeschriebene Errungenschaften unseres Survival of the Fittest, entstanden durch Trial and Error über Jahrtausende hinweg. Deshalb finde ich die Juristerei sehr interessant – Paragrafenreitern und Rechtsverdrehern zum Trotz.

Rechtsordnung und Werteordnung

Bei der Durchsetzung von Gesetzen hapert es allerdings gewaltig. Das liegt hauptsächlich an der Macht der multinationalen Konzerne und Banken, die heute oft mächtiger sind als ganze Staaten. Häufig scheitern deshalb Reformen, die von den Konzernen Sozialität und Humanität einfordern.

Je unterschiedlicher die Menschen sind und mit ihnen die Werteordnung der jeweiligen Gesellschaft, desto schwieriger wird es. Je weiter entfernt diejenigen geografisch oder kulturell sind, deren Handeln wir beurteilen, beeinflussen und gegebenenfalls sanktionieren wollen, desto aussichtsloser wird es.

Internationale Abkommen und Verträge zu schließen und die entsprechenden nationalen Gesetze zu formulieren ist schon schwer genug. Aber die Durchsetzung des Rechts ist noch viel schwieriger als die Einigung auf die Rechtsnormen. Wo kein Kläger, da kein Richter, heißt es. So fehlt oft der Richter, und der Kläger steht im Regen. So bleibt in der Praxis häufig nur das „Recht" des Stärkeren, also seine Macht oder Gewalt. Eine wirklich ungerechte und beschämende Rechtswirklichkeit!

Die Maxime der Solidarität, also der Hilfspflicht gegenüber Schwächeren, und die der Subsidiarität, der Aufgabe, sich selbst nach bestem Wissen, Gewissen und Vermögen zu helfen, sind zwei tragende ethische Säulen der modernen Gesellschaft. Der Entwicklungsstand einer Gesellschaft bemisst sich für mich am Grad der Anerkennung und der Verwirklichung dieser beiden Ideale und nicht am Bruttosozialprodukt, an technischen Errungenschaften und materiellem Wohlstand. Ich nenne das Humanität im weitesten Sinne.

Längst liegen für alle Probleme der Welt Lösungen in den Schubladen

Mit der *Allgemeinen Erklärung der Menschenrechte* vom 10. Dezember 1948 haben die Vereinten Nationen zwar keine völkerrechtsverbindliche Vereinbarung getroffen, aber die Deklaration gilt seither als allgemeine Richtlinie für das friedliche Auskommen der Menschen und die Beschränkung der Machtausübung einzelner Gruppen. In der Weltmenschenrechtskonferenz in Wien 1993 wurde die Menschenrechtscharta von 171 Ländern bestätigt, und die arabische Charta der Menschenrechte, die *Kairoer Erklärung* von 1990, weicht „nur" bei den Punkten Religionsfreiheit und

Gleichberechtigung von Mann und Frau von der Charta der Vereinten Nationen ab.

Eigentlich herrscht große Einigkeit darüber, wie unsere Entscheidungen von heute auf die Welt von morgen wirken. Längst liegen für alle Probleme der Welt Lösungen in den Schubladen. Es gibt aber kein ausreichendes „Weltgewissen", das uns verbindlich lenken würde. Natürlich gibt es international gültige Rechtsnormen, aber es fehlt an der globalen Exekutive und Judikative.

Die weit gefassten Normen werden (noch!) nicht hinreichend wirksam gegen die wirtschaftlichen Interessen durchgesetzt. Vielleicht ist das natürlich, und es braucht einfach seine Zeit. Die Entwicklung der Humanität verläuft jedenfalls nicht stetig. Nein, es gibt Rückschläge wegen egoistischer Despoten und skrupelloser Unternehmen; denken wir nur mal an Syrien oder Unternehmen wie Texaco und Shell.

Die Konsequenz

Angesichts unserer relativen Machtlosigkeit bleibt uns fürs Erste nur eines: einfach schon mal bei uns selber anzufangen! Humanität, also menschliches Mitgefühl, fängt bei jedem einzelnen Individuum an, und je mehr Menschen sie in ihr Leben integrieren, desto stärker wird die Bewegung. Umfassende Humanität ist eine Frage der Haltung. Ihrer Haltung!

Humanität: Ecoismus statt Egoismus

Fragen wir uns, wie wir, die privilegierten Bewohner der Ersten Welt, uns auf der Welt eingerichtet haben, müssen wir gestehen: Wir kaufen, kaufen, kaufen. Immer noch und immer weiter. Wir müssen endlich unseren zwanghaften Konsum ganz entscheidend einschränken, um im besten Interesse der Menschheit die Ressourcen und die Atmosphäre zu schonen.

Hierzulande geht man in seiner Freizeit, bevorzugt am Samstag, zum „Shopping" und kauft Sachen, die man nicht braucht. Das Saison-Shopping ist bereits erledigt; dennoch gönnt man sich dann noch einen neuen Pullover wegen der schönen Farbe. Man will ja nicht auf Schönheit verzichten. Eine neue Uhr, weil die alte kaputt ist. Reparatur? Ach was, zu teuer! Verschwendung als kollektives Hobby! Der Handel feuert das hemmungslose Habenwollen an mit immer wieder neuen Trends und Rabattschlachten. Was alt ist, landet im Müll, und der wird verbrannt. Aus den Augen, aus dem Sinn. Doch was ist mit den Schadstoffen, was mit den Rohstoffen? Dürfen wir die einfach verbrennen? Was ist mit den Edelmetallen in Computern und Telekommunikationsgeräten?

Selber machen, reparieren, die Shopping-Zeit einsparen und sich mit sich, mit seiner Familie und Freunden beschäftigen, das bringt Sinn, Inhalt und Kultur in unser Leben. Die Primärbefriedigungskultur allerdings ist von einer Sekundärbefriedigungskultur ersetzt worden: vom Kaufen. Das mündet vielfach in Erschöpfung, weil wir uns mehr krumm machen und mehr arbeiten müssen, um mehr kaufen zu können.

Philosophen wie der Karlsruher Professor Byung-Chul Han sprechen von einer deutschen „Müdigkeitsgesellschaft", weil wir, permanent im Vollgasmodus unterwegs, bis zur Erschöpfung den falschen Idealen hinterherjagen, als wollten wir uns dabei selbst überholen. Die Folge ist der Burn-out, das Ausgebranntsein. Der Begriff ist wissenschaftlich allerdings gar nicht als Krankheitsbild anerkannt. Die diffuse psychologische Erschöpfung ergibt sich im Zusammenspiel von vielen als belastend erlebten Aspekten der Lebensbewältigung. Burn-out ist aus psychologischer Sicht eine Fluchterscheinung, eine Flucht aus dem Stress. Wenn wir diese Problematik nicht eindämmen, werden psychische Erkrankungen weiter zunehmen und die organischen überflügeln.

Geld regiert die Wissenschaft

Soft Sciences wie die Psychologie oder die Pädagogik boomen zwar, weil man gemerkt hat, dass sie immer bedeutender werden für die Lösung der Probleme der „modernen" Menschheit, aber die *Natural Sciences,* die Natur- und Ingenieurwissenschaften wie die Biochemie oder die Elektrotechnik werden immer noch mit zehnmal höheren Forschungsmitteln gefördert: Fast die kompletten durch Steuergelder subventionierten Natural Sciences sind von der Industrie gekapert, da die Soft Sciences wirtschaftlich keinen sichtbaren Gewinn bringen.

Und Lobbyisten werden ausgesandt, um bei den Regierungen mit „unabhängigen" Gutachten für noch mehr technische Regularien und letztlich für mehr Konsum zu werben. Für mehr und mehr und mehr. Schneller und schneller und schneller. Und oft müssen vorgeschobene Argumente wie der geringere CO_2-Ausstoß dafür herhalten, den Konsum voranzutreiben. Wir alle wissen, dass das nicht einmal die halbe Wahrheit ist: Die Produktion eines neuen Autos erzeugt um ein Vielfaches mehr CO_2, als wir mit diesem neuen Auto jemals einsparen können. Das ist die Logik der Technokratenwelt, in der Männer und Frauen glauben, dass alle Probleme mit Technik zu lösen seien.

Äußerer Wohlstand – innere Verluste

Die oberflächliche Luxussucht erzeugt beim Individuum Leere, und zwar nicht nur im Geldbeutel. Sie fordert wie jede Sucht immer stärkere Kicks, immer tollere Demonstrationen von Prestige: „Seht, was ich mir leisten kann!" Dieser von mir so genannte Geltungskonsum bringt ab einem bestimmten Punkt keinen Zugewinn, keine Zufriedenheit mehr. Im Gegenteil. Ist man erst einmal auf diesem Trip, kauft man bald auf Raten oder holt sich Kredite von der Bank, wenn es nicht mehr weitergeht, und macht sich von den Banken abhängig. Weil wir Geld ausgeben, das wir nicht haben, für Dinge, die wir nicht brauchen, um Menschen zu beeindrucken, die wir nicht mögen. Diesen genialen Spruch habe ich mal irgendwo gelesen.

Alle Technik verschleiert nur die wahren Probleme und simuliert deren Lösung. Diese Mechanismen sind nicht wirklich wegweisend, aber schon die Kinder werden auf dieses falsche System eingeschworen. Denn welche eigenständigen praktischen Erfahrungen machen Kinder und Jugendliche heute noch? Auf Bäume klettern, in der Natur spielen, sein Fahrrad reparieren, Würstchen am Lagerfeuer grillen? Kaum. Stattdessen hocken immer mehr Kinder krumm vor ihren Displays und Smartphones und lassen sich auf das völlig abgehobene und verselbstständigte Konsumsystem einschwören. Jedes System entwickelt seine Eigendynamik und damit Selbstrechtfertigung: Es will sich selbst erhalten, indem es wächst, auch wenn es falsch ist. Mit dem Größer- und Komplexerwerden eines Systems wird es immer schwieriger, dieses selbst infrage zu stellen. „Die Dinge sind zu komplex", heißt es dann, und erfordern das „alternativlose Handeln". Kollektiver Wandel passiert nur durch äußeren Zwang. Aber jeder Einzelne von uns hat sein Wörtchen mitzureden und kann bei sich etwas ändern. Das beginnt immer ganz bescheiden im Kleinen, das nicht nur symbolisch zählt, sondern in der Summe viel ausmacht.

> *Alle Technik verschleiert nur die wahren Probleme und simuliert deren Lösung*

Man muss sich auch mal verschlechtern dürfen

Wie viel Geld brauche ich wirklich und in welcher Hinsicht kann ich mich einschränken? Haben Sie sich das schon einmal gefragt? Ein guter Freund sagte einmal augenzwinkernd: „Man muss sich auch mal verschlechtern können." Verschlechtern bedeutet für ihn nicht etwa, dass man sich schlechter fühlen wird, sondern dass man mehr Lebensqualität haben wird. Es kann „geil" sein, weniger zu *haben* und stattdessen vielleicht mehr zu *sein*. Diese Änderung fühlt sich nicht wie eine Verschlechterung an. Es geht also um Entrümpelung, Entschleunigung, Freiheit von Stress und Reizüberflutung, sagt Nico Paech (siehe Abb. 3) in seinem 2012 erschienenen Buch *Befreiung vom Überfluss. Auf dem Weg in die Postwachstumsökonomie.* Das Ziel ist ein Abwurf von Ballast, der Geld, Zeit, Platz und Umweltqualität kostet.

Zufriedenheit erlangen wir nur, indem wir uns auf das Wesentliche konzentrieren, statt uns zwanghaft „mit Selbstverwirklichungsoptionen zu überhäufen, für deren Glück stiftende Nutzung die Zeit fehlt. Die Beschränkung auf wenige Dinge, deren Besonderheit ich dadurch erst ausnutzen kann, bedeutet für mich die Rückkehr zum Genuss." Wenn man es an diesen Punkt schafft, kommt die neue Lebensweise nicht nur einem selbst zugute, sondern auch der „ökologischen und sozialen Zukunftsfähigkeit des großen Ganzen". Wie finden wir also dorthin?

Arbeit im Wandel der Jahrhunderte

Unser Dasein folgte in materieller Hinsicht bislang immer einem einfachen Prinzip: arbeiten gehen und Geld verdienen, Kaufen und Geld ausgeben. Aber da regt sich inzwischen eine Gegenbewegung: Leistung und Gegenleistung zwischen Privatleuten, Tauschringe (Bartering) und *Sharing,* also Gemeinschaftsbesitz. Weil viele auch in Zukunft noch eine bewohnbare Welt haben und hinterlassen wollen, erleben Tauschringe und Zeitbanken einen großen Zustrom, und es gibt eine bislang nie da gewesene *Sharing Economy*. Getrieben wird dieser Trend von den „sozial-innovativen Ko-Konsumenten", wie der Lüneburger Soziologieprofessor Harald Heinrichs die Zielgruppe nennt. Vor allem bei Leuten im

Alter zwischen 14 und 39 Jahren zeichnet sich ein neues Wir im Denken und Handeln ab. Ihnen geht es um die Nutzung von Gütern und das Miteinander und nicht mehr um das Besitzen. Wir haben alle alles und zu viel davon, findet die Bewegung und plädiert für „Weniger ist mehr". Das gilt sowohl im Hinblick auf die Ressourcen als auch auf den eigenen Geldbeutel. Nebenbei haben die Beteiligten mehr miteinander zu tun und interagieren, statt sich in ihren Wohnungen abzukapseln und einsam auf ihren Besitztümern zu hocken.

Interessant ist in dem Zusammenhang auch das Buch *Vom Glück zu arbeiten* von Johannes Czwalina und Clemens Brandstetter aus dem Jahr 2010. Darin beschreiben die Autoren, wie es zu der Art von Arbeit kam, die heute im Mittelpunkt des Lebens steht, die uns ernährt, die uns aber auch krank macht und über die wir uns definieren. Die grundsätzliche Bewertung der Arbeit hat sich im Laufe der Jahrhunderte verändert. Bei den alten Griechen und Römern zum Beispiel war körperliche Arbeit verpönt. Wer sie leistete, konnte kein öffentliches oder politisches Amt bekleiden, weshalb der angesehenste Lebensstil im alten Griechenland die Muße war. Dazu Czwalina und Brandstetter: „Aristoteles schlussfolgerte aufgrund der Entwicklung der Priesterkaste in Ägypten, dass es eine Gruppe Menschen gab, die sich dank der hohen Produktivität von Handarbeitern – den Fellachen, die im Nilschlamm intensive Überschusslandwirtschaft betrieben – anderen Dingen zuwenden konnten, etwa der Entwicklung der Mathematik." Und weiter: Unter Muße verstand man zu dieser Zeit auch das Ehrenamt, sich um das Gemeinwohl zu kümmern, Politik zu treiben. Arbeit außerhalb der elementaren Bedürfnisbefriedigung war kein erstrebenswertes Ziel.

Profit: eine relativ neue Erfindung

Handel trieb man, um sich selbst zu versorgen, und nicht wegen eines Zugewinns. Derartig erwirtschafteter Profit wurde bis ins

Spätmittelalter sogar als unmoralisch angesehen. Die Einführung von Zinsen führte allerdings zu einer Neubewertung des Phänomens Arbeit. Die katholische Moral-
lehre verbot es zwar eigentlich, Zinsen auf Kredite zu erheben, die Kirche duldete Verstöße aber zunehmend. Die Macht der Bankiersfamilien setzte sich durch, und der Trend war nicht aufzuhalten. Der Islam praktiziert das Verbot übrigens noch heute.

> *Es kann „geil" sein, weniger zu haben und stattdessen vielleicht mehr zu sein*

Ab dem 17. Jahrhundert sah man die Arbeit schließlich als Mittel menschlicher Selbstverwirklichung und als Quelle von Selbstwertgefühl, Eigentum und Wohlstand an: „Mit dieser Verlagerung weg vom geistlichen Aspekt der Arbeit – im Sinne eines Sakraments zur Ehre Gottes", schreiben Czwalina und Brandstetter, „hin zur eigenen Selbstverwirklichung durch die Arbeit (…) wurde die Arbeit immer mehr zum Wert an sich, der der menschlichen Würde und Erhabenheit ihr Gesicht verleiht." Die Würde blieb aber im Laufe der Zeit immer mehr auf der Strecke, vor allem in den letzten Jahrzehnten.

Wenn Firmen heute Mitarbeiter einstellen, veranstalten sie Assessment-Centers und schließen befristete Arbeitsverträge, um möglichst alle menschlichen Risiken auszuschließen. So können die Beschäftigten aber nicht mehr langfristig planen und investieren. Ich mache in meinem Unternehmen keine befristeten Verträge mehr, weil ich sie unfair finde. Wir haben eine Probezeit von drei bis sechs Monaten, und die muss für beide Seiten ausreichen, um zu entscheiden, ob wir zueinanderpassen oder nicht. Auch Arbeitsplätze für sogenannte geringfügig Beschäftigte ersetze ich zunehmend durch feste Stellen, weil die dadurch erzeugte Bindung auf Gegenseitigkeit beruht und nicht, wie mir immer vorgehalten wird, einseitig ausgenutzt wird. Investiert man nicht eigenes Vertrauen, wird man immer die Leute anziehen, die es mit der Anstellung nicht ehrlich meinen.

Das rechte Maß

Wie groß wollen wir noch werden? Um die richtige Haltung geht es auch bei der Frage nach dem rechten Maß. Den Begriff des menschlichen Maßes prägt der mit dem Alternativen Nobelpreis ausgezeichnete österreichische Vordenker und Ökonom Leopold Kohr (1909–1994; siehe Abb. 4), den ich sehr schätze und der sagte: „Die Größe scheint das zentrale Problem der Schöpfung zu sein. Wo immer etwas fehlerhaft ist, ist es zu groß." Das sah Kohr auch in der weltumspannenden Weite der Armut, den ozeanischen Wogen der Wirtschaftskrise, dem Heer der Arbeitslosen, der Dimension der Korruption … Als Rettung für die Gesellschaft wie für das eigene Seelenheil empfahl er die Idee und das Ideal der Kleinheit. Ihm war das rechte, nämlich menschliche Maß des Individuums wichtig. Nicht das eines Stammes, eines Volkes, einer Nation. Denn sämtliche Versuche, abstrakte Großgruppen über die Ansprüche und Bedürfnisse des menschlichen Individuums zu stellen, scheitern am Ende und führen zu Entindividualisierung und Entwürdigung des Einzelnen. Daher forderte Kohr eine Rückkehr zu kleineren Gemeinwesen: *Small is beautiful*. Daran sollten wir uns halten, um „nicht als Ausbeuter, sondern als Gast auf Erden vernünftiger zu leben."

Wo immer etwas fehlerhaft ist, ist es zu groß

Die Kraft der morphogenetischen Felder

Ich glaube, dass jede Handlung nicht nur im Kleinen, sondern auch im Großen etwas bewirkt. Ich glaube an die Kraft der *morphogenetischen Felder*. Der britische Autor und Biologe Rupert Sheldrake (*1942; siehe Abb. 5) hat den Begriff geprägt, der eine

der faszinierendsten und umstrittensten Theorien der modernen Biologie bezeichnet. Eine Theorie, die Gegner, aber auch Befürworter hat wie die renommierten Quantenphysiker David Bohm (1917–1992) und Hans-Peter Dürr (1929–2014).
Sheldrake ist der Meinung, dass es einen unterbewussten Informationskanal für alle Wesen einer Spezies gibt – eine Art weltweites biologisches Informationssystem. Ein Beispiel: In Großbritannien wurden vor dem Zweiten Weltkrieg die Milchflaschen mit einem Aluminiumdeckel ausgeliefert und den Kunden morgens vor die Haustür gestellt. Eine Meisenart entwickelte schnell eine Technik, den Deckel zu öffnen, um an die Milch zu kommen. Ab Beginn des Zweiten Weltkrieges wurde die Milch aus Kostengründen in Tüten geliefert, und die Meisen waren wieder auf ihre herkömmliche Nahrung angewiesen. Nach den Jahren des Kriegs wurde die Produktion wieder auf Glasflaschen mit Aludeckeln umgestellt, und obwohl nun bestimmt keiner der Vögel mehr am Leben war, die die Fertigkeit des Flaschenöffnens noch aus der Vorkriegszeit hätten kennen können, begannen die Meisen überall in Großbritannien sofort wieder, die Deckel zu knacken – zeitgleich in den verschiedensten Regionen. Sheldrake vermutete, die Vögel hätten das Deckelöffnen via morphogenetisches Feld gelernt. Menschen kriegen Ähnliches hin: Man gab zwei Gruppen unabhängig voneinander ein altes und ein unveröffentlichtes Kreuzworträtsel. Die Gruppe mit dem älteren Rätsel füllte die Kästchen schneller aus als die Gruppe mit dem neuen. Die Gruppe mit dem alten Rätsel hatte also unbewusst Kontakt zu dem kollektiven Gedächtnis der Personen aufgenommen, die dieses Rätsel bereits gelöst hatten.
Verknüpfe ich diese Idee mit meiner Hoffnung auf die kritische Masse der Veränderungswilligen, sehe ich ein gigantisches Potenzial, wenn mehr und mehr Menschen ihr Bewusstsein verändern und damit ihr Handeln. Die erste Million zu überzeugen ist schwierig, danach wird es aufgrund des Phänomens der kritischen Masse leichter, und dann verbreitet sich deren Überzeugung global wie

von selbst. Und zwar nachhaltiger als Internet-getriebene Moden wie etwa die „Ice Bucket Challenge". Denn viele Menschen erkennen in sich selbst, dass sie etwas ändern müssen, und machen sich auf den Weg. Es geht hier darum, eine universelle Überzeugung zu etablieren. Es wird dauern, bis sie sich durchsetzt, aber wenn sie da ist, dann ist sie da!

> **Reflexion: Wo stehen Sie?**
> Wenn Sie mir bis hier folgen konnten und ich nicht ganz an Ihnen vorbeigeschrieben habe, dann prüfen Sie doch bitte zwischendurch Ihren Status quo und fragen Sie sich einmal, wie Sie sich im Moment verhalten.
> - Denken Sie bereits über die angesprochenen Themen nach? Wenn ja, seit wann?
> - Was bringen Sie aktuell ein auf Ihrem individuellen Weg vom Ich zum Wir?
> - Wie und was konsumieren Sie?
> - Inwiefern handeln Sie bereits umweltbewusst und in welcher Hinsicht sind Sie noch mit der Herde unterwegs?
> - Was tun Sie für die Umwelt?
> - Wie versuchen Sie, Ihren CO_2-Fußabdruck zu reduzieren beim Essen, bei der Mobilität, beim Reisen …?
> - Wie engagieren Sie sich für andere, für die Gesellschaft? Haben Sie ein Ehrenamt? Nehmen Sie bereits an Sharing-Möglichkeiten teil?
> - In welcher Hinsicht könnten Sie im Sinn unserer Ziele in Zukunft mehr erreichen?
>
> Am Ende des Buches werde ich Sie noch einmal fragen, was Sie – vielleicht inspiriert von dem einen oder anderen Tipp – in Zukunft ändern wollen, um sich möglicherweise noch stärker an einem solidarischen Wir zu orientieren.

Anständig essen:
nicht nur eine Frage
des Genusses

Natürlich wissen wir, dass Fast Food häufig ungesund ist und dass Convenience-Food und industriell hergestellte Lebensmittel oft massenhaft Stabilisatoren, Aroma- und Konservierungsstoffe enthalten. Schließlich muss das Produkt lange halten, soll ruckzuck auf den Tisch kommen, nach viel aussehen und schmecken, aber billig sein, passend zur Instantkultur unserer Zeit. Die Nachteile nehmen viele in Kauf, weil sie Essen als reine Nahrungsaufnahme betrachten und den Genuss, wenn sie ihn überhaupt noch kennen, zusammen mit dem Aspekt der Gesundheit über Bord geworfen haben. Also werden sie mit Stoffen bombardiert, die eigentlich niemand zu sich nehmen möchte, weil sie gesundheitlich zumindest bedenklich sind.

Wenn sich nur der Einzelne mit seinem Verhalten schädigen würde, wäre alles nicht so schlimm. Aber die Kauf- und Essgewohnheiten beeinträchtigen das Wohl der Nutz- und Wildtiere, schaden den Böden, zerstören die Artenvielfalt von Flora und Fauna in Wiesen, Wäldern und Gewässern. Durch unseren Lebensmittelkonsum bestimmen wir maßgeblich, was Industrie, Gewerbe und Landwirtschaft draußen in der Natur tun und lassen. Und da sieht es erbärmlich aus! Offenbar gibt es noch immer nicht genug Politiker und Unternehmer, die sich wirklich darum scheren. Im Wesentlichen geht alles wie gehabt immer weiter den Bach runter.

Also müssen wir selbst in die Gänge kommen. Wer anders leben möchte, muss sich gerade beim Einkaufen bewusst machen, was er tut. Will er Nahrungsmittel oder *Lebens*mittel? Wer sich für *Lebens*mittel entscheidet, sollte sich fragen: Woher stammen die Äpfel und Möhren, die Milch, die Wurst und das Fleisch und alles andere, was ich in meinen Einkaufskorb lege? Immer mehr Menschen kaufen nicht mehr bequem alles im nahe gelegenen Supermarkt, sondern suchen sich neue Quellen, auch wenn das vielleicht mühsamer ist.

> *Alles geht wie gehabt immer weiter den Bach runter*

Begriffe: Qualitäten, Ansprüche und Eigenschaften

Viele Menschen, die bewusster leben wollen, entscheiden sich für biologisch erzeugte Produkte, weil es immerhin der einzige klar abgegrenzte Bereich der Lebensmittelproduktion ist, der besser mit der Natur und den Tieren umgeht. Bio ist ein sinnvolles landwirtschaftliches Produktionssystem, das ohne Kunstdünger und synthetische Schädlings- und Unkrautvernichter arbeitet. Das ist schon einmal gut. Doch wie geht es weiter? Wie hoch ist der Wert von Regionalität jenseits des *Carbon Footprint?* Wie kann man noch mehr Verpackung einsparen? Bio ist für mich nur ein erster Schritt. Was kommt danach? Müssen die Waren dazu noch fair gehandelt, vielleicht *slow* sein?

Bei meinen Vorträgen werde ich häufig gefragt, ob das denn noch bio sei, wenn Produkte über weite Strecken transportiert werden oder wie beispielsweise Bio-Energieriegel so aufwendig verpackt sind. Ich kann dann nur sagen: Ja! Und wenn Sie weitere positive Eigenschaften wollen, müssen Sie sich an weiteren Siegeln orientieren, *Fair Trade* beispielsweise. Oder Sie müssen sich in Ihrer Nähe einen direkt vermarktenden Gärtner suchen, einen noch selbst schlachtenden Biometzger oder -bauern, der Fleisch und Gemüse direkt vermarktet und vielleicht auch noch backt.

Was bedeutet bio überhaupt?

Die Begriffe „bio" und „öko", aber auch „natur" oder „natürlich" sind seit 1993 für den pflanzlichen und seit 1999 für den tierischen Produktionsbereich durch die Bio-Verordnung der Europäischen Union gesetzlich geschützt. Das heißt: Nur was hundertprozentig bio ist, darf sich auch so nennen. Konkret muss ein Bio-Produkt aus Zutaten bestehen, die aus ökologisch oder biologisch kontrolliertem Anbau stammen, und nach ökologischen Verarbeitungsregeln hergestellt sein.

Für Tiere und tierische Produkte sind Futter aus rein ökologischem Anbau und artgemäße Haltung Pflicht. Das verbietet unethische und schändliche Massentierhaltung, die Tiere zu reiner Ware reduziert, die sie in Käfigen oder auf engstem Raum zusammenpfercht und ein zwar kurzes, aber häufig schmerzvolles Dasein fristen lässt.

> *Nur was hundertprozentig bio ist, darf sich auch so nennen*

In der schönfärberisch „konventionell" genannten Haltung werden Tiere oft verstümmelt: Schnäbel werden abgeschnitten, Schwänze gestutzt, Hörner ausgebrannt, damit sich das Tier in das nicht etwa auf die Kreatur, sondern auf maximalen Profit ausgerichtete Haltungssystem einfügt. Beträgt die Maximalbelegung beispielsweise für konventionell gehaltene Legehennen 12,5 Tiere pro Quadratmeter Stall, sind es bei Bio maximal sechs Tiere, die zusammen höchstens 21 Kilogramm wiegen dürfen.

In der konventionellen Schweinemast geht es in der Regel so zu: „Unproduktive" Ferkel, die nur nicht so schnell wachsen wie ihre Geschwister, werden aus ihren Familienverbänden gerissen und erschlagen. Die Tiere leben auf Spaltenböden, auf und unter denen dauerhaft die eigenen Exkremente schwimmen; das gilt auch für Rinderställe. Die enorme Keimbelastung liegt auf der Hand und wird oft durch Antibiotikazusätze im Futter vorbeugend bekämpft, obwohl laut Tierschutzgesetz bei allen Tiergattungen nur die Einzelbehandlung kranker Tiere erlaubt ist. Diese sinnvolle Vorschrift wird mit allerlei spitzfindigen Begründungen umgangen, weil die unhygienische Haltungsform gar nicht ohne flächendeckenden und routinemäßigen Einsatz von Impfstoffen und Antibiotika funktioniert. In den USA zum Beispiel werden 80 Prozent der gesamten Antibiotika in der Viehhaltung verabreicht. In Deutschland werden jährlich schätzungsweise

1700 Tonnen (85 Prozent) Antibiotika als Tierarzneimittel verabreicht, 300 Tonnen (15 Prozent) in der Humanmedizin.

Die Siegel: eine Wissenschaft für sich

Was bio ist und im Handel auch so bezeichnet werden darf, legen in den EU-Ländern staatliche und/oder amtlich zugelassene private Öko-Kontrollstellen fest. Zusätzlich vergeben ökologische Anbauverbände wie *Biokreis, Demeter, Bioland* oder *Naturland* ihre Bio-Siegel nach eigenen Richtlinien, deren Einhaltung sie regelmäßig kontrollieren. Anfang 2000 wurde in Deutschland ein einheitliches Öko-Prüfzeichen eingeführt, das die ÖPZ, die Ökozeichen-Prüfstelle, herausgibt. Dieses sechseckige nationale Bio-Siegel mit grünem Rahmen, das wegen der damaligen Ministerin für Verbraucherschutz, Ernährung und Landwirtschaft Renate Künast den Spitznamen „Künast-Siegel" trägt, wurde vor drei Jahren durch das grüne europäische Bio-Siegel mit dem Sternenblatt ergänzt. Man findet es inzwischen auf vielen Verpackungen. Einen Überblick über die meisten Siegel, die es derzeit auf dem Bio-Lebensmittelmarkt gibt, und über ihre Bedeutung im Einzelnen bekommen Sie unter *www.label-online.de*.

Was heißt bäuerlich?

Auf manchen Verpackungen finden wir den Hinweis: „von bäuerlichen Familienbetrieben". Bäuerlich heißt, dass ein relativ kleiner landwirtschaftlicher Betrieb mit 40 bis 70 Hektar eigenem und/oder zugepachtetem Land eine Familie und vielleicht noch einen Lehrling und nach Möglichkeit die Großeltern beschäftigt und ernährt. Noch gibt es solche Betriebe, die wir, wie ich finde, im Gegensatz zu den industriell produzierenden Großagrariern unterstützen sollten. Wegen der nach der Größe der bewirtschafteten Fläche verteilten Subventionen müssen sie mit verhältnismäßig wenig europäischer Unterstützung überleben und vermarkten häufig viele ihrer Erzeugnisse direkt an den Endverbraucher, um aus den Zwängen der spekulativen Erzeugerpreise herauszukommen und das ruinöse Preisdiktat der Großeinkäufer zu umgehen. Um attraktiv zu sein, müssen sie eine gewisse Palette an Lebensmitteln anbieten, etwa Fleisch, Getreide, Brot, Eier, Obst und Gemüse. Die Freiheiten dieser Marktnische werden oft mit viel Mühe und vollem persönlichem Einsatz erkämpft. Und reich wird damit niemand! Wenn auch in Zukunft bäuerliche Familienbetriebe eine Überlebenschance haben sollen und nicht alles – auch im Biolandbau – den großen Agrarunternehmen überlassen werden soll, müssen wir diese unterstützen, wo immer wir können!

Fair Trade ist klar definiert!

Die Bezeichnung *Fair Trade* besagt, dass die Ware dem Prinzip der Nachhaltigkeit entsprechend und unter fairen Arbeits- und Lebensbedingungen – gerade in Billiglohn- und Schwellenländern – produziert worden ist. Der Bio-Anteil liegt bei solchen Fair-Trade-Produkten immerhin bei 65 Prozent. Die umsatzstärksten Artikel sind Kaffee und Kakao, gefolgt von Blumen, Fruchtsaft und Textilien aus Fair-Trade-zertifizierter Baumwolle. Seit Jahren wächst die Produktvielfalt und steigt die Zahl der Lizenzpartner und der Verkaufsstellen. Die Erfolgsgeschichte des fairen Handels ist hauptsächlich entschlossenen Kleinproduzenten und bewusst handelnden Kunden zu verdanken. Aktuell haben 280 Fair-Trade-Anbieter über 4000 fair gehandelte Produkte im Programm, und der Jahresumsatz in Deutschland ist von 2012 auf 2013 um 23 Prozent auf etwa 100 Millionen Euro gestiegen.

Regionalität: leichter gesagt als getan

Seit einigen Jahren ist ein regelrechter Regio-Boom zu verzeichnen. „Regio ist das neue Bio", ließ uns das Nachrichtenmagazin *Focus* vor Kurzem wissen. Ein *Demeter*-Landwirt sah das auf einer Podiumsdiskussion, an der auch ich teilnahm, ganz anders. Er sagte: „Regional heißt für mich, dass man weiß, wo das Gift herkommt." Uneinigkeit besteht bis heute über die Definition des Begriffs: Was also bedeutet „regional"? Oft heißt es lediglich, dass die Verarbeitung in der Region stattgefunden hat, wo die Ware vertrieben wird, die Rohstoffe aber vom anderen Ende der Welt stammen können. Oder das Produkt kommt einfach aus der „Region" Deutschland. Als Verbraucher muss man genau hinsehen, denn „regional" ist kein geschützter Begriff wie „bio" und „öko". Den Trend, dass sich die Verbraucher stärker aus Ressourcenbewusstsein heraus – auch bei Bioware – für Regionalität entscheiden, stellen wir auch bei der Bio-Supermarktkette *basic* fest, die ich mitbegründet habe. Regionalität hat mit Vertrauen zu tun. Als Verbraucher möchte ich wissen, woher die Ware stammt, die ich verzehre. Den Bauern, Käser oder Bäcker würde ich nach Möglichkeit gerne mal kennenlernen. Viele Bio-Betriebe und Manufakturen bieten aus diesem Grund Hof- und Betriebsbesichtigungen an und binden so die nach Alternativen suchende Kundschaft an sich. Hof- und Dorfläden erleben vielerorts ein Revival.

Saisonalität und „jetfresh"

Viele sagen sich: Ich kann es nicht vertreten, im Winter Bio-Erdbeeren aus Chile oder Bio-Äpfel aus Neuseeland zu essen. Die sind zwar biologisch erzeugt, werden aber *jetfresh* über Tausende von Kilometern herangeflogen. Das lässt sich mit meinem Gewissen nicht vereinbaren. Auch bei *basic* gibt es Flugware; nicht viel, aber doch hin und wieder, wenn ohne Flug keine gute Qualität zu bekommen ist. Beispielsweise wird Bio-Ananas eingeflogen, und alle müssen für sich entscheiden, ob oder wie oft sie die kaufen wollen, denn die Ökobilanz ist dahin. Immerhin ist die Ananas schon mal bio, kein Plantagenarbeiter kommt mit Gift in Berührung, und die Entlohnung ist besser. Und sie schmeckt unvergleichlich rund, süß und gut – leider! Ob diese partielle „Korrektheit" der Ananas akzeptabel ist oder zu wenig, bleibt der Kundschaft überlassen. Ich selbst kaufe mir eine solche Ananas vielleicht einmal im Jahr.

Zusammenfassend lässt sich sagen: Zur vollständigen Beurteilung eines Produkts unter ökologischen und sozialen Gesichtspunkten reicht bio allein nicht aus. Bio bildet lediglich ein alternatives landwirtschaftliches Produktionssystem ab und steht für eine möglichst natürliche Weiterverarbeitung der Agrarerzeugnisse. Mit diesen Aspekten haben die Bio-Kontrolleure genug zu tun. Ob ein Produkt aber regional, fair bezahlt oder angemessen verpackt ist, dafür gibt es andere Organisationen, Kriterien und Siegel.

Verpackungsfrei

Neulich forderte mich ein Herr eindringlich auf, doch endlich mit *basic* den ersten Schritt in Richtung verpackungsfreier Supermarkt zu machen. In Paris und London und anderswo gebe es so etwas schon. Hmm, dachte ich, guter Punkt. Wir produzieren ja viel zu viel Verpackungsmüll. Ich erklärte ihm dann allerdings, dass man bei *basic* ohne Weiteres verpackungsfrei einkaufen kann, wenn man nur will. Jegliche Frischware wie Obst und Gemüse bieten wir lose an – im Gegensatz zu Bioware im konventionellen Supermarkt wegen der Verwechslungsgefahr! Es wandert einfach so in den mitgebrachten Einkaufskorb. Wer sich an den Bedienungstheken für Fleisch, Wurst und Käse eigene Behältnisse füllen lassen will, wird gerne nach Wunsch bedient. Alles Flüssige wie Mineralwasser, Säfte, Milch oder Sahne ist in Mehrwegglasflaschen zu haben. Und wenn man keine Convenienceprodukte und Süßigkeiten kauft, kann man auch da noch an der Verpackung sparen, erklärte ich ihm. Es ist bei der Verpackung genau wie mit den neuerdings aufpoppenden Vegan-Läden: Man braucht keinen Vegan-Laden, um vegan einzukaufen, es sei denn, man will mit Milchtrinkern und Fleischessern nicht mehr in Berührung kommen.

Ich sehe es als einen Bestandteil meiner persönlichen Kultur, möglichst wenig Müll zu produzieren. Es erfüllt mich mit Genugtuung, wenn ich kaum Verpackungsmüll habe und man das Wenige an Resten recyceln kann. Außerdem ist Milch oder Saft aus Glasflaschen stilvoller und gesünder. Wir müssen die Mehrwegsysteme unterstützen; sonst gibt es bald wie bei den Discountern überall nur noch Einwegplastik und innen mit allen möglichen chemischen Substanzen beschichtete Einwegbehälter. Und die wertvollen Rohstoffe werden meistens immer noch in der Müllverbrennungsanlage vernichtet oder „thermisch verwertet", wie heute der Euphemismus dafür lautet.

Slow Food

Slow Food ist eine 1986 von dem Journalisten und Soziologen Carlo Petrini (* 1949; siehe Abb. 6) aus der norditalienischen Kleinstadt Bra als Verein zur Erhaltung der Esskultur gegründete Bewegung. Der Anlass war der Methanol-Skandal von 1986, der die auf Weinbau spezialisierte Landwirtschaft rund um Bra an den Rand des Ruins trieb. Heute hat die internationale Vereinigung 100 000 Mitglieder und ist weltweit in 1500 lokalen Gruppen aktiv.

Die Organisation setzt sich dafür ein, dass jeder Zugang zu Lebensmitteln hat, die seinem Wohlergehen dienen und deren Produktion das Wohl der Menschen und der Umwelt respektiert. Slow Food fordert, dass die Nahrung vor allem geschmacklich und gesundheitlich einwandfrei ist und in jeder Hinsicht auf saubere Art hergestellt wird, also ohne Schaden an Menschen, Natur und Tieren anzurichten. Slow Food setzt sich auch für eine faire Entlohnung der Erzeuger und ihrer Arbeiter ein. Besonders wichtig ist, dass die biologische Vielfalt der Pflanzensorten und Tierrassen (Schafe, Ziegen, Rinder, Schweine, Hühner, Puten, Gänse,

Enten …) erhalten bleibt. Die auf Monokulturen fixierte industrielle Landwirtschaft, die bereits über 90 Prozent der Nahrung produziert, gefährdet die Biodiversität extrem. Die Vereinigung fördert eine nachhaltige, umweltfreundliche Produktion, betreibt Geschmacksbildung bei Kindern und Erwachsenen und vernetzt die handwerklichen Lebensmittelerzeuger mit den Verbrauchern. Slow Food bringt sich über Kampagnen wie *Meine Landwirtschaft* und den Dialog mit Entscheidungsträgern in Politik und Wirtschaft in die Debatte um unsere Nahrung ein. Besonders wichtige Themen sind die Industrialisierung der Landwirtschaft, Überfischung, Lebensmittelverschwendung, GVOs, artgerechte Tierhaltung, Zugang zu Land und Saatgut und der Kampf gegen Hunger.

Slow Fish

Bei *Slow Fish* geht es speziell um den Fischfang und die Fischzucht. Die konventionelle Fischzucht unterscheidet sich kaum von herkömmlicher Massentierhaltung: Pro Jahr werden weltweit 55 Millionen Tonnen Zuchtfisch verzehrt, und weil es um nichts als Menge, Preis und Profit geht, sollen die Tiere schnell wachsen, viel Fleisch bringen und möglichst geringe Kosten verursachen. Also werden sie auf engstem Raum gehalten, was den Befall mit Parasiten fördert. Die Meerläuse fressen sich gern bis ins Gesichtsskelett der Fische. Oft beginnen die Fische wegen der Enge in den Käfigen oder Bassins – ähnlich wie Schweine oder Hühner – einander zu attackieren und zu fressen. Außerdem reizt das verkotete Wasser ihre Augen und lässt sie bluten. Um sie widerstandsfähig zu machen, pumpt man sie mit Antibiotika voll, während Hormongaben ihr Fortpflanzungsverhalten regulieren. Und am Ende ihres traurigen Daseins werden sie oft lebend auf Eis gebettet, um ihre Bewegungsfähigkeit einzuschränken und sie lange frisch zu halten auf dem Transport zu ihren Bestimmungsorten.
Doch nicht nur die Fischzucht ist ein Problem. Der Fischfang gefährdet die Meeresfauna und damit seine eigenen Ressourcen:

Nach Studien der Welternährungsorganisation *FAO* (Food and Agriculture Organization of the United Nations) sind rund 28 Prozent der Bestände der für den Handel wichtigsten Arten überfischt oder bereits am Rande der Erschöpfung durch das permanente Abfischen. Weitere 52 Prozent der Arten werden maximal ausgebeutet, und nur bei den übrigen 20 Prozent ist das Überleben der Art nicht durch den Menschen gefährdet.

Wenn Sie etwas für den Artenschutz tun wollen, sollten Sie sich bei den kritischen Organisationen erkundigen, etwa beim *Marine Stewardship Council* (www.msc.org), an dessen Label Sie sich beim Einkaufen orientieren sollten.

Gezieltes Einkaufen fördert das Lebensmittelhandwerk

Gutes Lebensmittelhandwerk ist unmittelbar mit Regionalität verbunden. Nur in der Kombination ist es wirklich sinnvoll und praktisch machbar. Ich kenne viele handwerkliche Betriebe, die nur deshalb überleben, weil sie sich wirkungsvoll in ihrer Region vernetzt haben. Den Preis, den der Metzger verlangen muss, bekommt er nur, wenn er dem Kunden in die Augen schauen kann. Er muss zumindest so nah an ihm persönlich dran sein, dass der Kunde den Mehrwert und den Komfort der Nähe versteht und bereit ist, dafür einen Aufpreis zu zahlen. Im Wesentlichen unterstützt man mit regionalem Einkaufen die Arbeitsplätze in der Region. Aber ein gutes Produkt, für das man die Hälfte mehr zahlt als im Supermarkt, ist den Zuschlag wert, wenn man die Genusswerte beider Angebote vergleicht.

Handwerklich ist dem Namen nach ein Betrieb, der vorwiegend mit dem Geschick und den Händen seiner Belegschaft produziert, also ein Betrieb, in dem nicht die Technik das Regiment übernommen hat und nur noch Food-Technologen und Hilfskräfte arbeiten. Die Technik soll nach handwerklichem Maßstab nur dort helfen, wo sie dem Menschen heftige körperliche Plackerei abnimmt. Aber sie bestimmt nicht den gesamten Herstellungsprozess wie in den marktdominierenden Backfabriken, Fleischwarenunternehmen, Großmolkereien und -käsereien. Da ist der Mensch nur noch ein Helfer der Maschine statt umgekehrt, und das schmeckt man meistens. Eine ehrlich handwerklich hergestellte Wurst hat zum Beispiel als Hülle einen Naturdarm, was industriell kaum möglich ist, weil dieser nicht so standardisierbar ist wie Kunstdarm. Ein guter Rohmilchkäse kann ohne Zusatzstoffe nur mit dem Gespür und der Kontrolle eines erfahrenen Käsers gelingen, weil Rohmilch jeden Tag anders auf die zugesetzten Kulturen reagiert. Das schafft die Industrie nicht ohne einen Haufen Ausschuss. Also standardisiert man die Milch durch Hocherhitzen.

Die Nahrungsmittelindustrie kann keine vollwertigen Lebensmittel herstellen

Damit wir die Billigware beim Supermarkt oder Discounter überhaupt kaufen, wird am Ende noch der Geschmack manipuliert, um dem kleinsten gemeinsamen Nenner zu entsprechen. Häufig verwendet man Natriummonoglutamat oder sogenannte naturidentische Aromen, rein synthetische Produkte, die im Verdacht stehen, Allergien auszulösen. Dies und vieles mehr sind die Schattenseiten der Nahrungsmittelindustrie, die keine vollwertigen Lebensmittel herstellen kann.

Die richtige Ernährung

Viele kritische Verbraucher sagen sich, sie kauften ja regional und/oder bio, und beruhigen damit schon ihr ökologisches Gewissen. Auch die Buchautorin Sarah Schill dachte so, wie sie in ihrem Buch *Anständig leben* von 2014 schreibt, und prüfte unter *www.footprint-deutschland.de* guten Mutes ihren ökologischen Fußabdruck, was ich auch Ihnen ans Herz lege. Über das Ergebnis war sie erstaunt bis schockiert. Ihr errechneter Ressourcenverbrauch betrug 5,32 Hektar Land. Fair wären 1,8 Hektar, erklärte ihr die Website, und sie resümiert: Wollten alle Menschen der Welt so leben wie sie selbst, brauchten wir 2,96 Planeten Erde. Das Schlimmste, meint Schill in ihrem Buch kleinlaut: Der Abdruck des Durchschnittsdeutschen lag bei 5,1 Hektar. Im April 2015 werden 4,6 Hektar pro Deutschen angegeben. So ungenau diese Zahlen auch sein mögen, immerhin steht doch fest, dass wir etwa das Zweieinhalbfache der vorhandenen „Biokapazität" Deutschlands beanspruchen. Mit anderen Worten: Wir Deutschen leben auf viel zu großem Fuß und beziehen global zusätzlich das Anderthalbfache dessen, was uns der Fläche nach zusteht. Sarah Schill stellte daraufhin ihre Ernährung um – von fleischhaltiger auf vegane Kost.

Laut FAO werden jährlich etwa 280 Millionen Tonnen Fleisch produziert. Der US-Amerikaner isst davon ungefähr 125 Kilogramm, der Europäer im Schnitt 74. In den letzten zehn Jahren nahm die Nachfrage nach Fleisch weltweit zu; wegen des wachsenden Reichtums der städtischen Mittelklasse sogar in vielen Entwicklungs- und Schwellenländern. Die Zahlen über Fleischkonsum in China stechen besonders ins Auge: Der Verzehr stieg von 20 Kilogramm pro Person im Jahr 1980 auf 52 im Jahr 2006.

Die Folgen dieses zügellosen Appetits für die Umwelt sind dramatisch: Schätzungsweise 18 bis zu 51 Prozent der gesamten menschengemachten CO_2-Emissionen weltweit, je nachdem, ob man auch Transport, Lagerung, Kühlung, Verpackung usw. einrechnet, entstehen aufgrund der globalen Fleischproduktion, listet ein Schreiben von Slow Food auf. Die intensive Fleischproduktion erfordert gigantische Weide- und Anbauflächen für Tierfutter: Rund 3,5 Milliarden Hektar sind Weideland. Das entspricht 26 Prozent der gesamten Erdfläche. Zusätzlich entfallen allein 470 Millionen Hektar und damit ein Drittel des gesamten verfügbaren Ackerlandes auf die Herstellung von Tierfutter.

Der größte Teil des in Europa verwendeten Tierfutters ist importiert. Jährlich landen bei uns 40 Millionen Tonnen pflanzliches Eiweißfutter aus Südamerika, meist hergestellt aus Sojabohnen und Mais. Der intensive Futteranbau in riesigen Monokulturen hat verheerende Auswirkungen auf die Umwelt. Experten schätzen, dass die Viehhaltung 80 Prozent der Abholzung des Regenwaldes im Amazonasbecken verursacht.

Es wird Jahrzehnte dauern, die Massentierhaltung zu überwinden

Um eine Kalorie Fleisch anbieten zu können, sind drei Kalorien pflanzliches Futter notwendig! Auch wenn das Thema leider nicht die Schlagzeilen dominiert: Auf unserer Erde hungern noch immer 800 Millionen Menschen! Wir werden sie nicht satt bekommen, wenn der Fleischkonsum weiter steigt.

Hubert Weiger, seit 2007 Vorsitzender des Bunds für Umwelt und Naturschutz Deutschland, fordert: „Verbraucher müssen auf jedem Fleischprodukt Herkunft und Haltung der Tiere erkennen können. Sie müssen wissen, ob das Futter gentechnisch verändert war." Aber nicht nur die Konsumenten müssen in die Lage versetzt werden, selbst entscheiden zu können. Weiger sieht viel Handlungsbedarf für die Politik: „Das Tierschutzgesetz, das Baurecht, das Düngerecht, der Wasserschutz und das Arzneimittelgesetz müssen so verbessert werden, dass Massentierhaltung letztlich abgeschafft wird." Das ist richtig, denn die Lebensmittelkonzerne werden nur durch strengere rechtliche Rahmenbedingungen zu einem Umdenken zu bewegen sein; solange sie sich im gesetzlichen Rahmen bewegen, kann man ihnen außer mit moralischen Argumenten nicht beikommen.

Genauso ist es mit den Supermarktketten. Ihr Credo vom billigsten Preis nämlich, das Hauptübel überhaupt, zwingt die Agrarriesen zu Methoden, die immer ausbeuterischer und quälerischer werden. Da muss endlich durchgegriffen werden. Wer immer aus Bequemlichkeit anonymes Billigfleisch isst, liefert der Lebensmittelbranche

die beste Rechtfertigung: „Die Menschen wollen billige Lebensmittel." Das sagen die Verantwortlichen immer wieder.
Leider haben sich viele Menschen eben an billige Lebensmittel gewöhnt und richten die Verteilung ihres verfügbaren Einkommens daran aus. Nur langsam kann man gegensteuern. Es wird Jahrzehnte dauern, die Massentierhaltung zu überwinden. Schließlich haben Millionen von Bauern auf der ganzen Welt in den letzten 50 und vor allem in den letzten 20 Jahren in die falschen Agrarsysteme investiert, und diese teuren Einrichtungen müssen sich erst einmal amortisieren.
Trotzdem müssen wir heute endlich mit dem Umbau der Landwirtschaft beginnen. Für die richtigen Weichenstellungen ist es schon heute wichtig, sich zu überlegen, was man isst und woher es stammt. Auch die Frage, wie viel Fleisch überhaupt auf den Tisch kommt, ist bedeutsam. Der Natur zuliebe vegan? Dazu kommen wir gleich. Doch zuvor noch ein paar Fragen zu Fleisch. Denn nicht jeder schafft es, seine Ernährung komplett umzustellen, so wie Frau Schill es vorgemacht hat. Auch ich gönne mir gelegentlich ein gutes Stück Fleisch, weil ich nicht komplett darauf verzichten kann und will, denn gutes Fleisch, schonend zubereitet, schmeckt super und bringt schnell reichlich Energie.

Wichtige Fragen zum Thema Fleisch

Das Fleischessen ist heute in gewisser Hinsicht zum schändlichen Ausdruck von Neid, Ungleichheit und Herzlosigkeit geworden. Immer mehr Menschen fragen sich: „Und für so was hat ein Tier sterben müssen?", wenn sie schlecht produziertes, schlecht gemetzgertes und schlecht zubereitetes Fleisch essen. Daher sollte man sich ein paar Gedanken dazu machen.
Falls Sie Fleisch essen: Ist es gut genug? Könnte es vielleicht besser sein? Haben Sie genügend positive Informationen über das Fleisch, das Sie kaufen? Oder ist es anonymes Fleisch, das hauptsächlich

billig sein soll und mit fragwürdigen Methoden produziert wird? Sollten Sie vielleicht mehr Geld ausgeben für gutes Fleisch? Oder etwa weniger, weil Sie auch mal günstigere Teile von Tieren aus besserer Haltung probieren? Wenn wir immer Roastbeef und Filet essen, wird's eben teuer!

Das Tier hat sterben müssen, um Sie zu ernähren

Denken Sie an das Tier, das für Ihre Nahrung sein Leben gelassen hat? Hatte es ein artgerechtes Leben? War sein Futter in Ordnung oder hat es nichts als Soja aus Südamerika bekommen? Hat es einen Bauern gegeben, der das Tier respektiert und geschätzt hat?

Wie ist das Tier gestorben? Denken Sie an den Transport des Tieres und an den Schlachthof, in dem man es getötet hat. Ist es ohne Qualen, sauber und nach den Regeln der Handwerkskunst eines guten Metzgers vom Leben in den Tod befördert worden? Forschen Sie mal nach, woher die Tiere kommen, die Sie essen. Vielleicht wechseln Sie dann zu einer Einkaufsquelle, die sicher und regional, vielleicht sogar lokal ist. Vielleicht können Sie das Fleisch direkt vom Erzeuger kaufen, eventuell besondere Zuschnitte und Teile bestellen?

Gehen Sie sparsam mit Fleisch um? Sie sollten nicht nur die beliebtesten Teile konsumieren, also im Wesentlichen das Muskelfleisch. Das Tier hat sterben müssen, um Sie zu ernähren. Also gehört es sich, es wenigstens ganz zu verwerten und so gut wie nichts davon wegzuwerfen. Natürlich gibt es dafür heute einen Modebegriff: *from nose to tail* – von der Nase bis zum Schwanz. Das trifft es gut. Beim Geflügel ist es wichtig, das ganze Tier zu kaufen – auch aus politischen Gründen: Die Industrie verkauft uns vor allem Brust, weil die so „schön" mager ist, aber sie schmeckt leider fast nach nichts! Der Rest wandert als Billigware nach Afrika, wo deshalb niemand mehr einheimisches Hühnerfleisch vermarkten kann. In der Fleischindustrie wandert bei uns vieles, was das Potenzial zur Delikatesse hat, gleich in den Abfall und wird zu Tierfutter oder anderem verarbeitet. Sie bekommen es gar nicht erst beim Discounter. Denken Sie daran, was mit den Teilen wie Innereien und den vielen nicht so „edlen" Stücken von Lamm, Schwein, Rind und Hähnchen passiert. Fragen Sie also beim Metzger nach den seltener verlangten Köstlichkeiten: Schweineherz oder -kopf, Ochsenschwanz, Kronfleisch, Kutteln, Kalbsbacken …

Wie bereiten Sie Fleisch zu? Möchten Sie verstehen, was genau mit einem Braten oder einem Hühnchen im heißen Ofen passiert und warum Fleisch besser schmeckt und mehr Glanz hat, wenn man es nach dem Braten eine Viertelstunde ruhen lässt? Oder was genau passiert, wenn wir ein Kochfleischstück langsam über Stunden mit feinen Aromen simmern lassen?

Wie könnten Sie eventuell weniger Geld ausgeben und zugleich besser essen? Probieren Sie neue Rezepte aus, die nicht kompliziert, sondern aufregender und befriedigender sind als der trockene Tafelspitz oder das bald schon langweilige Filet. Kochen Sie auch Rezepte für Innereien nach. Werden Sie kreativ, testen Sie unterschiedliche Gar- und Zubereitungsmethoden, achten Sie auf die Texturen der verschiedenen Fleischteile – auch der preiswerten. Wie machen sich diese auf der Zunge und am Gaumen bemerkbar? Die Japaner haben uns gelehrt, das haptische Erlebnis im Mund zu beachten, also wie sich das Fleisch am Gaumen und in der Mundhöhle anfühlt, wie es sich beißen lässt. Auch die Temperatur ist wichtig und das Gefühl, wenn das Essen den Gaumen entlang und den Schlund hinuntergleitet.

Essen Sie Fleisch? Ist es moralisch korrekt, das zu tun? Tiere sind Mitgeschöpfe, die Schmerz, Lust, Angst und Freude empfinden – zumindest die Tiere, die wir für unsere Nahrung halten. Viele Gattungen haben keinen Schmerzlaut, nehmen also klaglos alles hin. Das erleichtert den rücksichtslosen bis brutalen Umgang mit ihnen. Tiere gehören schon deshalb zur moralischen Sphäre von uns Menschen, weil wir ihr ganzes Leben bestimmen. Jede moralische Diskussion muss dies beinhalten, denn wir haben eine große Bandbreite an Gestaltungsmöglichkeiten für den Umgang mit Tieren. Aber wir sollten uns also fragen, wie wir die Situation der Tiere verbessern können. Aus der Menschheitsgeschichte heraus ist es normal, dass wir als Jäger und Sammler Fleisch essen und seit der Jungsteinzeit Vieh halten. Das verleiht uns aber nicht unbedingt moralische Rechte, und wir haben die Freiheit, unser Verhalten zu ändern, graduell oder auch komplett.

Wie empfinden Sie den Tod von Tieren? Das moralische Dilemma für uns Christen, Tierfreunde und viele andere: Um uns mit Fleisch zu ernähren, müssen wir töten. Beide Lager, Vegetarier und Fleischesser, werfen einander ihre Totschlagargumente an den Kopf, sei es die Rechtfertigung, dass wir seit Jahrtausenden jagen, töten und Tiere essen, sei es die Behauptung, dass unsere Urahnen reine Pflanzenfresser waren. Vegetarier, Veganer und Fleischesser fühlen sich voneinander angegriffen und bedroht. Das zeigt immerhin den großen Stellenwert des Themas. Mit der Diskussion ist der erste Schritt getan: Selbsterkenntnis. Jeder muss sich entscheiden, ob sie oder er Fleisch essen möchte oder nicht. Als Individuen sind die meisten von uns in der Lage, auf Fleisch und tierische Erzeugnisse zu verzichten, die ganze Menschheit aber einstweilen nicht: Wie sollten sich die Samen, die Inuit (früher *Eskimos*) oder die Tuareg heute ernähren? Wie sollten die riesigen mageren Grünlandflächen der Erde anders sinnvoll bewirtschaftet werden, wenn nicht mit Tierhaltung? Dort funktioniert kein Ackerbau. Über eine Milliarde Menschen leben von Jagd und Viehhaltung! Und es sind nicht nur die Menschen in den kargen Zonen der Welt, sondern auch die Menschen in den höheren Regionen des Alpenvorlands und der Alpen, wo Klima und steile Lage gar nichts anderes als Grasland zulassen. Wir selbst könnten dort buchstäblich nur ins Gras beißen, uns aber nicht ernähren. Wir brauchen, wenn diese Flächen nicht brach liegen und wieder zuwachsen sollen, das Schaf, die Ziege und das Rind, die in der Lage sind, aus diesem einfachen Futter Milch und Fleisch zu erzeugen.

> **Genießen Sie das Kochen und das Essen wirklich?**
> Beides gehört zu den größten Privilegien, die wir in unserem kurzen Leben hier auf der Erde haben. Die Ernährung kann und sollte jedem in allen Stadien Freude machen: das Vorbereiten, das Kochen und das Essen.

Hanni Rützler (siehe Abb. 7) und Wolfgang Reiter (Abb. 8) verfassen jährlich den *Food Report* des *Zukunftsinstituts* in Kooperation mit der *Lebensmittel-Zeitung*. Gemeinsam mit ihnen hatte ich im Frühjahr 2015 eine Podiumsdiskussion in Wien zum Thema Fleisch, organisiert durch den Christian Brandstätter Verlag und den Österreichischen Rundfunk, und sie überreichten mir ihren *Food Report 2015*, in dem das Schwerpunktthema das Fleisch ist. Darin sagen sie voraus, dass die Auseinandersetzung mit der Frage des richtigen Fleischkonsums stark an Bedeutung gewinnen wird.

Entschieden wird in der Küche

Ich selbst habe schon lange umgestellt auf weniger, aber gutes Fleisch, was mir leichter fällt als vielen anderen, weil ich an der Quelle sitzen darf. Weniger Fleisch esse ich aber auch deshalb, weil ich es wirklich liebe, frisches Gemüse aus der Region mit Gewürzen aus aller Welt aufzupeppen. Ich habe gelernt, dass man vegetarische Gerichte zaubern kann, die nicht nur schmecken, sondern auch genügend Nährwert bringen und satt machen.

Ich lasse dabei meiner Fantasie freien Lauf und serviere mehrere Gerichte parallel, damit die Vielfalt der Geschmäcker den Gaumen erfreut und das Essen uns alles Lebensnotwendige liefert: Vitamine, Spurenelemente, gute Eiweiße und Fette, sekundäre Pflanzenstoffe wie Tannine in Trauben und Rotwein oder andere chemische Verbindungen wie die Polyphenole, die im Granatapfel vorkommen, in Kirschen, Mispeln oder Aprikosen … Du bist, was du isst! Je vielfältiger Sie einkaufen und je schonender und werterhaltender Sie zubereiten, desto besser.

Rohes allerdings esse ich wenig, höchstens mal im Hochsommer eine Gemüse-Gazpacho oder Salat, weil ich weiß, dass mir persönlich rohe Lebensmittel eher Energie entziehen. Wir Menschen haben uns über die Jahrtausende, seit wir sesshaft geworden sind, an gegartes Essen gewöhnt, weil die Stoffe darin leichter für unseren Körper verfügbar sind. Wir sind nicht für Rohkost gebaut wie unsere Verwandten, die Menschenaffen Gorilla oder Orang-Utan. Die haben einen doppelt so langen Dünndarm wie wir, der die rohe Nahrung aufschließt, zu der es für sie keine Alternative gibt.

Du bist, was du isst!

Das Würzen macht's

Gewürze bringen meiner Erfahrung nach am meisten, wenn man sie unzerkleinert lagert und zuerst röstet, damit sich ihr Geschmack entfaltet, und dann mörsert, wie es uns etwa die Inder vormachen. Von Camilla Plum (siehe Abb. 9) und Kille Enna (Abb. 10), beide aus Dänemark, habe ich viel über Nordic Cuisine, Fusion Food und Gewürze gelernt, noch lange bevor sich Alfons Schuhbeck (mit Recht) in die Gewürzwelt aufgemacht hat. Gewürze bringen gesunde Basen und unvergleichlichen Genuss auf den Teller, und die paar Gramm Kreuzkümmel, Sternanis, Koriander oder Nelke für ein Essen für zehn Leute kann man sich ohne Qualitätsverlust oder schlechtes Gewissen um die Welt schippern lassen, wenn man die Hauptbestandteile des Gerichts lokal besorgt. Mit Fantasie, originellen Zutatenkombinationen und den Gewürzen der Welt kann man sogar die „Eingefleischten" beeindrucken.

Gucken Sie über den Tellerrand in die kulinarische Welt hinaus und sehen Sie sich in Kochbüchern an, wie man in China, Japan, Vietnam und Thailand kocht, Fisch und Fleisch vor allem, und wie man dort Gewürze kombiniert, Algen und Saucen einsetzt…

Der Orient zeigt uns, wie man mit Früchten raffiniert süßen kann, ohne die begleitenden Aromen zu zerkochen, und wie man Geschmack aus Kräutern und Gewürzen extrahiert.

Mehr Geist in die Küche!

Wer wie ich kein Kochgenie ist, dem kann eine intellektuelle Brücke helfen. Die Lehre der fünf Elemente aus dem alten China, Teil der traditionellen chinesischen Medizin, ist eine gute Inspiration: Fünf Geschmacksrichtungen sollte jede Speise haben: bitter, scharf, sauer, süß und wässrig (= salzig) – je nach Gericht in stark wechselnden Verhältnissen und aus unterschiedlichen Zutaten. Der Restaurantkritiker und Küchenphilosoph Jürgen Dollase (*1948; auch Keyboarder der Band *Wallenstein*) empfiehlt uns schon zur Lebensbereicherung, möglichst vieles auszuprobieren und uns reichhaltig und mit viel Abwechslung zu ernähren. Wer immer das Gleiche isst, nach seinem Begriff der „Redundanzesser", ist ein Opfer der Industrie, die uns zu einer Monokultur des Geschmacks erzieht. Das ganze riesige Angebot entspricht dem marktgängigen Durchschnittsgeschmack. Trotz der gigantischen Warenpalette schmeckt die Industrienahrung immer gleich, süß oder nach gar nichts, sieht aber hübsch aus. Nur noch die Optik zählt. Jeder muss sich auf den Weg machen, der sich nicht mit der schönen, schnöden Öde abspeisen lassen will. Jeder muss nach dem echten Geschmack suchen. Den 9000 Geschmacksknospen der menschlichen Zunge darf, wie Dollase auch meint, das Gespür für das große Mit- und Gegeneinander der Aromen nicht verloren gehen.

Jeder muss nach dem echten Geschmack suchen

Jenseits des Geschmacks: Mundgefühl

Neben den Aroma- und Geschmackserlebnissen brauchen wir auch das sinnliche Spiel aus weich und hart, warm und kalt: das *Mouthfeeling*. Ein kleiner Exkurs am Beispiel eines Joghurts:

Joghurt pur: Die Kälte und das Schmelzen bestimmen das Gefühl. Die Zähne spüren in der weichen Masse keinen Widerstand.
Joghurt mit Fruchtgelee: Wegen der ähnlichen Textur verbinden sich beide Elemente schnell. Der Joghurt wird dadurch süß, und die Mischung erwärmt sich.
Joghurt mit Gelee und Apfel: Die Frucht macht sich sofort im Biss bemerkbar. Beim Kauen kommt es zu einem Akkord mit den anderen Zutaten, der aber nur kurz anhält. Wenn Joghurt und Gelee geschluckt sind, bleiben allein die Faserstruktur und der säuerliche Geschmack des Apfels zurück.
Joghurt mit allem plus Zwieback: Das sehr krosse Gebäck dominiert zu Beginn mit einem spektakulären Kracheffekt. Alles andere tritt zunächst in den Hintergrund.

Ovo-lakto-vegetarische und vegane Ernährung

Manche sagen mir nach, ich hätte etwas gegen die vegetarische Ernährungsweise und ihre Schwester, die vegane. Das ist ein Missverständnis und liegt nur daran, dass ich als gelernter Metzger sehr viel über mein Handwerk nachdenke und spreche – auch darüber, wo es hingekommen ist, wie es sogar *ver*kommen ist. Ich stehe dazu, dass es auch einen würdevollen und anständigen Fleischkonsum gibt. Zugegeben: Die Fleisch- mitsamt der Milch- und Eierproduktion ist viel reformbedürftiger, allerdings auch komplizierter als der Gemüseanbau, über den wir natürlich auch meckern können. Das nähme mehr Buchseiten ein als eine Geschichte der vegetarischen und veganen Ernährungsweise.

Ich habe nicht nur hohen Respekt vor denen, die aus ethischen Gründen auf Fleisch und andere tierische Erzeugnisse verzichten, sondern finde auch, dass wir die vegetarische Kost als echte Alternative brauchen. Wir essen einfach zu viel Fleisch und müssen davon wegkommen! Wir sind prima in der Lage, auch ohne Fisch, Fleisch, Milch und Eier zu leben, wenn wir es richtig anstellen. Vegetarier und Veganer leben uns das vor. Ich selbst habe es monatelang ausprobiert, und es ging mir gut damit. Ich musste mich sehr umstellen und langsamer essen, mehr essen sowie variantenreicher kochen, um möglicher Mangelversorgung vorzubeugen.

Der Verzicht auf Fleisch und andere Tierprodukte kann auch sehr gesund sein. Vegetarier und Veganer, die sich nicht einseitig ernähren, leiden im Vergleich zu Fleischessern nachweislich weniger an den üblichen Zivilisationskrankheiten Übergewicht und Fettsucht sowie an Herz- und Gefäßkrankheiten, Diabetes, Bluthochdruck, Gicht, manchen Allergien und Hautkrankheiten.

Mängeln vorbeugen

Vegetarier und Veganer – dazwischen liegt ein großer Unterschied: Der ovo-lakto-vegetarisch lebende Mensch, den wir vereinfachend Vegetarier nennen, ernährt sich weitaus vielseitiger, da er – wie der Name sagt – auch Eier und Milchprodukte zu sich nimmt und damit seine Versorgung mit vielen unabdingbaren Stoffen sicherstellt, die wir nur oder am besten aus tierischen Produkten aufnehmen können. Als Menschen sind wir seit Urzeiten Allesfresser – okay: Mischköstler. Und darauf ist unser Stoffwechsel eingestellt. Wer Fleisch, Eier und Milcherzeugnisse verzehrt, versorgt sich in der Regel gut mit Eisen für die Blutbildung. Dieses können wir aus tierischem zweiwertigem Eisenoxid Fe_2O_3 wesentlich besser resorbieren als aus dem dreiwertigen Fe_3O_4 in vegetarischer Kost; es ist besser bioverfügbar. Oxalsäure aus Spinat oder Rhabarber oder die Tannine in Schwarztee oder Rotwein blockieren die Eisenaufnahme wiederum. Das Eisen bildet mit diesen Stoffen unlösliche Komplexe, die wir nicht resorbieren können. Unter anderem Fruktose und Zitronensäure, die aber an sich bedenklich ist, und Eiweiß fördern hingegen die Eisenaufnahme.

Manche lebensnotwendigen Vitamine, beispielsweise B_2, B_{12} und D, sind in Pflanzen kaum vorhanden, in Fleisch hingegen reichlich. Unsere Versorgung mit Vitamin D ist aber sehr wichtig; einerseits für das Immunsystem, aber auch weil nur Vitamin D den Einbau von Kalzium in die Knochensubstanz ermöglicht. Wer genug Leber, Fisch, Eier, Sahne oder Quark verzehrt, muss sich darum keine Sorgen machen. Vitamin D bildet sich in unserer Haut, aber nur bei Bestrahlung mit UV-Licht, also Sonnenlicht, durch Umwandlung des Provitamins D_{12}, das in Spinat, Kohl, Pilzen und Hefen vorkommt. Die Versorgung ist daher im Sommer besser als im Winter. Kinder brauchen unbedingt reichlich Vitamin D und Kalzium in der Nahrung für den Knochenaufbau. Manche Säuglinge von stillenden Veganerinnen haben einen Kalziummangel, der sie fürs ganze Leben schädigen kann. Wer in jungen Jahren viel Kalzium und Vitamin D bekommt, hat später weniger Probleme mit Rachitis oder Osteoporose. Zu viel Eiweiß im Essen behindert allerdings die optimale Verwertung von Kalzium.

Mit dem reinen Weglassen ist es nicht getan

Vitamin B_{12}, das wir für die Zellteilung, die Blutbildung sowie für Funktionen des Nervensystems brauchen, kommt in tierischen Lebensmitteln reichlich vor, in Pflanzen aber nur nach Fermentation wie etwa bei Sauerkraut. Veganer müssen es sich also eigens zuführen, eventuell durch spezielle Müsliriegel, Sojadrinks oder Hefepasten, denen es beigemengt ist. Veganer haben typischerweise weniger Vitamin B_{12} im Blut. Eine Unterversorgung damit äußert sich in Form von Blässe, Energiearmut und einem Gefühl von allgemeiner Schwäche. Wenn der Mangel lange anhält, kann er das Nervensystem irreversibel schädigen!

Weitere physiologische Notwendigkeiten sind zu beachten: Jod etwa ist in Fisch reichlich vorhanden, weshalb Veganern ersatzweise jodhaltiges Salz zu empfehlen ist. Jüngere Veganer verwerten Zink aus veganen Lebensmitteln schlechter als ältere. Säuglinge vegan zu ernähren ist gar nicht ratsam. Es drohen Engpässe bei der Eisen-, Zink- und Kalziumversorgung.

Es ist also gar nicht einfach, sich vegetarisch oder sogar vegan zu ernähren. Mit dem reinen Weglassen ist es nicht getan. Man muss sich gut informieren und eventuell regelmäßig seine Blutwerte für Vitamin B_{12} und Folsäure ermitteln lassen. Konsultieren Sie etwa die Website der Unabhängigen Gesundheitsberater *www.ugb.de* oder andere einschlägige Informationsquellen, um bei veganer Ernährung keine Mangelerscheinungen zu riskieren!

> **Was zu einer gesunden veganen Ernährung gehört**
> - Eisenreiche Gemüse- und Getreidegerichte
> - Obst, Säfte und Weißkraut mit viel Vitamin C
> - Eiweiß aus Vollkornprodukten, Hülsenfrüchten und Soja
> - Nüsse, Samen und gute pflanzliche Öle
> - Kalziumreiches Mineralwasser

Die Grenzen des Veganismus

Noch eine wichtige Anmerkung für die Verfechter und Missionare des Veganismus: In der westlichen Welt ist der erwachsene Normalverbraucher durchaus in der Lage, sich vegan zu ernähren. Das gilt aber nicht für die gesamte Menschheit. 1,5 Milliarden Menschen leben ganz oder überwiegend von tierischer Nahrung, weil ihre Umwelt nichts anderes bietet oder erlaubt. Das sind nicht nur die Samen, die Mongolen, die Inuit und die Nomaden mit ihren Nutztieren in den äquatorialen Wüsten und der Taiga, der Tundra und den polnahen Kaltregionen. Ein großer Teil der Nahrung in gemäßigten Zonen wie Mitteleuropa kommt aus der Milch. Wiederkäuer sind die einzigen Tiere, die auf Grünland Milch und Fleisch erzeugen können. Wo die steilen und hoch gelegenen Berghänge weder Rinderhaltung noch Ackerbau zulassen, sind Ziegen und Schafe die einzig sinnvollen Nutztiere. Sie halten die Landschaft offen und pflegen sie. Nur mit ihnen kann man solches Gelände und andere karge Gebiete überhaupt bewirtschaften.

Berechtigte Sorgen, irrationale Ängste

Viele Menschen, Fleischesser ebenso wie Vegetarier, befassen sich neuerdings sehr intensiv mit ihrer Ernährung, was sehr zu begrüßen ist. Mit der zunehmenden Beschäftigung wachsen aber auch die Sorgen um die Gesundheit, die häufig irrational sind und auf Fehlinformationen oder Missverständnissen beruhen. Manche steigen sogar auf einen massiven Fleischkonsum um aus Angst vor allen möglichen Allergenen; man denke nur an den Trend zur Paleo-Ernährung.

Unverarbeitete Lebensmittel senken den Treibhausgasausstoß und sparen Energie, Wasser und andere Rohstoffe

Für manche Esser sind bestimmte Stoffe tatsächlich unverträglich. Gluten, Laktose oder Fruktose bekommen ihnen schlecht. Aber auch viele Menschen, die keinerlei Nahrungsmittelunverträglichkeit haben, verzichten auf alle möglichen einschlägigen Produkte. Die weitaus meisten bilden sich ihre Intoleranz nur ein oder verzichten prophylaktisch, weil sie glauben, das sei doch wohl gesünder.

Wie immer: Die Industrie verdient

Natürlich reitet die Industrie längst auf der Welle des Vegetarismus mit und nimmt jeden noch so weit hergeholten Ernährungstrend dankbar auf – vor allem weil es lukrativ ist. Es kostet ja nichts, ein Produkt als gluten- oder laktosefrei zu bezeichnen; aber man verlangt für den angeblichen Gesundheitsvorteil einen höheren Preis und kassiert ihn vom unkritisch-ängstlichen Verbraucher.
Einen extremen Auswuchs der Vegetarismuswelle habe ich kürzlich auf der Innovationsmesse einer großen deutschen Supermarktkette gesehen: Am Stand eines namhaften Wurstwarenherstellers, der für seine Teewurst berühmt ist, fand ich diverse Varianten von fleischlosem Wurstaufschnitt in Packungen aus Hartplastik. Die Produkte sahen täuschend echt wie Brühwurst aus. Auch der Geschmack war typisch: etwas säuerlich, an Fleisch erinnernder

Pökelsalzgeschmack mit Gewürz- und Räuchernoten. „Natürlichen" Aromen und Geschmacksverstärkern sei Dank. Die Perversion der Idee der Fleischlosigkeit offenbart die Zutatenliste: Zu etwa 70 Prozent besteht das Produkt nämlich aus Eiklar! Na, und wo das herkommt, dürfen wir raten, weil's nicht draufsteht.

Convenience & Co. oder natürlich und saisonal?

Je mehr ein Produkt erhitzt, gekühlt oder sonst wie verarbeitet wird, je mehr es verpackt, je weiter es transportiert und je länger es gelagert wird, desto mehr Energie wird dafür verbraucht, und umso mehr Treibhausgas CO_2 wird emittiert. Einige Beispiele: Tiefgefrorene Fischerzeugnisse wie Fischstäbchen erzeugen zwölfmal mehr CO_2 als ein frisches Fischfilet, das Sie selbst panieren. In Flaschen verkauftes Wasser verursacht 40-mal so viel CO_2 wie Wasser, das bei uns im Voralpenland in allerbester Qualität aus der Leitung kommt! Ein Powerriegel aus Trockenfrüchten, Nüssen, Getreide, Zucker und Honig verbraucht im Vergleich zu einer zu Hause hergestellten Mischung 50-mal so viel CO_2, bis er in Ihrem Rucksack liegt. Bei tiefgekühlten Pommes frites liegt die CO_2-Emission bis zu 29-mal höher als bei Pommes aus frischen Kartoffeln aus Ihrer Küche. Also: Unverarbeitete Lebensmittel senken den Treibhausgasausstoß und sparen Energie, Wasser und andere Rohstoffe. Bedenken Sie all die Transportkilometer zwischen den Verarbeitungsstufen. Wir ersticken bald vor lauter LKW-Kolonnen und Gewerbegebieten, und das Straßennetz raubt uns mehr und mehr kostbare Natur, Freiheit, Platz und Lebensqualität.

Gesunde Ernährung

Die Frage, welche Diät oder Ernährung am gesündesten ist, ist nur individuell zu beantworten. Der eine schwört auf Rohkost, der andere auf vegane Ernährung, der Dritte auf vegetarische. Dann gibt es Frutarier, Anhänger der Instincto-Lehre, der ayurvedischen Ernährungslehre, der chinesischen Lehre der fünf Elemente, Vertreter der Makrobiotik und der Trennkost, der Steinzeitkost (Paleo-Diät), der GLYX- oder der Mayr-Diät, Fans der modernen Low-Fat- und Low-Carb-Diäten, die in den USA kurzfristig viele Anhänger gewonnen haben.

Manche Ernährungstrends sind blanker Unsinn und reine Geldmacherei

Ich habe es in unseren Unternehmen, die alle etwas mit Nahrung zu tun haben, vermieden, irgendeine Ernährungslehre oder Diät zu propagieren, eben weil das Thema so individuell und letztlich eine Glaubensfrage ist. Manche Ernährungstrends sind aber auch blanker Unsinn und reine Geldmacherei – ein Grund mehr, sich nicht in die oft hitzig geführte Debatte einzumischen. Die Nahrungsunverträglichkeiten, die immer häufiger ausgemacht werden, machen die Angelegenheit noch komplizierter. Dennoch gibt es Prinzipien, die ich persönlich zu beachten versuche und die vorläufig meiner Auffassung von gesunder Ernährung entsprechen. Ich halte sie meistens ein, weil sie mir guttun.

Meine Ernährungsregeln

1. Iss vielseitig und probiere neue Speisen aus, am besten aus naturbelassenen Zutaten.
2. Kauf Gutes saisonal aus deiner Region.
3. Such dir in der Nähe eine gute Quelle für frisches Gemüse und hol dir zweimal pro Woche frische Produkte. Noch besser: Selbstgeerntetes.

4. Koch öfter selbst und vermeide teure Convenienceprodukte voller Zusatzstoffe!
5. Das Aufschließen der Nahrung durch Garen ist eine uralte und sinnvolle Errungenschaft. Halte daher speziell im Winter die Rohkostportionen knapp, die bei der Verdauung Energie entziehen.
6. Iss mindestens eine gute warme Mahlzeit pro Tag, und zwar auch im Sommer.
7. Nimm dir Zeit und etwas Ruhe für das Mittagessen! Es trägt dich auch geistig durch den Tag.
8. Wenn es Fleisch sein soll, dann nur gutes und in Maßen. Fleisch auch mal lange kochen oder schmoren, es wird dadurch bekömmlicher.
9. Verarbeite auch preisgünstigere Fleischteile, auch solche mit Fettmarmorierung.
10. Kaufe Fisch am besten aus Bio-Aquakultur oder nicht bedrohten Wildbeständen. (Greenpeace-Fischführer und Verpackungsinfos genau studieren oder nachfragen.)
11. Nimm statt Zucker Honig und süße Früchte, zum Beispiel Bio-Trockenfrüchte. Etwas Süße gehört zu jeder Speise.
12. Fett macht nicht fett, und gutes Fett darf nicht fehlen, denn es ist essenziell für gesunde Herzkranzgefäße, beugt Arthrose und anderen Zivilisationskrankheiten vor (Omega-3-Fettsäuren!).
13. Verwende gute pflanzliche und tierische Fette, zum Beispiel Sesam-, Oliven- oder Walnussöl und Schweinefett von gesunden Tieren.
14. Nimm Bitterstoffe aus der Natur zu dir: Chicorée, Endivie, Löwenzahn, Radicchio, Rucola, Schlehe, Weißdorn, Zuckerhut, Wermut …
15. Versorge dich mit sekundären Pflanzenstoffen, die der Körper nicht selber produzieren kann, aus frischen Kräutern vom Waldrand oder ungespritzten Wiesen.

16. Verwende die Hauptzutaten aus der Region und die Gewürze aus der ganzen Welt.
17. Kaufe unzerkleinerte, naturbelassene Gewürze und verarbeite sie im Granitmörser.
18. Nimm gutes Stein- und Meersalz als Mineralien- und Basenbringer und natürlichen Geschmacksverstärker.
19. Lass dir Zeit beim Essen und genieße es gemeinsam mit deiner Familie oder mit Freunden.

Ist bio nicht zu teuer?

Wenn man alle sozialen und politischen „Kosten", also Klima- und Umweltschäden, globale Verteilungskämpfe etc. auf lange Sicht mitzählt, ist der konventionelle Anbau die teuerste Wirtschaftsform und auf Dauer unser aller Ruin. Dieser Gedanke ist natürlich nicht die Alltagsperspektive beim Einkaufen, ist aber im Prinzip immer zu bedenken.

Ich gebe es ja zu: Bio-Lebensmittel kosten punktuell im Vergleich durchaus mehr. Aber dass bio in Euro und Cent in der Praxis nicht teuer sein muss und sich diese Ernährung jeder leisten kann, zeigt ein Selbstversuch der Münchner Food-Journalistin Rosa Wolff (siehe Abb. 11). Mit 132,71 Euro im Monat, dem damaligen Hartz-IV-Satz für Lebensmittel (Stand Juli 2015: 141,65 Euro), hat sie nachgewiesen, dass das geht. Jeden Tag. Zwar ist mehr Organisationsaufwand nötig und man isst weniger Fleisch, man lebt aber gesünder und gewinnt mehr Ernährungswissen als Otto Normalverbaucher bzw. Normalesser. Nachzulesen in Rosa Wolff: *Arm aber bio! Mit wenig Geld gesund, ökologisch und genussvoll speisen. Ein Selbstversuch,* Edition Butterbrot, 2010.

Supermarkt Garten

Selbstversorgung ist ein großes Thema; auch für Städter. *Urban Gardening* nennt sich ein Trend, der immer mehr Anhänger findet. Es geht dabei nicht nur um Versorgung, sondern auch um das Prinzip Selbermachen, um Gemeinschaft und nicht zuletzt um die Schönheit, mit der ein artenreicher Garten unser Leben bereichert. Früher gehörte zu jedem größeren Hof, zu jeder Schule und zu jedem Wohnhaus auf dem Land ein Selbstversorgergarten. Seit 2011 haben auch wir bei unserem Gut und Tagungshotel Sonnenhausen einen Küchengarten. Auf 2500 Quadratmetern ziehen wir mehrjährige Kulturen nach dem Grundprinzip der Permakultur. Das bedeutet, dass der eingesetzte Ressourcen-Input an Wasser und Pflanzen nicht größer ist als der Output an Obst und Gemüse: Brombeeren, Himbeeren, Stachel- und Johannisbeeren, blauer Blumenkohl, wilder Brokkoli, schwarze Tomaten … Wir haben kein energiezehrendes Gewächshaus und ziehen deshalb Tomaten, Paprika und Auberginen nur in ganz geringen Mengen. Die Anzucht machen wir in unserem alten Anlehngewächshaus, in dem im Sommer Geburtstags- und Firmenfeiern stattfinden und wo die großen Topfpflanzen wie Bougainvilleas und Trompetenbäume überwintern. Zusätzlich halten wir Enten und Schafe, um unsere eigene Küche rund ums Jahr zu versorgen.
Das Tolle daran: Man muss im Sommer nur wenig bis gar nichts zukaufen und hat ein gutes Gewissen im Hinblick auf Transport und Energieverbrauch, der gegen null tendiert. Unvergleichlich sind auch die intensiven Geschmackserlebnisse und die Möglichkeit, von Mai bis November zu ernten. Ganz zu schweigen von dem herrlichen Erfolgserlebnis!
Meine Köchinnen und Köche sagen: Was aus unserem Garten kommt, verwerten wir komplett! So kann zum optimalen Zeitpunkt geerntet werden. Und was wir nicht innerhalb kurzer Zeit verbrauchen, wird konserviert. Das ist eine andere Philosophie als

die der meisten Küchenteams, die sich einfach vom Großhändler alles kommen lassen, was ihnen für die Speisekarte eingefallen ist. Nur aus dem Garten zu kochen ist anstrengender, aber erfüllender, finden jedenfalls meine Köchinnen und Köche.

Natürlich ist so ein Garten kein Kinderspiel – vor allem für blutige Anfänger, die wir alle waren. Man muss immer dranbleiben, wie es so schön heißt. Für Sonnenhausen habe ich zum Glück eine sehr einfühlsame und gute Bio-Gärtnerin gefunden.

Eigenanbau: jeder, wie er kann

Leider hat nicht jeder einen Garten mit genügend Anbaufläche zur Verfügung. Jeder Selbstversorger muss selber Hand anlegen und sich reinfuchsen in den Gartenbau, wie er in seinem Rahmen eben möglich ist. Wer in der Stadt wohnt, muss flexibel sein und sich vor allem dem beschränkten Platz anpassen. Schrebergärten sind heiß begehrt und meistens nur über lange Wartelisten zu ergattern, viele Balkons sind zu eng, die Fensterbänke zu klein, Omas Ziergarten okkupiert den Hinterhof, Rasenflächen mit Spielgeräten für die Kinder müssen auch sein … Aber wer möchte, findet schon irgendwo seine grüne Möglichkeit, sich wenigstens teilweise selbst zu versorgen. Es ist in der Regel für jeden mehr drin als die Fensterbank mit Petersilie und Thymian für Salate und Suppen oder Basilikum für Tomaten und Wermut und Rosmarin für den Tee.

Ein Garten ist kein Kinderspiel – vor allem für blutige Anfänger, die wir alle waren

Dass der Trend zum eigenen Kräuteranbau zunimmt und sich zum Beispiel die Münchner nicht nur Töpfchen mit Petersilie und Basilikum auf die Fensterbank stellen, machte mir kürzlich ein Besuch in einem Gartencenter bewusst: Da gibt es heute ein riesiges Sortiment von Kräutern. Zusätzlich werden jede Menge Tomatenstauden, Bohnen und allerhand Saatgut angeboten – leider bei Weitem nicht nur biologisches. Das Gärtnern scheint jedenfalls auf den

Balkons und Terrassen Münchens angekommen zu sein, und viele versuchen, ohne die vielen Gifte und Düngemittel auszukommen, mit denen die Industrie Millionen verdient. Auch hier geht es ums Detail: Kaufen Sie resistente Sämereien und Pflanzen vom Biogärtner und besorgen Sie sich anständigen, gereiften Kompost oder Mist für die Auffrischung der Erde.

Weltweiter Trend: Urban Farming

Der Anbau von Nutzpflanzen auf Brachflächen in Städten ist seit wenigen Jahren in aller Munde. *Urban Farming* oder *Urban Gardening* heißt der große Trend zum Anbau von Kräuter, Obst und Gemüse auch auf Grünflächen in Städten. Begonnen hat die Sache wie so vieles in den USA. Die Öko-Idealisten Annie Novak und Ben Flanner waren die Pioniere. Weil Platz in New York ein äußerst rares Gut ist, hatten sie die ebenso geniale wie kreative Idee, die Asphaltfläche eines Hochhausdachs an der Eagle Street in East Brooklyn gartenbaulich zu nutzen.
Unterstützt von den New Yorker Hochhausdach-Begrünern Lisa und Chris Goode (www.goodegreennyc.com), haben sie dort auf etwa 550 Quadratmetern 90 Tonnen Erde aufgeschüttet und ihre *Eagle Street Rooftop Farm* angelegt. Dort wachsen seit Mai 2009 Auberginen, Lollo Rosso, Bohnen, Tomaten, Petersilie… Die Produkte verkauft das Paar im eigenen Gemüseladen und beliefert Restaurants in der Umgebung. Daneben geben die beiden Hochhausgärtner Kurse in Kompostieren, Bienenzucht, Dachbegrünung, Anzucht und Bodenbearbeitung für interessierte Laien und Hobbygärtner. Der Bildungszweig der Dachfarm ist ein Ableger von *Growing Chefs,* was so viel heißt wie selbst anbauende Köche. Annie Novak hat die Gruppe gegründet und sagt: „Am Anfang arbeitete ich nur mit Kindern im Dachgarten, heute sind es vor allem Erwachsene, die sich für die Verbindung von Gärtnern und Kochen interessieren." Und es werden immer mehr.

Die Stadt New York fördert das *green roof movement* (Bewegung Grünes Dach) steuerlich, weil es den Umweltgedanken propagiert, das Mikroklima verbessert und zum Hochwasserschutz beiträgt. Zu diesem Zweck ließ die Stadtverwaltung von New York auch die stillgelegte Hochbahntrasse, die von der Gansevoort Street bis zur 20th Street führt, für 152 Millionen Dollar begrünen und zum *High Line Park* umfunktionieren.

Auch andere Städte entdecken wie New York ihren grünen Daumen, zum Beispiel London. Dort verzeichnet *Capital Growth* (www.capitalgrowth.org), ein Netzwerk von Londoner Hobbygemüsegärtnern, im April 2015 bereits 2368 Gärten in der Stadt. Auch der Stadtkreis Brighton and Hove ebenso wie die irische Metropole Dublin zeigen sich aufgeschlossen gegenüber Urban Gardening und fördern ähnliche Initiativen.

Projekte in Deutschland

In Deutschland macht die rheinland-pfälzische Stadt Andernach Schule mit ihrem Konzept *Essbare Stadt*. Vor fünf Jahren begann sie städtische Grünflächen für urbane Landwirtschaft zu nutzen. Statt „Betreten verboten" steht an vielen ehemaligen Blumenbeeten und Rasenflächen jetzt „Pflücken erlaubt". Gestartet hat die 30 000-Einwohner-Stadt ihre Aktion Anfang 2010, im Jahr der Biodiversität, der Artenvielfalt: Am Fuß der Stadtmauer wurden Beete mit 100 verschiedenen Tomatensorten angelegt. Heute gedeihen dort im Sommer neben Tomaten, Zucchini und Kartoffeln auch Feigen, Birnen, Mandeln, Esskastanien und sogar Indianerbananen. Und jeder darf ernten! Gemüse in Bio-Qualität zum Nulltarif auf rund 10 000 Quadratmetern städtischer Fläche!

Die Idee stammt von der Gartenbauingenieurin Heike Boomgaarden und Andernachs städtischem Landschaftspfleger Lutz Kosack. Ihm erschienen das übliche Dauergrün und seine Pflege ebenso unästhetisch wie sinnfrei. Früher schnitten die städtischen Gärtner Hecken und fuhren mit Rasenmähtraktoren herum; heute bauen sie Gemüse an. Die anfängliche Skepsis der Bürger legte sich bald, doch den kompetenten Umgang mit den neuen biologischen Gegebenheiten mussten sie erst einmal lernen. Damit Rüben und Radieschen nicht mal kurz aus dem Boden gerupft werden, um nachzuschauen, ob sie schon reif sind, denkt man in Kosacks Amt gerade über ein Ampelsystem nach. Es soll den Zufallsnutzern die Orientierung erleichtern.

Andernach ist ein Modellfall der weltweiten Bewegung *transition town* – Stadt im Wandel. Seit 2006 gestalten Umwelt- und Nachhaltigkeitsinitiativen in vielen Städten und Gemeinden den geplanten Übergang in eine postfossile, relokalisierte Wirtschaft. Einen Überblick über diese Initiative gibt der irische Permakulturalist und Begründer Rob Hopkins (siehe Abb. 12) in seinem 2014 erschienenen Buch *Einfach. Jetzt. Machen!*

Ebenfalls in diese Kategorie fällt das Projekt *Prinzessinnengarten* (siehe Abb. 13) in Berlin. Im Sommer 2009 begannen Robert Shaw und Marco Clausen zusammen mit Freunden, Aktivisten und Nachbarn eine 6000 Quadratmeter große Brachfläche im Herzen Berlins zu begrünen. Auf den Namen Prinzessinnengarten tauften sie diese märchenhafte Oase am Moritzplatz in Kreuzberg, die ich im Sommer 2011 mit Dr. Christa Müller (siehe Abb. 14) besuchte. Müller hat die Urban-Farming-Bewegung von Anfang an begleitet und dokumentiert und ist inzwischen Mitglied im Kuratorium der Schweisfurth-Stiftung. Marco Clausen erläuterte uns die Methode: Da die Bodenqualität nicht sonderlich gut war, waren sie gezwungen, „in die Höhe" zu pflanzen. Die Macher füllten mit Reissäcken ausgekleidete Bäckerkisten mit Erde und stellten sie auf Holzpaletten. So bleiben viele Kulturen mobil und können innerhalb kürzester Zeit umarrangiert oder über den Winter in einem Gewächshaus eingelagert werden. Heute ist der Prinzessinnengarten auch ein attraktiver gesellschaftlicher Treffpunkt.

Jeder darf ernten! Gemüse in Bio-Qualität zum Nulltarif

Neben dem Anbauen von Pflanzen ist den Aktivisten vom Prinzessinnengarten die Bewusstseinsentwicklung sehr wichtig, die nebenbei geschieht: Sensibilisierung für das Thema Nahrungsmittelproduktion, naturnahe Erfahrungen und Ernährungswissen für Kinder, Kontakt und Austausch zwischen den Generationen und Menschen aus unterschiedlichen Ländern etc. Der Prinzessinnengarten ist ein europäisches Vorzeigeprojekt, das viele andere inspiriert hat, unter anderem *NeuLand* in Köln (www.neuland-koeln.de) oder *O'pflanzt is* in München (o-pflanzt-is.de).
Um möglichst viele Menschen für den Gedanken zu begeistern, betreibt der Prinzessinnengarten seit Kurzem die Beratungsplattform *Neues urbanes Grün.* Unter anderem das Bundesumweltministerium unterstützt den bundesweiten Ausbau dieses Beratungsnetzwerks für urbanes Gärtnern. Auch neu im Prinzessinnengarten sind ein Café und eine Gartenküche. Natürlich werden dort fürs Mittag- und Abendessen nur selbst gezogenes Obst und Gemüse verarbeitet (www.prinzessinnengarten.net).

Kräuterbeet und Haute Cuisine

Zu welchem Hochgenuss man das Thema Küchengarten und Gartenküche treiben kann, zeigen auch immer mehr Köche; etwa die Bio-Köchin und Wildkräuterexpertin Sigrune Essenpreis im *Landgasthof Paulus* im saarländischen Nonnenweiler-Sitzerath. Sie bietet ihren Gästen etwa einen außergewöhnlichen Frühlingssalat aus Blättern, Blüten, Knospen und Stängeln von 38 Kräuter- und Pflanzenarten, die sie mit einer Mousse von Ziegenquark und einer Vinaigrette aus Fichtenspitzenessig und kalt gepresstem Leinöl serviert. Das Grün im Salat liefern unter anderem so unbekannte Arten wie Mädesüß, Scharbockskraut, Wiesenlabkraut, Japanisches Geißblatt, Ochsenzunge oder Mauretanische Malve. Alle Kräuter wie auch das Obst und Gemüse stammen aus einem abgeschieden gelegenen Klostergarten hinter dem Gasthof. Verbindet man das Essen mit einem guten Tropfen aus dem hauseigenen

Weinkeller von Thomas A. Nickels, einem der besten Sommeliers Europas, der sein Handwerk mit Leidenschaft und Eloquenz betreibt, entsteht ein ganz besonderes Genusserlebnis (www.landgasthof-paulus.de). Doch kommen wir zurück zum Anbau von Obst und Gemüse, zur Selbstversorgung.

Selbstversorgung mit Obst und Gemüse

Wollen Sie wirklich Hobbygärtner werden? Dazu brauchen Sie Zeit und natürlich ein Interesse an der Natur, den Pflanzen und ihrem Zusammenleben. Auch hat es nur Sinn, wenn mindestens Sie oder eine andere Person in der Familie gerne kocht. Es kann Ihr Leben ziemlich verändern, auch verlangsamen, aber vor allem beruhigen. Sich mit etwas intensiv zu beschäftigen und darauf zu fokussieren bringt eine ganze Menge angenehmer Nebenwirkungen mit sich, zumal draußen in der Natur. Sich direkt am Boden zu bewegen, körperlich zu arbeiten, in der Erde zu graben, den Geruch von Erde und Pflanzen in der Nase zu haben, all das entspannt den Geist ungemein, auch wenn es oft anstrengend ist. Ein großes Beet mit dem Spaten umgegraben – da brauchen Sie abends kein Fitnessstudio mehr!

Da Sie vom Gärtnern im kleinen Umfang nicht leben können, müssen Sie es neben Ihrem Beruf schaffen

Probieren geht über Studieren

Wenn Sie unsicher sind, sollten Sie mal ein paar Tage bei einer Bio-Gärtnerei in Ihrer Nähe mithelfen, um sich ein paar Grundkenntnisse und -erfahrungen anzueignen und ein Gefühl dafür zu entwickeln, ob es Sie wirklich reizt und ob Sie genügend Zeit aufbringen können. Vielleicht ist es nur eine hübsche, aber für Sie unrealistische Spontanidee, Hobbygärtner zu werden. Da Sie vom Gärtnern im kleinen Umfang nicht leben können, müssen Sie es neben Ihrem Beruf schaffen. Das verlangt viel zeitliches Investment, und der Sommerurlaub wird sicher kürzer als vier Wochen ausfallen, es sei denn, Sie werkeln in einer kleinen Gärtnergemeinschaft oder einem Gartenbauverein. Das würde ich vor allem Anfängern raten, denn es macht mehr Spaß als alleine und bringt schneller Erfolge (siehe dazu auch „Urban Farming light", Seite 71).

Jungpflanzen (Setzlinge) können Sie beim Bio-Gärtner kaufen oder sich liefern lassen. Wenn Sie größere Mengen brauchen, können Sie zum Beispiel bei der Bingenheimer Saatgut AG bestellen (Kronstraße 24, 61209 Echzell-Bingenheim, Tel. 06035/1899-0). Sie können aber auch Ihre Pflänzchen selber aus Samen ziehen.

Es ist wunderbar, wenn die ersten Blättchen aus der Erde gucken

Dazu benötigen Sie ein kleines Anzuchtgewächshaus mit Heizmöglichkeit; sonst verlieren Sie im Frühling zu viel Zeit, denn im April und Mai kann es draußen noch zu kalt sein. Oder Sie stellen Ansaattabletts, die man überall günstig kaufen kann, an einem kühleren, hellen Platz in der Wohnung auf. Zu warm sollte es nicht sein, weil sich die frischen Keimlinge gerne an die Wärme gewöhnen und dann im Freilandbeet bei schlechter Witterung anfangen zu kümmern. Die Sache ist also nicht ganz banal. Aber es ist wunderbar, wenn die ersten Blättchen aus der Erde gucken!

Es gibt bekanntlich einjährige und mehrjährige Pflanzen. Einjährige wie Salate oder viele Kräuter und alle Ackerfrüchte wie Kohl, Grünkohl, Mangold oder Fenchel muss man jährlich neu anbauen. Daneben gibt es herrliche Salatsamenmischungen, die man einfach auf die lockere Erde streut und etwas unterharkt, um daraus Pflücksalate zu ziehen.

Mehrjährige Arten, die man als Jungpflanzen in Bioqualität kaufen kann und sollte, bringen, wie der Name schon sagt, jedes Jahr – so es der Wettergott will – Früchte hervor. Die Beeren gehören dazu, etwa Stachelbeeren, rote und schwarze Johannisbeeren, Schlehen,

Blaubeeren, Brombeeren oder Himbeeren. Es dauert zwei bis drei Jahre, bis man eine nennenswerte Ernte hat, die für ein paar Obstkuchen und Desserts ausreicht.

Alle mediterranen Kräuter wie Thymian, Rosmarin, Lorbeer und Salbei sind mehrjährige Pflanzen, die einen mageren, eher trockenen Boden brauchen und einen möglichst sonnigen Platz. Dann versorgen sie einen nicht nur im Sommer mit aromatischen Blättern, sondern auch im Winter, wenn noch genügend Grün an den Pflanzen ist, mit intensiver Würze. Minze gibt es in etlichen Varianten, die meisten davon winterhart. Es ist erstaunlich, was diese Pflanzen aushalten. Auch der bitterstoffhaltige Wermut ist winterhart. Gemeinsam mit einem kleinen unbehandelten Zitronen- oder Rosengeraniumblatt ist er wunderbar für einen leichten Tee, den ich mir jeden Morgen als kleinen *Pick-me-up* mache. Alle drei und auch viele Minzepflanzen stehen auf meinem Balkon.

„Urban Farming light"

Damit Hobbygärtner leichter ihren grünen Daumen entdecken, gibt es Angebote wie die Essener *Ackerhelden*. Von ihnen bekommen Interessierte an etwa 20 Standorten in Deutschland im Frühjahr ein vorbepflanztes Stück Acker neben Beratung und regelmäßigen Informationen zum Gemüse, das man später im Jahr erntet. Das ist praktisch angeleitetes Urban Farming. Bundesweit verteilt sind auch die 24 Standorte des Anbieters *Meine Ernte*.

Es gibt natürlich eine Vielzahl regionaler Firmen und Initiativen. Manche Landwirte verpachten Feldparzellen direkt an privat: Sie bereiten die Beete vor und graben, wenn es nötig wird, auch mal um oder arbeiten die Grünsaat ein, häufeln an, wenn man Kartoffeln baut. Sie hacken oder striegeln, wenn jemand ein größeres, mit Geräteträger oder Kleintraktor befahrbares Beet hat. Das sind allerdings Ausnahmen; die meisten bieten kleinere Beete, und da heißt es: Ärmel hochkrempeln! Manche Bauern verleihen auch Werkzeug, Geräte und Maschinen. Vor allem Städter, die weder

Garten noch Balkon haben, nutzen derartige Angebote. Auch wenn ihnen vielfach die Fachkenntnis fehlt, wollen sie frisches, pestizidfreies Gemüse haben, das ohne weiten Transport in ihre Küche kommt. Auf der gepachteten Scholle gärtnern sie nicht nur, sondern machen sich oft auch den Kopf frei vom Alltagsstress. Und den meisten Kindern gefällt's auch. Gerade für sie ist das eine Möglichkeit, natürliche Prozesse zu begreifen.

Schädlinge und Schimmel ohne Chemie bekämpfen

Pflanzenschutz ist ein komplexes Thema, das in entsprechenden Foren Tausende von Seiten füllt. Der perfekte Schutz ist nicht zu bewerkstelligen, aber es gibt wichtige Tricks und Erfahrungen. Im Freiland ist Wind gut für die Pflanzen, denn er trocknet diese ab und entzieht damit dem Schimmel die Grundlage. Zu eng dürfen die Pflanzen also nicht stehen, damit kein Mini-Treibhauseffekt entstehen kann. Brennnesseljauche (sie stinkt leider) sollte man immer vorrätig haben, damit man bei akutem Schädlingsbefall damit spritzen kann. Ein Sud aus Ackerschachtelhalm funktioniert bei manchen Insekten auch. Bestimmte intensive Düfte können Insekten vertreiben, wie der von Geranien oder Tomaten. Geben Sie auch hilfreichen Nützlingen eine Chance und reservieren Sie ihnen Wiesen- oder Wildblumenstreifen als Habitat.

Schnecken: Von Schneckenkorn, also Gift, rate ich Ihnen dringend ab. Es gibt eine Reihe anderer nützlicher Techniken. Schnecken sind ziemlich pfiffig und unberechenbar: Manchmal fressen sie ein Feld in der Nacht komplett ab und lassen zehn Meter weiter eine genau gleiche Kultur komplett stehen. Der Trick mit dem Bier, auf den viele schwören, hat bei uns nicht funktioniert. Wir legen Bretter aus, unter denen sich die Schnecken tagsüber verstecken. Vor Einbruch der Dunkelheit kann man sie von den Bohlen abnehmen. Es hilft auch, Kaffeesatz oder Sägemehl um die Pflanzen herum zu streuen, denn Schnecken mögen keinen rauen Untergrund. Igel sind die Fressfeinde der Schnecken. Mit etwas

Glück gelingt Ihnen vielleicht ihre Ansiedlung in Haufen von altem Laub und Ästen irgendwo in einer ruhigen Ecke. Auch Laufenten „lieben" Schnecken, aber die muss man wieder vor Fuchs, Habicht und Marder schützen; selbst mitten in der Stadt. Laufenten brauchen einen kleinen Stall, nach Möglichkeit mit Klappe, die man nachts verschließt, immer frisches Wasser und einen Haufen feinen Sand, mit dem sie sich Gefieder und Schlund reinigen können nach ihrem klebrigen Menü. Manche Gärtner umranden zur Schneckenabwehr ihre Hochbeete mit breiten Kupferblechstreifen: Das Kupferoxid ätzt die Schnecken ein bisschen, was sie gar nicht mögen, auch nicht bei größtem Hunger. Der Handel bietet mit scharfkantigen Beeteinfassungen aus Blech auch ein rein mechanisches Mittel an. Unsere Gärtnerin Andrea meint – ganz im christlichen Sinne –, dass man den Schnecken den zehnten Teil ganz bewusst überlassen darf; dann wird's auch nicht mehr.

Von Schneckenkorn, also Gift, rate ich Ihnen dringend ab

Wühlmäuse: Oje! Dagegen helfen wirklich am besten hungrige Mäuse fangende Katzen (also keine *Sheba*-Katzen) oder viel Radau jeden Tag. Den mögen sie nicht. Auch Vibrationen, die man mit solarstrombetriebenen Geräten erzeugen kann, vertreiben sie.

Erde ohne Torf und Gift

Beim Balkon-Gardening sollten Sie nur pestizid- und torffreie Erde verwenden. Pestizidfrei, damit so wenig Schadstoffe wie möglich in die Natur und in Ihre Lebensmittel gelangen, und torffrei, damit Sie nicht den Torfabbau fördern, der wertvolle Biotope zerstört: Um Torf aus Mooren abzubauen, muss das jeweilige Moor entwässert werden. Dafür wird ein verzweigtes Netz aus Gräben und Zwischendämmen mit Wegen auf den Torfstichflächen angelegt. Sowohl durch die Entwässerung als auch durch die Torfentnahme werden die oft jahrtausendealten Moore unwiederbringlich zerstört. Eine Wiederherstellung ist so gut wie unmöglich.

Die im Moor lebenden seltenen und vom Aussterben bedrohten Tier- und Pflanzenarten verlieren immer mehr Lebensraum. Zusätzlich wirkt sich das großflächige Abtragen der Moore negativ auf das Klima aus. Obwohl Moore nur drei Prozent der Erde bedecken, speichern sie doppelt so viel Kohlenstoff wie Wälder. Durch die fortschreitende Moorzerstörung entfallen zum einen wichtige Kohlenstoffspeicher, zum anderen führt die Entwässerung zu einer massiven Freisetzung von Kohlenstoffdioxid und einer unwiederbringlichen Zerstörung des fruchtbaren Humus in den verbleibenden Randzonen. Achtung: Von den jährlich acht Millionen in Deutschland verbrauchten Kubikmetern Torf kaufen Freizeitgärtner rund zweieinhalb Millionen! Legt man diese Menge verpackt in den üblichen 50-Liter-Säcken hintereinander aus, ergibt sich eine Gesamtlänge von circa 40 000 Kilometern – eine komplette Weltumrundung entlang des Äquators, rechnet die Website des BUND vor. Kaufen Sie also nie Erde mit Torf. Das ist nur gewährleistet, wenn es ausdrücklich auf der Packung steht.

Es gibt genügend Alternativen: Holzfasern aus aufbereiteten Holzspänen, die ein wenig an Watte erinnern, Kokosfasern, Schafwolle oder Blähschiefer. Als Topf- oder Blumenerde ohne Torf empfiehlt sich eine Mischung aus Erde mit Holz- und Kokosfasern. Bims, Blähschiefer und gebrochener Blähton sind Alternativen. Fragen Sie einen Gärtner, was für welches Kraut, Obst oder Gemüse passt. Die Königsklasse: selber kompostieren! Kompost ist *das* Lebenselixier für den Boden. Ich empfehle, einen Kompostkurs zu besuchen, wie ihn biologische Anbauverbände, Gärtnerverbände und Volkshochschulen anbieten.

Den Bienen eine Chance

Immer mehr Bienenvölker gehen ein, weil Pestizide und Milben sie ausrotten. Bienen bestäuben die Blüten und sind eminent wichtig, denn ohne die Bestäubung fruchtet kein Obst und Gemüse. Die

Situation ist bereits so ernst, dass Forscher aus Harvard eine Miniaturdrohne entwickelt haben, deren Flugbewegungen denen der Biene ähneln. Die Drohnen sind kleiner als eine Ein-Euro-Münze und tatsächlich in der Lage, Blumen zu bestäuben, die aus Mangel an natürlichen Bienen vom Aussterben bedroht sind. Eine schreckliche Vorstellung, finden Sie nicht? Wenn Sie solchen Science-Fiction-Szenarien durch eigene Initiative zuvorkommen wollen, dann beherzigen Sie ein paar Tipps für Ihren Garten oder Ihre Terrasse und helfen Sie den Bienen ein wenig.

Ihr Garten als Bienenparadies

1. Bienen sind bereits ganz früh im Jahr unterwegs und schätzen Frühblüher wie Schneeglöckchen, Krokus und Hyazinthe. Pflanzen Sie grundsätzlich nektarreiche einheimische Blumen. Je vielfältiger Sie die Arten mischen, desto besser. Wählen Sie mehrere Arten, die zeitversetzt blühen. So finden die Bienen das ganze Jahr über Nektar.
2. Legen Sie – wenn möglich – eine Wildblumenwiese an. Hilfreich dafür sind Guerilla-Gardening-Bomben – ja, Sie haben richtig gelesen: Das sind gepresste Lehmbälle mit Blumensamen darin. Sie bekommen sie mittlerweile in jedem Bio-Supermarkt zu kaufen.
3. Mähen Sie die Wiese oder einen Teil davon nur zweimal im Jahr, wenn die Pflanzen verblüht sind und ausgesamt haben.
4. Pflanzen Sie Bäume und Beerensträucher, die blühen, und lassen Sie auch Küchenkräuter blühen. Wildbienen lieben Thymian-, Rosmarin-, Majoran- oder Salbeiblüten. All das funktioniert natürlich nur dann, wenn es Imker im Umkreis von etwa einem Kilometer gibt, denn viel weiter fliegen die Bienen nicht. Je näher, desto besser. Gibt es keinen Imker im näheren Umkreis, können Sie einen bitten, ein paar Völker in der Nähe Ihres Gartens aufzustellen – vorausgesetzt, da gibt es genug Futter für die Bienen. Oder Sie werden selber Imker!

5. Auch Gemüse treibt aus und blüht. Gönnen Sie den Bienen und Hummeln Lauch-, Zwiebel- oder Zucchiniblüten.
Die bunte Pracht bietet Futter und Lebensraum für unzählige Insektenarten: Symbiosen in der Natur und für Sie eine Symbiose von Schönheit und Nutzen!

Die Ernte einlagern

Wer eine Möglichkeit hat, Gemüse und Obst nach der Ernte einzulagern, der sollte das tun. Wunderbar lange halten sich zum Beispiel Kartoffeln, verschiedene Rüben, Kürbis, Zwiebeln, Lauch, Knoblauch, Topinambur, Petersilien- und andere Wurzeln, diverse Kopfkohlsorten, Kohlrabi, bestimmte Äpfel und Birnen sowie Quitten. Einen kühlen, luftigen Raum braucht man zum Lagern. Manche haben sich einen Kellerraum mit einer Kühlung ausgestattet. Dafür reicht oft eine kleine Anlage mit Verdampfer und Ventilator im zu kühlenden Raum und einem Verdichter samt Kühler, der die Wärme abtransportiert und der möglichst leise wie beim Kühlschrank laufen sollte. Zwei Kälteleitungen aus Kupfer verbinden die beiden Geräte, dazu kommt ein Steuerkabel. Das ist nicht teuer. Eine Temperatur von 12 Grad Celsius (die mittlere Erdtemperatur) und eine Feuchtigkeit von maximal 70 Prozent sind ausreichend. Gemüse und Obst sollte einzeln auf Horden liegen, ohne sich zu berühren; dann gibt es weniger Druck- und damit Angriffsstellen für Schimmel. Es muss komplett dunkel sein, damit die Wurzeln und Knollen nicht zu treiben beginnen.
Andere Methoden schlucken gar keine Energie: Da ist zum einen das altbewährte Einmieten, also Vergraben im Garten. Einschlägige Internetforen informieren über die Details. Sehr praktisch und bequem ist das Lagern in leicht feuchtem Sand. Ein passender Ort für die notwendigen Kisten oder Wannen sind die fast immer ungenutzten Kellerlichtschächte, die in aller Regel den ganzen Winter frostfrei bleiben, wenn man sie außen teilweise abdeckt.

Vegetarische Köstlichkeiten aus Garten und freier Natur

Kochen Sie gern? Und genießen Sie den Luxus eines eigenen Gartens oder haben Sie Zugang zu einem Stück freier, unverbrauchter Natur in der Nähe? Dann möchte ich Ihnen Appetit machen auf das Anbauen oder Sammeln von Obst, Gemüse und Kräutern. Hier folgen ein paar meiner Lieblingsrezepte.

Tee aus Apfel- und Birnenschalen

Zutaten

Schalen von 5 gewaschenen Äpfeln und/oder Birnen
2 Zitronenscheiben
1 kleines Stück Chilischote
1 Stück Zimtstange
1 kleines Stück Ingwer
1 Zacken Sternanis
5 angestoßene rosa Pfefferkörner
Honig nach Geschmack

Zubereitung

- Alle Zutaten zusammen mit 1 Liter Wasser in einen Topf geben, aufkochen lassen und 30 Minuten bei offenem Deckel ziehen lassen.
- Den Topfinhalt durch ein Sieb abseihen und zum Schluss mit Honig nach Belieben abschmecken.

Brennnesselgemüse

Zutaten

200 g Brennnessel (nur zarte Triebe)
1 Schalotte
2 EL Olivenöl
1 TL Tomatenmark
1 EL Vollrohrzucker
1 Schuss Cognac
200 ml Milch
100 ml Sahne
1 TL Pfeilwurzmehl
1 TL Steinsalz
1 TL Gemüsebrühe (Instant)
Muskatnuss, frisch gerieben
schwarzer Pfeffer

Zubereitung

- Die Brennnesselspitzen fein schneiden, die Schalotte klein würfeln. Das Olivenöl in einem Topf erhitzen. Brennnesseln und Schalotten darin anbraten und circa fünf Minuten mit geschlossenem Deckel schmoren.
- Das Tomatenmark dazugeben und mit anbraten, dann den Zucker dazugeben und karamellisieren. Mit dem Cognac ablöschen und verrühren.
- Die Milch mit der Sahne mischen und das Pfeilwurzmehl darin auflösen. Die Flüssigkeit und die restlichen Gewürze mit in den Topf geben, umrühren, aufkochen und nochmals abschmecken.

Kräuterwasser-Kaltauszug

Zutaten
2 Handvoll verschiedene Kräuter und Blätter und 1 Handvoll Blüten und wenig Früchte (mehr fürs Auge) auf einen Liter Wasser
Blätter: *zum Beispiel Giersch, Brennnessel (wenig), Schafgarbe, Löwenzahn, Thymian, Salbei, Rosmarin, Himbeere, schwarze Johannisbeere, Brombeere, Zitronenmelisse, Minze, unbehandelte (!) Rosenblüten, Zitronenverbene*
Blüten: *etwa von Taubnesseln, Salbei, Holunder, Lindenbaum, Lavendel, Frauenmantel, Gänseblümchen, Klee, Spitzwegerichknospen*
Früchte: *wie Himbeeren, Brombeeren, Walderdbeeren, Johannisbeeren*
Außerdem
Krug oder Flasche mit weiter Mündung

Zubereitung
- Die Blätter und Früchte waschen. Beides zusammen mit den Blüten (diese nicht waschen) in eine Flasche mit weiter Mündung füllen und mit stillem Wasser aufgießen.
- 12 Stunden im Kühlschrank stehen lassen.
- Zum Trinken abseihen und in Gläser füllen.

Salbeiöl

Zutaten
200 ml kalt gepresstes Olivenöl
40 schwarze Pfefferkörner
4 Bund Salbei
Außerdem
dicht verschließbare Flasche

Zubereitung
- Das Olivenöl in einem Topf auf 50 Grad erwärmen.
- Den Salbei waschen und trocken schütteln. Die Blätter abzupfen. Salbei und Pfefferkörner ins Öl legen und bei gleichbleibender Temperatur 30 Minuten ziehen lassen.
- Vom Herd nehmen und zugedeckt weitere 6 bis 8 Stunden ziehen lassen.
- Das Öl durch ein Sieb seihen und in eine sterilisierte Glasflasche füllen. Diese dicht verschließen. Kühl und dunkel gelagert hält sich das Öl mehrere Wochen. Es passt gut zu Salaten und zu gekochtem Gemüse.

Wildkräuterbrot

Zutaten

250 g gemischte Kräuter wie Giersch, Brennnessel, Petersilie, Schafgarbe, Löwenzahn, Kapuzinerkresse (Blätter), Dost, Knoblauchrauke, Dill, Spitzwegerich, Kerbel, wilde Rauke, Thymian; nur wenig von dominanten Arten wie Salbei, Rosmarin, Bärlauch etc.
5 EL Olivenöl
1/2 Würfel Backhefe (21 g)
250 g Dinkelmehl + etwas für die Form
1 TL flüssiger Honig
2 TL Salz
Außerdem
Kastenform mit 25 cm Länge
Butter zum Ausfetten

Zubereitung

- Die Kräuter waschen, trocken schütteln und klein schneiden. Das Olivenöl in einem Topf erhitzen. Die Kräuter darin ca. 5 Minuten andünsten, dann abkühlen lassen.
- 200 ml lauwarmes Wasser in die Rührschüssel geben. Die Hefe hineinbröckeln und auflösen. Das Mehl hinzufügen und alles eine Minute kneten, danach den Honig dazugeben und unterkneten. Den Teig ca. 5 Minuten kneten, dann zugedeckt 10 Minuten ruhen lassen.
- Das Salz und die Kräutermischung zum Teig geben. Die Kastenform mit Butter ausreiben und mit Mehl ausstreuen. Den Teig hineingeben, gleichmäßig zurechtdrücken und nochmals 20 Minuten zugedeckt gehen lassen.
- Den Backofen auf 200 Grad vorheizen. Bei Umluft das Brot auf der mittleren Schiene 15–20 Minuten backen.

Die Lust am Würzen

Mit der Spitzenköchin und Fotografin Kille Enna habe ich 2010 ein Kochbuch herausgebracht: „Der echte Geschmack". Darin zeigen wir, wie man Zutaten auf ungewöhnliche Art kombinieren kann. Alle Hauptzutaten sind natürlich regional und saisonal verfügbar. Aber die Kombinationen und die Gewürze sind international und fast frech, manchmal vielleicht sogar etwas verrückt.

Wir verwenden nur unzerkleinert gekaufte Gewürze, die wir im Mörser frisch je nach Bedarf zerkleinern oder auch ungemahlen einsetzen. Das sollten Sie wie gesagt unbedingt auch tun, schon weil es so sinnlich ist. Es erfüllt die Küche mit herrlichen Aromen, Sie brauchen viel weniger Material, und die wichtigen ätherischen Öle kommen mit voller Kraft und ohne ranzigen Beigeschmack in die Speise. Sie haben dann statt Pulver oder gerebelten Krümeln ganze Kardamomkapseln, Muskatnüsse, Vanille- und Zimtstangen, Lorbeerblätter, Wacholderbeeren, Sternanis, Kümmel, Kreuzkümmel, Schwarzkümmel, Koriandersamen, schwarzen Sesam, Chiliflocken und ganze Pfeffer- und Pimentkörner in der Küche und vielleicht noch vieles mehr. Gemahlen braucht man vielleicht gerade noch Paprikapulver, das ich geräuchert und pur auf Lager habe.

Rezepte der Saison

Gehen Sie kreativ um mit dem, was Sie ernten. Im Jahreskreis beginnt das Angebot der Natur im **Frühling** zum Beispiel mit Löwenzahn, aus dem wir einen Salat zubereiten. Dazu machen wir Vollkorn-Croûtons. Dann Rhabarber-Pickles und gebratene junge Zwiebeln. Weiter Radieschen mit warmer Bacon-Vinaigrette und Bohnen mit Senf-Blauschimmelkäse-Creme. Zum Abschluss Schoko-Holunderblüten-Sorbet.

Im **Sommer** gibt es vorweg einen Sommersalat mit Erbsen, roter Bete und Stachelbeeren, dann einen warmen Dinkelsalat mit Rucola, Dill, Petersilie, Romanasalat und Rosenblüten; als Hauptgang gebratenen Fenchel mit Zitrone und Roter Bete sowie Tomaten-Apfel-Focaccia; danach einen Käsekuchen mit schwarzen Johannisbeeren und ganz zuletzt Himbeer-Rosmarin-Eis.

Im **Herbst** starten wir mit einer gelben Sellerie-Quitten-Suppe und einem gratinierten Früchtetoast mit Spinat. Es gibt saftigen Brotkuchen mit Äpfel und Birnen. Und wir machen ein Quittenbrot und Apfel-Birne-„Butter" für den Winter.

Im **Winter** gibt es Brot- oder Schwarzwurzelsalat, Kartoffelpüree mit gebratenem Kohl und Speck-Vinaigrette oder in Apfelsaft glasierte Kartoffeln. Und Topinambur-Joghurt-Püree mit Äpfeln. Als Nachspeise Selleriewaffeln mit Birnensirup und Crème fraîche.

Es geht hier mehr um die Fantasie als um Küchentraditionen. Bei *www.chefkoch.de* finden Sie so etwas wahrscheinlich nicht so leicht. Aber lassen Sie sich davon nicht entmutigen. Experimentieren Sie!

Tierhaltung für Selbermacher

Tiere zu halten ist wundervoll, macht aber viel Arbeit und erfordert natürlich genug Platz und tolerante Nachbarn. Wenn man Tiere hält, etwa Schafe, bei viel Platz zwei Hausschweine oder eine Schar Hühner, muss man schon einiges an Erfahrung mitbringen. Da braucht man nicht nur die Bereitschaft, sich mit dem Wesen und den Bedürfnissen der Tiere auseinanderzusetzen, sondern muss auch Menschen kennen, die man um Rat fragen kann.

Tiere sind leicht anzuschaffen, aber schwer zu halten. Nutztiere hobbymäßig in der Stadt zu halten hat meiner Meinung nach in aller Regel keinen Sinn, da es dort immer an Auslauf und Platz für eine wechselnde Beweidung fehlt. Die muss aber sein, damit sich die Weideflächen erholen können. Die Biolandbaurichtlinien schreiben eine Fläche von mindestens einem halben Hektar pro „Großvieheinheit" (ein großes Rind) vor, also 50 mal 100 Meter. Entsprechend weniger genügt für kleinere Tiere. Damit ergibt sich für viele Privatgärten allenfalls eine kleine Hühnerherde von 20 Tieren oder zwei Ziegen. Das kann wirklich eine Bereicherung für alle sein, die mit diesen Tieren leben dürfen.

Auch wer nicht in der schönen Situation ist, Tiere halten zu können, kann seine Essgewohnheiten in Richtung Nachhaltigkeit verändern. Man muss sich nur trauen, mal etwas Neues, Vergessenes oder Unbekanntes auszuprobieren. Konsultieren Sie mal Ihre Kochbücher. Mir selbst sind immer die unkomplizierten Gerichte mit wenigen Grundzutaten am liebsten. Ich möchte den Geschmack der Gemüsesorten, der Früchte, des Getreides, der Hülsenfrüchte und eben des Fleischs erkennen können.

Tierische Köstlichkeiten

An den Anfang stelle ich ein Rezept zum Herstellen von Kefir (siehe Kasten gegenüber). Das ist eine ziemlich einfache Methode, Milch durch Verarbeitung haltbar zu machen, im Gegensatz zum Käsemachen, das viel mehr Wissen erfordert.

Wer Nutztiere hält, sollte sich einen Metzger in der Nähe suchen, der sie bei sich im Schlachthaus schlachtet und zerlegt oder zur Schlachtung ins Haus kommt. Den Tieren erspart das den belastenden Transport und viel von ihrer Angst vor allem Ungewohnten.

Das ganze Tier verarbeiten

Man kann wirklich aus fast allen Teilen der Tiere etwas Köstliches zubereiten. Ich empfehle dazu das Kochlesebuch *Fleisch. Küchenpraxis – Warenkunde – 220 Rezepte* von Bio-Koch Simon Tress und mir. Aus allen Abschnitten – „Abfall" wäre eine Abwertung – machen wir noch herrliche Brat-, Brüh- und Leberwurst. Immer geht es darum, dass die Sau ratzeputz „aufgeht".

Kefir selber machen

Kefir entsteht aus Ziegen-, Schafs- oder Kuhmilch durch Gärung von Milchsäurebakterien, Hefen und Essigsäurebakterien. Um ihn herzustellen, benötigen Sie Kefirknollen. Bezugsadressen für die walnussgroßen Knollen, die bei Zimmertemperatur alle vier Wochen ihr Volumen verdoppeln, finden sich im Internet.

Und so geht's: Die Voll- und Frischmilch am besten kurz aufkochen, damit andere Keime kein Eigenleben entwickeln können, dann abkühlen lassen und in ein verschließbares Gefäß füllen, das nicht aus Metall bestehen darf. Die Knollen vorsichtig abwaschen und in die Milch geben. Den Deckel nicht ganz luftdicht verschließen und die Milch an einem nicht zu hellen Ort einen bis zwei Tage gären lassen. Ein Tipp: Wer sein Getränk saurer haben möchte, erhöht die Umgebungstemperatur auf maximal 25 Grad. Nach der Gärung den Kefir durch ein Plastiksieb gießen und so das Getränk von den Knollen trennen. Fertig!

Zum Verfeinern des säuerlichen Drinks eignet sich Salz ebenso wie Dill oder Petersilie, Zitronensaft, Cayennepfeffer oder frisch geriebener Ingwer.

Heben Sie Knollen für die nächste Kefirproduktion auf. Legen Sie sie in eine Mischung aus 2/3 Wasser und 1/3 Milch und lagern Sie sie bis zu 3 Wochen im Kühlschrank.

Ein paar Beispiele zum Schwein: Eisbein in Gelee mit gesäuertem Gemüse, Schweinesülze mit Weißkrautsalat und Rosmarindip, Linsensalat mit Schweinebacken und Rucola-Pesto, Schweinehals mit Buttergemüse, asiatischer Schweinebauch sous vide, Piccata con Parmigiano, Saltimbocca vom Schweinefuß, gefüllter Saumagen mit Marzipan, Pistazien und Nougat, Ragout von der Schweineschulter mit Tomaten und Schafskäse.

Beim Lamm, das bei mir etwa 25 Kilogramm „am Haken" wiegen soll, machen wir zum Beispiel Carpaccio vom Filet mit Rosmarin-Salbei-Petersilien-Thymian-Öl und etwas geröstetem Knoblauch, Lammeintopf (Irish Stew), Lammschulter sous vide, gesottene Lammschulter, Lammlebermedaillons mit Minze und Rotwein-Zwiebeln auf geröstetem Brot, Lammburger, gebackenes Lammhirn mit Kräuterkruste und Ketchup-Sesam-Mayonnaise oder ein indisches Lammcurry.

Wenn man bei Geflügel das ganze Tier kauft und verwertet, kann man nebenbei fast gratis eine tolle Kraftbrühe kochen. Sie ist ein wichtiger Kraftbringer bei Erkältungen und grippalen Infekten, lehren uns die Chinesen. Wenn man ein Huhn oder einen Gockel (gerupft und ausgenommen) für ein Fleischgericht roh in seine Einzelteile zerlegt, gibt man alle für das Rezept nicht benötigten Teile, die verwertbaren Innereien und die Knochen mit reichlich Gemüse und Gewürzen in einen Topf Wasser und lässt es zwei Stunden zugedeckt köcheln. Nicht nur die üblichen Brustfilets brauchen Sie auch für einen asiatischen Eintopf, für Entenrillettes, Knusperente, Hähnchenkeulen in Kümmel-Wacholder-Sauce, Hühnerherzen mit Speck und Safran-Ingwer-Sauce, italienisches Zitronenhuhn, Chicken-Nuggets oder auch für die Klassiker Martins- und Weihnachtsgans.

> *Der Trend zum Selbermachen verbreitet sich seit Jahren, und Jung und Alt beteiligen sich daran*

Hausgemacht und konserviert

Vieles aus Fleisch können Sie auch für den Winter vorproduzieren. Der Trend zum Selbermachen verbreitet sich seit Jahren, und Jung und Alt beteiligen sich daran. Vielleicht liegt der Grund darin, dass man den Industrieprodukten nicht mehr vertraut, vielleicht ist es das tiefe Erfolgserlebnis, das damit verbunden ist. Vielleicht hängt es auch mit der Individualisierung und dem immer stärker werdenden Drang der Menschen zusammen, es sich in den eigenen vier Wänden gemütlich zu machen: *Cocooning* heißt das auf Denglisch. Man trifft sich vor allem zu Hause mit der Familie und mit Freunden, statt auszugehen. Dieser Trend zur Individualisierung ist seit zehn Jahren deutlich zu bemerken.

Im November 2013 startete ein Magazin mit dem Titel *Einfach hausgemacht* – inzwischen ein Renner mit einer Druckauflage von 300 000 Exemplaren. Es stammt wie das Erfolgsmagazin *Landlust* aus dem Landwirtschaftsverlag in Münster und wendet sich an Frauen und Haushaltsführende ab 30 Jahren und an alle mit Lust am Kochen und Backen, an stilvoller Gästebewirtung und nachhaltiger Hauswirtschaft, sagt Chefredakteurin Gertrud Berning. Die Leser erfahren, wie man Lederschuhe pflegt, eine Hühnerbrühe kocht oder auch, wie Bienen leben. „Hausgemachtes gibt es nirgendwo zu kaufen. Jedes Ding ist einzigartig, wenn man es selber macht", so Berning in der *Süddeutschen Zeitung*. Im Sinne von „Handarbeit gegen Kopfarbeit" seien Kochen und andere Hausarbeiten „Quellen der Entspannung, die einen Kontrapunkt zur Arbeit im Büro setzen können". Diesem Gefühlserlebnis geben sich auch Stars wie Gwyneth Paltrow, Uma Thurman, Madonna oder Julia Roberts hin, die bekannt sind für ihr Faible für Handgearbeitetes. Auch das Magazin *Bin im Garten* aus dem Jahr Top Special Verlag bietet seit 2014 gute Tipps und Tricks für Hobbygärtner und Selbermacher.

Praxisbeispiele aus Sonnenhausen

In Sonnenhausen bewirtschaften wir 25 Hektar eigenes Grünland und Anbaufläche, und zwar fast ausschließlich zur Versorgung unseres Tagungs- und Veranstaltungshotels. Ein Teil ist Bio-Garten, der größte Teil ist Weide und dient der Heuernte.

Was wir in der Küche nicht sofort verarbeiten können, machen wir ein. Um Lebensmittel haltbar zu machen, gibt es die energieaufwendige Methode des Tiefgefrierens. Das tun wir nur mit ganzen

Fleischstücken und für nicht länger als drei Monate, denn auch bei minus 20 Grad reift Fleisch nach, wenn auch äußerst langsam. Jedenfalls gibt es da eine zeitliche Grenze.

Gemüse- und Fleischkonserven im Glas herzustellen erfordert lediglich eine einmalige Erhitzung. Danach reicht ein kühler, dunkler Raum für die Aufbewahrung. Ein Vorteil der so gut wie fertigen Gerichte ist, dass man den Inhalt nur noch aus dem Glas nehmen und kurz auf 60 Grad erhitzen muss.

Wenn man wie wir in unserer Hotelküche ganze Tiere verarbeitet, kann man mit den Abschnitten und mit dem Blut und etlichen Innereien wunderbare Pasteten, Sülzen und Blutwurst im Glas machen. Diese Spezialitäten passen auf unser Frühstücksbuffet und zu jeder Brotzeit. Die Glaskonserven sind in der Kühlung lange haltbar. Die Geräte für die Herstellung von Farcen und Brät für allerlei Wurstsorten finden sich in fast jeder gut sortierten Haushaltsküche. Ein starker Mixer mit scharfem Messer wirkt Wunder und ist ein Freund für vielerlei Speisen und Getränke: Smoothies aus Gemüse, Kräutern und Obst, Dips, Suppen, Farcen zum Füllen oder Cremes. Um gekochtes oder rohes Fleisch für Würste zu zerkleinern, braucht man einen guten Fleischwolf. Als Zubehör gibt es Tüllen fürs Wurstfüllen. Wir haben in Sonnenhausen auch zwei italienische Wurstspritzen, weil wir oft Würste machen; auch gemeinsam mit unseren Gästen.

Die einfachen und preisgünstigen Stücke des Tiers wie der Bauch haben oft mehr Geschmack und sind manchmal zarter als die sogenannten Edelteile wie Filet, Lende und Rücken. Hier folgt zum Beweis das Rezept für meinen Lieblingsschweinebraten aus „Wammerl", den besten der Welt.

Bio-Schweinebraten vom Wammerl mit Ofengemüse

Zutaten für 4–6 Personen

1,5 kg gut durchwachsener Schweinebauch
(Wammerl), ohne Knochen, mit Schwarte
8 Knoblauchzehen
40 g Meersalz
Olivenöl
8 festkochende Kartoffeln
2 gelbe Zwiebeln
1/2 Sellerieknolle
1 Karotte
2 Rosmarinzweige
1 TL abgeriebene Bio-Zitronenschale
1 kleine Ingwerwurzel
Außerdem
Bratreine
Backblech mit hohem Rand (Fettpfanne)

Zubereitung

- Den Backofen auf 160 Grad (Umluft) vorheizen.
- Die Schwarte des Bratens über Kreuz mit jeweils circa 1 cm Abstand mit einem scharfen Messer tief, aber nicht bis ins Fleisch einschneiden. So kann das Fett beim Braten in die Reine abfließen, und der Braten lässt sich später bequem in Scheiben schneiden. 30 g Meersalz in die Schlitze einmassieren. Den Knoblauch schälen und längs in dünne Stifte schneiden und diese tief in die Schlitze drücken.
- Etwas Olivenöl in der Reine verteilen und das Wammerl mit der Schwarte nach oben hineinlegen. Im heißen Ofen etwa 25 Minuten anbraten.
- Inzwischen für das Ofengemüse die Kartoffeln gründlich waschen und mitsamt Schale in 2 cm große Würfel schneiden.

Auch die Zwiebeln nicht schälen, sondern waschen. Die Wurzeln ganz knapp abschneiden, dann die Zwiebeln längs vierteln, ohne dass die Zwiebellagen auseinanderfallen.
- Den Sellerie schälen und in Stifte von ca. 1 × 1 × 5 cm schneiden. Die Karotte schräg in 1 cm dicke Scheiben schneiden. Den Ingwer schälen und in 3 mm dicke Scheiben schneiden. Das Gemüse und den Ingwer in einer Schüssel mit circa 10 g Salz, reichlich Olivenöl und der geriebenen Zitronenschale vermischen.
- Die Ofenhitze auf 120 Grad reduzieren. Das Fleisch aus der Reine nehmen und in die Fettpfanne setzen. Das vorbereitete Gemüse rings um den Braten verteilen und alles 35 Minuten weiterbraten. Das Gemüse ab und zu wenden; das Fleisch bleibt bis zum Schluss mit der Schwarte nach oben in der Fettpfanne. Sollten Fleisch und Gemüse nicht genug Platz auf dem Blech haben, das übrige Gemüse in der Reine mit einem Teil des Schweinefetts braten. Gegen Ende der Garzeit die Rosmarinzweige unter das Ofengemüse schieben.
- Die Schwarte muss an den Schnitten aufplatzen, dann ist sie richtig knusprig. Wenn nötig, dafür den Grill zuschalten. Ist der Braten fertig, den Ofen ausschalten. Das Gemüse in die Reine geben, den Braten daraufsetzen und alles im Ofen bei geöffneter Tür 10 Minuten ruhen lassen.
- Den Bratensatz in der Fettpfanne nach Belieben mit Bier, Rotwein oder Brühe loskochen und eine Sauce daraus herstellen. Zum Servieren das Fleisch aufschneiden und mit dem Ofengemüse auf angewärmten Tellern anrichten und die Sauce dazu reichen.

Den Wegwerfwahnsinn wegwerfen!

DEN WEGWERFWAHNSINN WEGWERFEN!

Früher war Müll eben Müll – keiner hat sich großartig Gedanken darüber gemacht, und alles wurde auf die große Deponie oder später in die Müllverbrennungsanlage gekippt. Heute in der beginnenden Post-Wegwerfgesellschaft wird das langsam anders: Wir versuchen den Müll zu reduzieren und sehen ihn als Wertstoffquelle, denn die Rohstoffe werden mit wachsendem Ressourcenverzehr immer knapper und teurer. Ausrangierte oder defekte Gegenstände müssen nicht zwangsläufig in der Tonne oder auf dem Wertstoffhof landen, sondern finden oftmals einen neuen Nutzer, werden repariert oder zerlegt und zu neuen Produkten zusammengesetzt wieder verkauft. Dafür gibt eine Menge neuer Begriffe: Re-use, Repair, Recycle, Upcycle und Reduce.

Müllvermeidung in der Küche

Ich bin in einer Zeit aufgewachsen, in der es reichlich von allem gab, wenn auch die Warenpalette bei Weitem noch nicht so vielfältig war wie heute. Man war froh, dass man nach der Not in der Nachkriegszeit wieder alles bekam, und gab sich der Fresswelle hin. Von den *Grenzen des Wachstums* redete damals noch niemand. Diesen Titel trägt die berühmt gewordene Studie zur Zukunft der Weltwirtschaft von Donella und Dennis Meadows (im Auftrag des Club of Rome), die weiten Kreisen erstmals die Augen öffnen sollte. Sie wurde erst 1972 vorgestellt.
Unsere Kühlschränke und Speisekammern waren immer gut gefüllt mit Lebensmitteln. Sobald das „Verfallsdatum" erreicht war, warf man sie weg. Das war ein sichtbares Zeichen von Wohlstand, dem Wohlstand der 60er und 70er-Jahre.
Bei *Herta,* dem Wurstwarenkonzern meines Urgroßvaters, Großvaters und Vaters, sah ich dann, wie tonnenweise eingeschweißte Päckchen mit Salami und Brühwurst, deren Mindesthaltbarkeitsdatum nahezu erreicht war, vom Handel zurückgeschickt und von

Herta angenommen, in riesigen Containern auf den Abtransport in die Verbrennungsanlagen warteten. Und das Woche für Woche! Ich glaube, das hat mir einen derartigen Schock versetzt, dass ich mit der konventionellen Nahrungsmittelindustrie in meinem Leben nichts mehr zu tun haben wollte.

Der Film *Taste the Waste* von Valentin Thurn (siehe Abb. 15) brachte 2011 endlich ans Tageslicht, was grundsätzlich schiefläuft: Mehr als 50 Prozent unserer Lebensmittel landen im Müll! Weil die Karotten und Kartoffeln zu klein oder unförmig sind und nicht den angeblichen Ansprüchen der Kunden entsprechen. Weil Küchenreste in der Gastronomie wegen der Keimgefahr verbrannt werden müssen. Weil im Handel oder zu Hause das aufgedruckte Datum erreicht ist oder frische Backwaren nicht schnell genug verkauft worden sind. Man riecht nicht einmal mehr an einem Produkt, sondern vertraut dem Aufdruck, der doch nichts anderes besagt als die *Mindest*haltbarkeit, und zwar nicht unbedingt die des ganzen

> *Lebensmittel im Wert von 20 Milliarden Euro werden allein in Deutschland pro Jahr weggeworfen*

Produkts, sondern oft nur nebensächlicher Eigenschaften wie Konsistenz oder Farbe! Doch egal: Ist diese Grenze erreicht, weg damit – ohne Wenn und Aber, ohne Nachdenken – und mitsamt aufwendiger Verpackung ab in die Tonne! Da werden massenhaft tadellose Lebensmittel nur dadurch zum Müll, dass man sie grundlos dazu deklariert. Eine überkommene Unsitte aus den „fetten Jahren", finde ich. Es ist eine dringende Aufgabe, die Bevölkerung aufzuklären, was welche Datumsangabe wirklich bedeutet.

In *Taste the Waste* wird deutlich, dass wir im Supermarkt all das, was weggeworfen wird, mitbezahlen! Lebensmittel im Wert von 20 Milliarden Euro (!) werden allein in Deutschland pro Jahr weggeworfen; angefangen schon in der Landwirtschaft, weiter in den Verarbeitungsbetrieben, im Groß- und Einzelhandel sowie in den privaten Haushalten und der Gastronomie. Allein die deutsche

Verschwendung würde zweimal reichen, um laufend alle Hungernden der Welt zu ernähren! Allein mit den 500 000 Tonnen (!) Brot, die wir jährlich wegwerfen, könnte man rein rechnerisch ganz Niedersachsen ernähren, rechnet Thurn in seinem Dokumentarfilm vor. Und da reden viele Schlaumeier noch vom „Welternährungsproblem"! Wenn wir achtsam mit unserem Planeten und dem umgehen, was er für uns produziert, können wir auch 14 Milliarden Menschen ernähren; aber nur dann, wenn wir die Dritte Welt nicht weiter ausbeuten.

In seinem neuen Film *10 Milliarden – wie werden wir alle satt?* geht es Valentin Thurn nicht um die Frage des Wegwerfens von Lebensmitteln, sondern um die Frage, wie die Landwirtschaft aussehen müsste, um zehn Milliarden Menschen zu ernähren, und warum der Ökolandbau eine gute Antwort auf die brennenden Fragen der Welternährung wäre.

Beim achtsamen Umgang mit Lebensmitteln geht's für uns los: Immer die Nase einschalten und riechen, ob wirklich schon der Verfall eingesetzt hat. Und beim Kombinieren und Kochen die Kreativität walten lassen. Schimmeliges Brot eignet sich leider wirklich nur noch für den Kompost, aber bei gutem Vollkornbrot hat man weniger das Problem des Schimmelns als das des Vertrocknens, wenn man es nicht gerade in einer Plastiktüte aufbewahrt. Im Kühlschrank schimmelt Brot praktisch nie. Der Schimmel auf Brot hat immer schon das Innere mit erfasst und ist krebserregend. Wenn aber Obst oder Gemüse weiche und unansehnliche Stellen hat, schneidet man diese Teile einfach weg; alles andere ist tadellos zu gebrauchen. Wenn bei der Petersilie ein paar Blätter verwelkt sind, sortiert man sie beim Abzupfen aus. Ich packe meine Kräuter immer in eine Plastiktüte oder -dose und befeuchte sie mit ein paar Tropfen Wasser. Im Kühlschrank bleiben sie so frischer als im Wasserglas. Eine gute Quelle zu allgemeinen Fragen und Aspekten der Nahrungsmüllvermeidung sowie für praktische Infos ist *www.zugutfuerdietonne.de* vom Bundesernährungsministerium.

Re-use – von wegen angestaubt!

Was für Lebensmittel gilt, ist für Konsumgüter aller Art anwendbar. Dazu gehören auch *Ge*brauchsgüter und nicht etwa nur *Ver*brauchsgüter wie Essbares oder Waschmittel. Es geht also um die im Prinzip als bleibend gedachten Werte, die die Industrie heute nur zu oft mit Sollbruchstellen versieht, um sie doch zu *Ver*brauchsgütern zu machen, die man immer wieder neu anschaffen soll. *Geplante Obsoleszenz* heißt der fiese Trick. Sie selbst haben es oft in der Hand, ob Sie da widerspruchslos mitspielen oder den Herstellern ein Schnippchen schlagen.

Es regt sich viel Widerstand gegen die zwanghafte Wegwerferei – wie immer von unten. Bei den Gebrauchsgütern bemühen sich viele Initiativen, Firmen und Vereine darum, die guten Stücke und Wertstoffe nicht sinnlos im Müll landen zu lassen, sondern zurück in den Kreislauf zu schleusen. Es geht vor allem um *Reduce, Repair, Re-use and Recycle.* Dieses bündige Motto hat sich die Kleidungsfirma *Patagonia* zum Werbespruch erkoren.

Angesagt: Vintage, Bohème Style, Shabby Chic

Selbst bei Kleidung ist die Re-use-Welle im vollen Gange, was ich noch vor fünf Jahren nicht erwartet hätte. Wer mag schon die getragenen Klamotten von Fremden anziehen, dachte ich damals. Beim Re-use von Gebrauchsgegenständen wie Haushaltswaren, Geschirr, Einrichtungsdingen, Möbeln, Autos & Co. ist der Schritt viel einfacher. *Vintage* heißt das Zauberwort. Der Begriff steht für eine Mode- bzw. Designrichtung, die sich insbesondere auf Bekleidung und Möbel zwischen den 1930er- und den 1970er-Jahren bezieht, die von guter Qualität und daher noch oder wieder zu verwenden sind. Dieser Trend hält nun schon einige Jahre an. Zum Beispiel gibt es Klamotten, die nicht schon nach drei Wäschen und zweimal Umziehen zerfallen. Ich denke an den Smoking meines Großvaters, den ich gerne trage (er ist 1964 verstorben) oder ein

70er-Sakko von Rudolph Moshammer, das mein Vater irgendwann mal abgelegt hat. So erleben viele alte Stücke gerade ein Revival im *Bohème Style*. Ebenso der sogenannte *Shabby Chic:* Man kombiniert Erbstücke und Teile vom Flohmarkt mit modernen Möbeln. Dieser Trend ist schon in den 80er-Jahren in England entstanden. Die englische Innenarchitektin Rachel Ashwell hatte zum ersten Mal vom Shabby Chic gesprochen und ihn zum Namen ihrer Marke gemacht. Sie brachte den Shabby Chic nach Santa Monica, Kalifornien, wo sie ihren eigenen Laden eröffnete und europäische Flohmarktmöbel verkaufte.

Ein aussortiertes Kleidungsstück hat im Durchschnitt erst 40 Prozent seiner Lebensdauer hinter sich

Lange Jahre galt Secondhand als schmuddelig; man assoziierte damit eher Trödelmärkte und Altkleidersammlung. Doch in letzter Zeit erlebt Zweite-Hand-Ware einen Imagewandel. Dazu haben Stars wie Kate Moss oder Julia Roberts sicherlich ihren Beitrag geleistet, beide bekennende Vintage-Fans. Moss sagte gegenüber Journalisten zum Beispiel, sie kaufe regelmäßig bei *Oxfam* ein. Die Roberts schwebte gar bei ihrer Oscar-Verleihung 2001 in einem Kleid des Modedesigners Valentino von 1992 über den roten Teppich.

Wer sich heute originell kleiden und einrichten möchte, kauft Vintage- oder Secondhandteile, die selten und nur noch schwer erhältlich sind. Was für ein wunderbarer Trend: eine kreative Rebellion gegen die breit aufgestellte Mode- und Möbelindustrie, Ressourcen werden geschont, der Umwelt ein Dienst erwiesen. Gute Jagdreviere für Vintage finden sich auf den Portalen *www.etsy.com* oder *de.dawanda.com*.

Wer als Frau gezielt nach Designermode Ausschau hält, kann bei *www.rebelle.de* fündig werden. *Rebelle*-Gründerin Cécile Gaulke hatte ihre Wohnung in Berlin aufgegeben und war für ein paar Jahren nach London und Paris gezogen. Ihre Sachen lagerten bei ihren Eltern, bis sie ihr Vater, wie sie in einem Interview gegenüber dem Modemagazin *Vogue* erzählt, bei einem ihrer Weihnachtsbesuche anhielt, den Kleiderschrank zu durchforsten und auszumisten. Sie gab vieles in die Altkleidersammlung und verkaufte Stücke auf dem Flohmarkt. Doch wohin mit den guten Designerteilen? eBay war ihr zu nervig und die Provision der meisten Secondhand-Boutiquen zu hoch. Da schloss sie nach dem amerikanischen Vorbild des Secondhand-Onlineshops *The RealReal* in Deutschland mit einer Plattform für Designer-Vintage diese Lücke.

Den Megatrend weg von der Wegwerfmanie zur Second-Sale- bzw. zur Slow-Fashion-Kultur machte auch das Kelkheimer *Zukunftsinstitut* in seinem Trendreport 2012 aus. Dieser schätzt die Segmente dieses Markts folgendermaßen: Zwei Drittel sind Onlinehandel, gefolgt von Flohmarkt, günstigem Privatverkauf an Freunde, Entsorgung bzw. Recycling und Verschenken oder Spenden.

Altkleidersammeln ist längst nicht mehr nur das Geschäftsmodell wohltätiger Organisationen oder kommerzieller Händler, die die Ware in die Zweite oder Dritte Welt exportieren und dort die Textilwirtschaft ruinieren, sondern auch von *Re-Using*-Unternehmen. Die Firma *ReSales* etwa (www.secondhandandmore.com) sammelt ihre Ware in Containern an verschiedenen Orten im Bundesgebiet. Sie hat sich innerhalb kürzester Zeit zu einer schnell wachsenden Secondhandbekleidungskette entwickelt und betreibt (Stand April 2015) bereits 35 Shops in Bayern, Thüringen, Sachsen, Sachsen-Anhalt und Berlin. Die Website des Unternehmens lässt wissen: „Secondhandbekleidung ist die Bekleidung für ökologisch Bewusste, für Individualisten und für Schnäppchenjäger", und rechnet vor, dass ein in Deutschland aufgrund von Modetrends, Passform oder leichtem Verschleiß aussortiertes Kleidungsstück im Durchschnitt erst 40 Prozent seiner Lebensdauer hinter sich hat. Das heißt, es ist wertvoller Rohstoff, den man im Sinne einer nachhaltigen Wirtschaft weiter nutzen sollte.

Um ein einziges Kilogramm Baumwolle herzustellen, werden 15 bis 20 Kilowattstunden Energie und bis zu 20 000 Liter Wasser benötigt. Für die rund 19 Millionen Tonnen Baumwolle, die jährlich geerntet werden, kommen 50 Prozent des Weltverbrauchs an Pestiziden zum Einsatz! Mit Secondhandbekleidung schonen Sie auch Ihren eigenen Körper: Nach den vielen Waschgängen, die ein gebrauchtes Kleidungsstück bereits hinter sich hat, ist es frei von chemischen Reststoffen, die sich in neuer Bekleidung allzu oft finden. Zugleich wendet sich das Unternehmen an junge Designer, die aus Secondhandstücken neue Mode kreieren, und bietet ihnen mit *ReFashion by Gisela Hörmann* eine Plattform für ihre Selbstständigkeit – eine clevere Abrundung des Firmenkonzepts.

Altkleiderexport in die Zweite oder Dritte Welt ruiniert dort die Textilwirtschaft

Auch erste Modeketten sind auf den Zug aufgesprungen: *Esprit* und *H&M* stellen zwar keine Container in ihren Shops auf, um abgelegte Ware einzusammeln; dennoch fungieren sie auch als Rücknahmestellen. Doch in meinen Augen ist das im Moment noch nichts anderes als Greenwashing, denn die Bedingungen, unter denen die Neuware hergestellt wird, sind alles andere als fair. Diese Kleidung ist auch so billig, dass sie wohl niemand noch einmal tragen würde.

Second Sale: eine Idee, viele Formen

Die Second-Sale-Kultur zeigt etliche weitere Facetten: In größeren Städten gibt es neben klassischen Flohmärkten auch …
Nachtflohmärkte mit Livemusik und Getränken (www.nachtkonsum.com). Wer denkt, da hingen bestimmt nur Studenten und Partypeople ab, ist schiefgewickelt. Das Publikum ist bunt gemischt, und manche Besucher sind 80 Jahre und älter.
Swapping ist eine weitere hippe Erscheinung innerhalb der Re-use-Bewegung. Das englische *Swapping* bedeutet im Deutschen nichts anderes als Umlagern oder Tauschen. Bei Zusammenkünften

tauschen die Teilnehmer Kleidung, Möbel und andere Gebrauchsgegenstände. In der ganzen Republik finden mittlerweile *Swap in the City*-Partys statt. Wie auf einem Flohmarkt geht es da zu; nur ohne Geld – zumindest fast: Drei Euro kostet der Eintritt, drinnen herrscht das große Suchen und Tauschen. Ein entsprechendes Swap-Portal im Netz ist das 2012 gegründete *www.zamaro.de*.

Tauschbörsen im Internet folgen dem gleichen Prinzip. Das US-amerikanische Portal *www.swapstyle.com* etwa hat nach eigenen Angaben über 55 000 aktive Mitglieder, die seit Gründung mehr als vier Millionen Stücke getauscht haben. Die deutschen Pendants heißen etwa *www.kleiderkreisel.de* oder *www.klamottentausch.net*. Die Adressen wechseln (leider) so schnell wie die Mode.

Wem das Tauschen per Internet zu aufwendig ist und wer dennoch etwas Gutes tun möchte, kann *Packmee* (www.packmee.org) nutzen. Man packt alte Bekleidungsstücke in ein Paket und versendet es gratis mit DHL oder Hermes zu dem Unternehmen, das sie verwertet. Alternativ dazu gibt es die Initiativen der Deutschen Kleiderstiftung oder *Platzschaffen mit Herz* bei der Otto-Group. Der Erlös fließt bei Otto sozialen und ökologischen Projekten zu wie der Welthungerhilfe, dem Naturschutzbund Deutschland (NABU) und *Cotton made in Africa*. Wer ausschließlich gemeinnützige Sammelstellen für seine abgelegten Textilien sucht, findet diese unter *www.fairwertung.de*.

Wer sein Sofa oder andere Gebrauchsgegenstände nicht mehr haben will und dafür keine Gegenleistung außer der Abholung fordert, der kann seine gebrauchten Sachen auf dem Internetportal *www.freecycle.org* einstellen.

Neu ist der Gebrauchtwarenpark *Kretsloppsparken* im schwedischen Göteborg. An diesem „Entsorgungspunkt der neuen Art" werden ausrangierte, aber noch brauchbare Gegenstände gesammelt und wie in einem Secondhandladen verkauft. Auch Baumaterial wie Türen, Fenster, Holzbretter und sogar Toilettenschüsseln wird angeboten. Das ist eine vorbildliche Alternative zu den kommunalen Wertstoffhöfen hierzulande, die den Nutzwert der angenommenen Dinge ignorieren und nur das Material in den Wertstoffkreislauf überführen, also *Downcycling* treiben.

Internetauktionen: Natürlich sind auch *eBay* oder *Quoka* interessante Foren, wenn man ein paar Euros mit ausrangierten Sachen erlösen will. Allerdings müssen Sie sich darum kümmern: Bilder knipsen und einstellen, die Ware beschreiben, Mails beantworten, die Ware ordentlich verpacken und versenden und zum Schluss eine Vermittlungsprovision bezahlen. Mit eBay arbeitet auch das Outdoor-Label *Vaude* zusammen. In diesem Second-Use-Shop können private Verkäufer gebrauchte Vaude-Artikel weiterverkaufen (www.ebay.de/rpp/freizeit-sport/vaude/).

Secondhand-Führer: Einige deutsche Kommunen wie etwa München haben auf ihren Websites für Abfallwirtschaft einen Secondhand-Führer und ein Flohmarktportal bereitgestellt. Genannt werden dort auch Adressen von Läden wie denen der britischen Verwertungskette *Oxfam*, *ReSales* und von Antiquariaten.

Die handwerkliche Herausforderung: Repair

Neulich blieb der Wärmeschrank in unserer Küche in Sonnenhausen kalt. Defekt war nur ein kleiner Einsatz mit Heizspirale und Thermostat, den ich mit vier Schrauben ein- und ausbauen kann. Die Herstellerfirma forderte 1000 Euro für das Ersatzteil! Und wieso? Damit man das Ganze verschrottet und ein neues Gerät kauft, oder? So teuer darf ein Ersatzteil doch nicht sein!

Auch damit hängen unsere CO_2-Misere und der Klimawandel zusammen: Die Wirtschaft presst ständig nur neue Güter in den Markt, statt die alten zu reparieren, damit wir sie weiter nutzen können. Aus Scham, weil man etwas Neues angeschafft hat, obwohl das Alte noch gut ist, landen viele Gebrauchsgegenstände erst einmal im Keller oder auf dem Dachboden. Damit schiebt man die Entscheidung nur auf, denn irgendwann, oft nach Jahren, kommt die große Aufräumaktion, und die ausrangierten Stühle, Lampen, Elektrogeräte etc. landen in einem Container und dann auf dem Müll. Das ist traurig. Und es ist falsch. Die Grundstoff- und Energiemenge, die bei der Herstellung der Produkte eingesetzt worden ist, geht dann unwiederbringlich verloren, und die CO_2-Emissionen steigen entsprechend. Und nicht nur bei der Herstellung neuer Produkte, sondern auch beim Recycling von gebrauchten wird jede Menge CO_2 freigesetzt.

Dass wir auch bei dem Ausstieg aus dem Alles-neu-Wahnsinn nicht auf die Politik warten dürfen, die sich vor allem der Industrie, dem Wachstum und den Arbeitsplätzen verpflichtet sieht, liegt auf der Hand, auch wenn die Regierung „Umweltprogramme" beschließt. Als man in der Finanzkrise 2009 mithilfe der Abwrackprämie den Autoabsatz ankurbelte und diese Subvention für Großkonzerne frech „Umweltprämie" taufte, hat man den gigantischen Ressourcenverzehr für die Produktion der Neuwagen unter den Tisch gekehrt und die massenhafte Verschrottung von intakten Autos belohnt! Das macht mich wütend.

Internationaler Trendsetter: Repair Café

Umso erfreuter war ich, als ich von einer neuen Initiative hörte, der Bewegung *Repair Café*. Sie bietet Treffpunkte für interessierte Laien, die kaputte Radios, gebrochene Stuhlbeine, Mottenlöcher in Pullis etc. repariert haben wollen und selbst damit überfordert sind. Der eine kann das eine besser, der Nächste etwas anderes. Bei losen Zusammenkünften bringen die Teilnehmer alleine oder gemeinsam unter kompetenter Anleitung defekte Dinge auf Vordermann. Das passiert natürlich nicht in einem Café; der Name steht für Spaß, Kommunikation, Erfolgserlebnis und Genuss! Jede Menge

Werkzeug und Material aller Art stehen bereit, um die verschiedensten Reparaturen ausführen zu können: elektrische Geräte checken, Stuhlbeine leimen, Fahrräder oder Spielzeug reparieren ... Auch ehrenamtliche Experten sind vor Ort: Elektriker, Schneiderinnen, Schreiner, Fahrradmechaniker ...

Die Idee dazu hatte die Niederländerin Martine Postma (siehe Abb. 16): Am 28. Oktober 2009 lud sie zum ersten Repair Café in Amsterdam ein. Dieses Treffen war ein voller Erfolg, und so entstand 2010 die *Stichting Repair Café*, eine Non-Profit-Stiftung, die Interessierten beim Aufbau eigener Repair Cafés hilft (repaircafe.org). 273 solcher Einrichtungen gibt es inzwischen in den Niederlanden, 217 in Deutschland und 700 weltweit (Stand April 2015).

Diebisches Vergnügen: etwas reparieren und der Industrie ein Schnippchen schlagen

Sogar die Politik macht mit

Dass es mehr Reparaturinitiativen geben muss und wird, liegt auf der Hand. Die deutsche Umweltministerin Barbara Hendricks sagte auf dem *Europäischen Forum für Öko-Innovation* in Hannover, dass Europa sich aktiv dafür einsetzen muss, Reparieren als Alternative zum Wegwerfen und Neukaufen zu fördern. Sie nannte Repair Café als Paradebeispiel dafür, was Europa braucht, um eine Kreislaufwirtschaft zu entwickeln. Immer mehr Menschen wird bewusst, dass Ressourcen nicht grenzenlos zur Verfügung stehen, darunter vielen, die es sich finanziell leisten könnten, immer mehr zu kaufen und zu haben. Auch die Repair-Café-Direktorin Martine Postma sprach auf dem Forum, das während der Hannover Messe 2014 stattfand, der größten internationalen Technologiemesse. Laut Postma ist die Beliebtheit der Repair Cafés vor allen Dingen ein Signal dafür, dass die Menschen reparable Produkte wollen. Die Hersteller müssen daraus ihre Lehren ziehen. In Europa werfen wir Unmengen weg; auch Gegenstände, an denen nicht viel kaputt ist und die nach einer kleinen Reparatur problemlos noch lange verwendet werden könnten. Leider ist das Reparieren bei den meisten Menschen aus der Mode gekommen. Sie wissen nicht, wie man Dinge repariert. Wir können es uns eben leisten, Gutes wegzuwerfen, und deswegen tun es viele. Das Know-how des Reparierens ist leider bei vielen weg, und wer dieses Wissen noch hat, sitzt vielleicht schon im Altersheim. Repair Café ändert das und schiebt neben dem Reparieren selbst einen wertvollen praktischen Wissensaustausch an.

Know-how abrufen

Dinge möglichst lange im Gebrauch zu halten und bei Bedarf zu reparieren ist nicht nur „in", sondern wirklich zeitgemäß. Man muss sich einfach erkundigen, wo man Hilfe bekommt.
Eine fantastische Quelle von oft sehr speziellem Reparatur-Know-how ist *YouTube*. Ob Sie einer *Apple*-Maus oder -Tastatur zuleibe rücken wollen, die verkapselt sind wie Austern, oder einem Staubsauger, an dem Sie von außen keine einzige Schraube sehen – für vieles finden sich Filme, die genau zeigen, wie man's macht. Das ist etwas mühsamer, als etwas Neues zu kaufen, bringt aber, wenn das gute alte Stück denn wieder funktioniert, mehr Befriedigung – mal abgesehen von der Ersparnis und dem Lerneffekt.
Praktische Hilfestellung bei Reparaturen bieten zum Beispiel in München die *WerkBox³* (www.werkbox3.de) sowie die Fahrradwerkstatt *Bikekitchen* (bikekitchen.de). Vernetzung und Sharing sind ein großes Thema auch in dieser Szene; so überlegen die Anbieter, in Zukunft zusammenzuarbeiten, auch mit dem Repair Café im Münchner *Haus der Eigenarbeit*. In Kooperation kann man einander mit Wissen und freiwilligen Helfern unterstützen und bei Platzmangel auf die Räumlichkeiten des anderen ausweichen. Alle drei Einrichtungen sind gemeinnützige Vereine, die

sich im Verbund offener Werkstätten organisiert haben. In diesem Zusammenschluss kooperieren Initiativen, die Arbeitsräume für Handwerk, Kunst, Reparatur, Recycling und Ähnliches zur Verfügung stellen mit dem Ziel, die Eigenarbeit zu fördern. Sie sind wirkliche Schrittmacher einer nachhaltigen Entwicklung.

Ein interessanter Fall ist auch das Angebot eines New Yorker Schusters an der Columbus Street. Er lackiert alte Schuhe neu oder passt Absätze, Stöckel und Form der aktuellen Mode an. Ein Hoch auf die alte Handwerkskunst! Eine andere Entwicklung zeigt sich in einem Schuhmodell, das das Münchner Start-up *Mime et moi* entwickelt hat: ein Schuh mit auswechselbaren Absätzen in drei Höhen, also etwas für jeden Anlass, aber eben nur ein Paar Schuhe und keine drei (www.mimemoi.com). Da wird schon ein deutliches Umdenken verlangt; aber warum immer der Herde folgen?! Im Einzelfall lohnt es sich oft, im Rathaus oder auch bei den Kirchen oder Vereinen nachzufragen. Viele gemeinnützige Einrichtungen und Organisationen wie Sozialkaufhäuser, Behindertenwerkstätten, Frauenhäuser, Flüchtlingsheime, Caritas, Arbeiterwohlfahrt, Klöster etc. suchen laufend nach Gebrauchtwaren aller Art.

Großartige Quelle von Reparatur-Know-how: YouTube

Ich selbst bin wirklich ein Repair-Freak, manchmal zum Leidwesen meiner Mitarbeiter. Ich liebe beispielsweise meinen alten *Bajazzo* von Telefunken. Das Kofferradio aus den 60er-Jahren läuft mit Batterien. Seit 2004 benutze ich es täglich. Ich habe es für 25 Euro bei eBay gekauft und bin stolz darauf, dass ich ein Exemplar gerettet habe. Es hat einen super Sound, und die Batterie hält, obwohl das Ding täglich läuft, locker zwei Jahre. Man sieht also, dass das Alte oft billiger, besser und schöner ist. Und wenn mein *Bajazzo* kaputtginge, hätte ich schon Leute an der Hand, die mir bei der Reparatur helfen können. Und es sieht richtig gut aus, hat ein hübsches, etwas abgeschrapptes Holzgehäuse und kann überall mit hingenommen werden. Und es hat keinen Stand-by-Verbrauch!

Da ist noch was drin: Recycling

Recycling bedeutet nichts anderes als intelligente Abfallverwertung. Aus nicht mehr benötigten oder benutzbaren Produkten werden sogenannte Sekundärrohstoffe gewonnen, aus denen man wieder neue Produkte herstellen kann. Das bekannteste Beispiel: Aus Altpapier wird Umweltpapier, Klopapier oder Tissue hergestellt. Schon etwa 13 Prozent aller in Deutschland benötigten Rohstoffe werden durch Recycling gewonnen. Das schont Ressourcen und Umwelt. Zusätzlich schafft die sogenannte Kreislaufwirtschaft Jobs und technologischen Fortschritt durch die Weiterentwicklung der Umwelt- und Recyclingverfahren.

Die Deutschen sind wirklich brave Mülltrenner

Über alle Recyclingbereiche hinweg werden in diversen deutschen Städten mehr als 60 Prozent aller Reststoffe recycelt. Bei Verpackungen liegt die Wiederverwertungsquote sogar bei 75 Prozent, bei Bau- und Abbruchabfällen bei fast 90 Prozent. Immerhin werden jährlich fast 175 Millionen Tonnen Bauabfälle, 35 Millionen Tonnen gewerbliche Abfälle, 31 Millionen Tonnen Haus- und Sperrmüll und etliche Millionen Tonnen Altglas dem Wirtschaftskreislauf wieder zugeführt. So werden im Durchschnitt pro Einwohner in allen deutschen Städten jedes Jahr fast drei Tonnen Abfall recycelt. Dieses gute Ergebnis ist der koordinierten Abfalltrennung von Verpackungen, Altpapier, Metallen, Biomüll, Altglas, Gefahrstoffen und Sperrmüll zu verdanken. Die Deutschen sind wirklich brave Mülltrenner geworden.

Mülltrennung im Haushalt

Jeder Einzelne von uns muss sich zu Hause mit dem örtlich geltenden Sammelsystem einrichten. Die Kommunen bestimmen, was für Tonnen aufgestellt werden, ob es gelbe Säcke und/oder blaue

Tonnen gibt etc. Haus- und Biomüll sind meist mit einem kleinen und einem großen Eimer einfach zu bewältigen.

Die Vorschriften der Städte und Gemeinden sind verschieden. Die Regelungen und die Abholfahrpläne sind am besten und aktuellsten online auf der Website der jeweiligen Gemeinde zu erfahren. Im Allgemeinen gilt aber Folgendes für die Sortierung.

Sortierung zu Hause

Biomüll: Dazu zählen alle ungegarten Küchenabfälle, zum Beispiel Gemüse- und Obstschalen, Kaffeesatz, Teebeutel, Eierschalen, Nussschalen, aber auch Späne von Holzbleistiften, abgebrannte Zündhölzer und auch mal ein Küchen- oder Zeitungspapier, auf dem Kartoffelschalen gesammelt wurden. Fertige Essensreste müssen dagegen in den Restmülleimer, vor allem weil sie draußen Ratten und Mäuse anlocken. Wer einen Garten hat, sollte seinen Biomüll kompostieren und spart sich damit eine Mülltonne.

Altpapier: Zeitungen, Anzeigenblätter, Illustrierte, Kataloge, Zettel, Kuverts und anderes Papier gehören in den dafür vorgesehenen Sack oder Container. Kartons und Pappe auch, wenn sie keine Kunststoffbeschichtungen haben und alle Klebestreifen entfernt sind. Benutzte Taschen- und Küchentücher sowie Hygienepapier aus dem Badezimmer und der Toilette werden allerdings nicht auf diesem Weg entsorgt und gehören in den Hausmüll. Es ist heute fast überall sehr einfach, Altpapier ökologisch korrekt loszuwerden. In vielen Kommunen gibt es Altpapiertonnen für sämtliche Haushalte. Diese werden, wie die anderen Tonnen auch, regelmäßig entleert. Vielerorts sammeln Vereine das Altpapier und bessern so ihre Kasse auf.

Jeder muss sich mit dem örtlich geltenden Sammelsystem einrichten

Gelber Sack, gelbe Tonne: Dort hinein gehören alle Leichtverpackungen (also kein Glas) mit dem Grünen Punkt, generell solche aus Plastik, Aluminiumdeckel, Konservendosen und Schachteln aus Pappe mit Beschichtung wie Tetrapaks (Genaueres unter *www.gruener-punkt.de*). Auch Metall- und Kunststoffdeckel von Flaschen sind in der Regel ein Fall für den gelben Sack und nicht fürs Altglas. Die Verpackungen sollten ganz entleert, aber offiziell nicht ausgespült werden. Ich tue es oft trotzdem, denn wir haben keinen Wassermangel in unserer Gegend, und bis zur nächsten Leerung können die Reste faulen und giftige Pilzsporen sowie eklige Gerüche verbreiten und Ratten und Mäuse anziehen.

Spezielle Wertstoffe und Annahmestellen dafür

Altkleider und Schuhe: Dafür gibt es vielerorts eigene Container. Dort hinein gehören nur tragbare Teile, stapelweise in Plastik verpackt. Keine Lumpen und Fetzen, Textilien sauber gewaschen.

Altglas: Zum Glascontainer, auch wenn er nicht am Haus steht, sondern irgendwo im Viertel oder am Wertstoffhof, schaffen es die meisten von uns, und die jährliche Menge an gesammeltem Altglas beträgt zwei Millionen Tonnen. Keramik aller Art ist dort absolut tabu. Schon die Porzellanteile von Bügelverschlüssen stören die Verarbeitung empfindlich.

Arzneimittel: Bei Medizin ist das aufgedruckte Datum tatsächlich strikt zu beachten. Werfen Sie Medikamente niemals in die Toilette! Die Wirkstoffe landen im Grundwasser und in den Gewässern und richten große Schäden bei Mensch und Tier an. Arzneimittel dürfen laut Gesetz im Haushaltsmüll entsorgt werden, sind aber nur dann unschädlich, wenn dieser vollständig verbrannt wird. Besser ist es, sie bei der Apotheke abzugeben; die Annahme dort ist aber heute freiwillig. Auch die kommunalen Gift- bzw. Schadstoffmobile oder -sammelstellen nehmen Medikamente an.

Mobiltelefone: Diese Geräte enthalten ansehnliche Mengen an Gold, Silber, Kupfer, Kobalt, Palladium und Seltenen Erden. Davon können per Recycling 80 Prozent zurückgewonnen werden. In 41 Handys steckt so viel Gold wie in einer Tonne abbauwürdigem Gestein aus Goldminen, nämlich ein bis zwei Gramm, lässt das Magazin *enorm – Wirtschaft. Gemeinsam. Denken.* wissen und stellt fest (enorm-magazin.de/klein-alt-und-wertvoll): „Alle Netzbetreiber nehmen gebrauchte Geräte – egal von welchem Hersteller – auch direkt im Einzelhandel zurück oder bieten einen kostenlosen Versand an." Viele alte Handys lagern ungenutzt in deutschen Haushalten; knapp eine Milliarde Stück mit einem Materialwert von mehr als 80 Millionen Euro sind es auf der ganzen Welt. Handys und anderer Elektroschrott werden heute meist in Entwicklungs- und Schwellenländern verwertet, allerdings nicht fachgerecht und oft mit katastrophalen Gesundheitsschäden bei den Arbeitern, von denen viele Kinder sind. Müll und Verschwendung vermeidet das *Fairphone,* das meine Kinder haben. Es wird nicht nur fair produziert und lässt sich gut reparieren, wenn Komponenten ausfallen, sondern der Hersteller selbst nimmt es zur Demontage zurück und verwertet es optimal. Es ist zwar etwas schwerer als ein iPhone, kann aber fast genauso viel (Näheres unter *www.fairphone.com* in Amsterdam).

Gift- und Problemmüll

Batterien und Akkus können Sie abgeben, wo es welche zu kaufen gibt. Also einfach zum Einkaufen mitnehmen.
Energiesparlampen sind wegen des enthaltenen Quecksilbers höchst gefährlich und dürfen niemals in den Restmüll gelangen. Die Giftmobile und Wertstoffhöfe nehmen sie entgegen.
Farben, Lacke, Kleber und Chemikalien aller Art nehmen die kommunalen Gift- und Schadstoffmobile oder -sammelstellen an. Manche Artikel und Reste können Sie bei Drogeriemärkten oder anderen Händlern abgeben.

Wertstoffhöfe und -mobile

Die vorgesehene Adresse für alles, wofür es keine Container an Wertstoffinseln, individuelle Tonnen oder andere geregelte Entsorgungswege gibt, ist heute der Wertstoffhof. Dort landen „Sperrmüll" und vielerlei Altmaterial aus Haushalt und Garten. Leider verursacht dieses System einen argen Mülltourismus im Kleinen, weil laufend ganze Kolonnen von Privatautos mit ihren Minimengen anrücken. Im Regelfall kann man auf dem Land und in kleineren Ortschaften ohne Auto und Führerschein seinen Haushalt gar nicht vorschriftsmäßig führen. Immerhin lassen manche Städte wie Hof, München, Stuttgart und Würzburg daher ein *Wertstoffmobil* zirkulieren. Lkws fahren etwa in München einmal die Woche durch die ganze Stadt und halten jeweils eine Stunde an bestimmten Punkten, um Wertstoffe in Empfang zu nehmen, etwa:

Altmetall: wie Töpfe, Pfannen, Armaturen, Metallwerkzeug; Eisenwaren wie Beschläge, Schrauben und Nägel; Draht, Blech- und Rohrabschnitte…

Elektrokleingeräte: Dafür beschließt die Bundesregierung gerade die Rücknahmepflicht beim Handel. Viele Händler nehmen die Geräte aber schon länger zurück. Zu den Kleingeräten, die auch die Wertstoffmobile einsammeln, zählen Staubsauger, Haartrockner, Toaster, Mixer, Kaffee- oder Bohrmaschinen, elektrische Zahnbürsten, Rasierer, Radiowecker, Taschenrechner, Radios, MP3-/CD-Player, Gameboys, Computer, Tastaturen, kleinere Drucker, Telefone, Handys… Tipp: Daten auf Handys, Festplatten und allen Speichermedien sollten Sie im eigenen Interesse vor der Entsorgung gründlich löschen. Wie das geht, verrät das Bundesamt für Sicherheit in der Informationstechnik (BSI) unter *www.bsi-fuer-buerger.de* „Daten richtig löschen".

Kunststoffe: Gefäße aller Art, Gießkannen, Blumenübertöpfe, Folien, Planen, Klarsichthüllen, Kunststoffspielzeug wie Bälle und Puppen, DVDs und CDs, sauberes Styropor und Textilien

Elektrogroßgeräte: Bildschirme, Computer, Kopierer, Drucker, Scanner, Fernseher und Musikanlagen, größere Maschinen wie Rasenmäher ebenso wie „weiße Ware", also Kühlschränke, Trockner, Geschirrspüler, Waschmaschinen etc. – all dies wandert wohl noch lange auf die Wertstoffhöfe.

Der Königsweg: Upcycling

Beim Upcycling stellt man aus scheinbar wertlosen Rohstoffen oder Materialien bei jeder Stufe jeweils höherwertige Produkte her als zuvor. Diese Idee geht auf meinen alten Freund Dr. Michael Braungart zurück, den Chef der *EPEA Internationale Umweltforschung GmbH* in Hamburg und den Erfinder des Prinzips *Cradle to Cradle* (siehe auch Interview ab Seite 114). Das Motto „Wiege zu Wiege" bedeutet, dass gar nichts mehr endgültig weggeworfen oder verbrannt wird. Abfall ist also ein Phänomen der Vergangenheit; ab sofort gibt es lediglich wertvolle Roh- und Nährstoffe, die stets im Kreislauf verbleiben. Natürlich funktioniert das nur, wenn es sich um gesundheitlich unbedenkliche Materialien handelt.

Verantwortung schon beim Design

Beim Upcycling geht Michael Braungart noch einen Schritt weiter. Im Fokus steht nicht mehr nur das kluge Design der Produkte selbst, sondern die Vervollkommnung unseres ganzen Lebensstils durch kluges Design. Es geht um gesundes Denken, Wohnen und Arbeiten in einer lebenswerten Zukunft und um unsere Verantwortung für die nächsten Generationen. Das ist nicht so banal, wie es erst einmal erscheint; man muss das schon konsequent verfolgen und dafür sorgen, dass die Kette nicht abreißt. Ein Beispiel: „Wenn man aus einer PET-Flasche eine Fleecejacke macht, ist das kein Upcycling", schreibt Braungart 2013 in seinem Buch *Intelligente Verschwendung. The Upcycle: Auf dem Weg in eine neue Überflussgesellschaft*. Und weiter: „Aus der Materialperspektive verlässt dieser Kunststoff den Nahrungsmittelbereich. Plastik, das vielleicht Antimon enthält, kommt nun mit menschlicher Haut in Kontakt, Farbstoffe, Fixier- und Spülmittel kommen hinzu. Erhält die Fleecejacke dann noch einen Reißverschluss aus Nylon und Druckknöpfe aus Metall, kann das Material selbst kaum noch recycelt werden, denn es ist mit anderen Dingen ‚kontaminiert'. Wie könnte aus diesem Flasche-zu-Fleece-Prozess ein guter Upcyclingprozess werden? Wenn eine Firma PET aus einer Flasche upcyceln will, um daraus eine Fleecejacke herzustellen, kann es diesen Polyester in einer Säurelösung spülen, um das Antimon auszuwaschen, es anschließend zerkleinern und in einem Bad reinigen. Der traditionell schwermetallhaltige Polyester kann so einem Reinigungsprozess unterworfen werden, der die Schadstoffe entfernt, sodass der Polyester keine Giftstoffe mehr aufweist. An diesem Punkt sollte es nun unterbleiben, dass in entlegenen Fabriken ohne genaue Herstellungsprotokolle unbekannte Farbstoffe, Spül- und Fixiermittel hinzugefügt werden. Das saubere Fleece könnte dazu vielmehr mit Polyesterknöpfen ausgestattet und mit Polyesterfäden bestickt und zusammengenäht werden – was ein Recyceln als Monomaterial möglich machen könnte."

Achtet man also bei der Herstellung bereits darauf, weniger schadstoffreiche Materialien zu einzusetzen und die Rohstoffe weniger zu vermischen, können aufwendige Trenn- und Reinigungsprozesse wegfallen. Eine bekannte Faustregel besagt, dass der richtige und kluge Entwicklungsprozess bereits etwa 80 Prozent der späteren Kosten und häufig auch der von einem Produkt verursachten Umweltbelastungen einspart.

Regeln für umweltfreundliches Industriedesign

Die folgenden grundlegenden Designstrategien hält Ursula Tischner, Professorin für Sustainable Design an der *Design Academy Eindhoven* und Inhaberin von *Econcept, Agentur für nachhaltiges Design* in Köln, für vielversprechend:

- Ressourcenschonende Rohstoffe auswählen
- Ressourceneffizient produzieren
- Miniaturisierung etwa von Computern und Laptops
- Virtualisierung, etwa das Ersetzen analoger Anrufbeantworter durch digitale Voicemailboxen

- Langlebigkeit und Reparierbarkeit der Produkte
- Kurzlebigkeit nur da, wo nötig, und da nur mit kreislauffähigen Materialien
- Transporte und Verpackungen minimieren
- Ressourceneffizienten Gebrauch ermöglichen
- Rücknahme, Re-use, Recycling und Stoffkreisläufe einrichten
- *Zero Waste Design* bei Textilien, also Abfallvermeidung beim Zuschnitt und allen anderen Arbeitsgängen
- Dienstleistung statt Produkt, also Gebrauchsgüter nur nutzen oder mieten statt kaufen
- Entschleunigung des Umlaufs von Gebrauchsgütern
- *Design for Degrowth,* also Berücksichtigung des Ziels der Wachstumsrücknahme in der Technik

Gute Beispiele für ressourcenintelligentes Design sind in den Augen von Ursula Tischner: der mitwachsende Kindertisch samt Bank, Zeichenrolle, Bücherbord und Stiftebox von *pure position* aus heimischer Buche, produziert in einer deutschen Behindertenwerkstatt (www.id-os.de), oder einige der Produkte, die das Unternehmen *Manufactum* verkauft. Sie zählen zur Kategorie *Slow Design* bzw. *Slow Movement.* Weil Ziele wie Schneller, Höher, Weiter, Mehr zu ungesunden Produktionssystemen und falschem Konsumverhalten geführt haben, setzt diese neue Bewegung auf ein verlangsamtes Produzieren, Konsumieren und Gestalten. Das bedeutet, Güter lange zu nutzen und nicht schnell wegzuwerfen, sondern ein Leben lang zu behalten.

Sofortmaßnahmen für jedermann

Um zu sehen, wie man mit gebrauchten Dingen umgehen sollte, solange die Warenwelt noch nicht nach den Vorgaben von Michael Braungart designt ist, werfen wir einen Blick auf einige kreative Vorkämpfer: Katie Thompson aus Kapstadt zum Beispiel entwirft aus alten Koffern, Hutschachteln oder Zinkwannen ungewöhnliche Möbel – alles in ihrem Lieblingsstil, im Shabby Chic (www.recreate.za.net). Oder dies: In Köln bauen Langzeiterwerbslose Einrichtungsgegenstände und ganze Wohn- und Arbeitsräume aus interessantem Abfall zusammen. Rund 20 Menschen werkeln mit bei dem Projekt *Jack in the Box* auf dem Gelände des ehemaligen Güterbahnhofs in Köln-Ehrenfeld in alten Seecontainern (koelnerbox.de). Initiiert hat den Verein der Sozialarbeiter Martin Schmittseifer 2006. Er sah in den 50 000 Arbeitslosen in Köln mit ihren verschiedensten Qualifikationen ein unglaubliches Potenzial. Schnell war ein Verein gegründet. Dann schickte das Arbeitsamt Architekten, Schreiner, Elektriker und Schlosser nach Ehrenfeld, und gemeinsam bauten sie den ersten Container um. Bald gestalteten sie Container zu Arbeitsplätzen für Studenten, Jugendzentren und als Ausstellungsraum um. Heute stellen die „Boxler" auch Möbel und Musikinstrumente her.

Mein Freund Luis Mock hat fast die komplette Modemesse *Bread & Butter* in Berlin (leider gibt's die nun nicht mehr) und die Restaurantkette *L'Osteria* mit coolen alten Möbeln ausgestattet. Ideen, was man alles aus oder mit „gelebten Dingen" (Luis Mock) gestalten kann, wie sich etwa alte Möbel und andere Einrichtungsgegenstände umfunktionieren lassen, findet man auf den Ideenbörsen *www.weupcycle.com* oder auf *www.myzerowaste.com*.

Seit 2013 halte ich regelmäßig in Sonnenhausen unsere Antiquitäten- und Upcycling-Design-Tage ab, die nun den Oberbegriff „Circle of Art" haben. Dort geht es um die Wiederverwendung, die Neukombination, den Umbau, also allgemein um die Frage, wie man Vorhandenes bewahren und nutzbringend in einen neuen Kontext stellen kann. Ursprünglich gab es dort nur Antiquitäten (keinen Trödel), die, sobald sie ihren Besitzer wechseln, in einer gewissen Weise ein Upcycling durchmachen. Denn das, was der eine nicht mehr will oder braucht, mit dem zusammenzubringen, der es sehr wohl benötigt oder zu schätzen weiß, ist für mich

Upcycling, eBay zum Anfassen. Dann habe ich diesen Gedanken um das Thema Upcycling-Design erweitert und Künstler und Designer nach Sonnenhausen eingeladen, die aus einfachen Wertstoffen Gebrauchsgegenstände, Gebrauchskunst und Kunst entwerfen. Diesen Bereich, aber auch das Angebot an jungen Antiquitäten der 1970er- und 1980er-Jahre haben wir immer mehr ausgebaut. Die straighten, einfachen Möbel dieser Zeit sind so gefragt wie nie. Momentan will sich fast niemand Biedermeiermöbel in die Wohnung stellen. Nun planen wir auch ein Repair Café, eine Upcycling-Kunst-Bauhütte für jedermann und eine Outdoor-Naturwerkstatt mit Bar (www.sonnenhausen.de).

Not macht erfinderisch(er)

Wer in weniger begüterten Ländern unterwegs ist, dem fällt ins Auge, was man alles aus Dingen machen kann, die bei uns sofort im Abfall landen. In armen Stadtvierteln, sagen wir mal in Marokko, finden Sie Küchengeräte, Haushaltsgegenstände und Kinderspielzeug zum Beispiel aus leeren Dosen. Oder gucken Sie bei Fischern am Mittelmeer. Was die alles an Schwimmern und Bojen, Radarreflektoren, Bordgeräten etc. aus leeren Kanistern und anderem herstellen – da gehen einem die Augen über. Oder denken Sie mal an die legendären Autos der 50er-Jahre auf Kuba. Sonst gibt es so was höchstens als einzelne Sammlerstücke.

Interview mit Michael Braungart:
„Upcycling ist intelligente Verschwendung"

Michael Braungart ist Chemiker, Gründer und wissenschaftlicher Leiter der *EPEA Internationale Umweltforschung GmbH* in Hamburg und hat einen Lehrstuhl für Cradle to Cradle & Eco-Efficiency an der Leuphana Universität in Lüneburg. Zusätzlich lehrt er an der Erasmus University Rotterdam und ist Lehrstuhlinhaber für Cradle to Cradle Innovation & Quality an der Rotterdam School of Management. Er ist Professor und Lehrstuhlinhaber von Cradle to Cradle Design an der Universität Twente und Gastprofessor für Bautechnologie an der TU Delft in den Niederlanden. Seine Devise „Cradle to Cradle" postuliert ein Upcycling, bei dem keine Rohstoffe mehr aufgrund falschen Designs von Produkten verloren gehen, sondern immer wieder zu neuen, recyclingfreundlichen Produkten verarbeitet werden können. So würden keine wertvollen Rohstoffe mehr verschwendet werden.

Du plädierst in deinem Buch für „intelligente Verschwendung". Wie ist das gemeint?
Es ist ein Irrweg, eine Kreislaufwirtschaft, die falsch ist, bis zur Perfektion zu treiben. Ich wünsche mir da ein Umdenken. Auch was die 22 Millionen Tonnen Müll aus dem Ausland anbelangt, die Deutschland jährlich importiert, um sie hier zu verbrennen. Wir brauchen ein Umdenken im Sinne der Biosphäre und der Technosphäre. Im Sinne eines intelligenten Stoffkreislaufs.

Wie sieht dieses Umdenken aus?
Wir sollten versuchen, bestehende Prozesse weniger schädlich zu machen; dann genügt der Planet für viele Menschen. Auch die Natur lebt von Verschwendung und nicht davon, klimaneutral zu sein. Dann würde sie nicht existieren, und auch wir könnten nicht existieren.

Gibst du mir bitte ein Beispiel dafür?
In Deutschland ist es das Höchste, ein Passivhaus zu bauen. Doch was nützt das ohne eine gute Lüftung und was nützt es den anderen? Wir sollten Gebäude wie Bäume kreieren, die beispielsweise die Luft und das Wasser reinigen, die Artenvielfalt unterstützen und Lebensraum für 200 Arten schaffen. Das geht, wenn wir es anders machen, wenn wir beginnen, anders zu denken.

Wie sieht dieses neue Denken aus?
Wir haben ein schlechtes Gewissen, weil wir der Natur so viel angetan haben, sie aber als Mutter romantisieren. Davon sollten wir wegkommen und sie als Lehrerin und Partnerin betrachten. Sonst stellen wir unsere Existenz infrage. Wir glauben, dass wir schon jetzt zu viele auf dieser Welt sind, und denken raffgierig und klein. Es gilt, nicht das Bestehende zu optimieren, sondern neu zu denken, zu handeln und entsprechende Produkte und Dienstleistungen zu kreieren.

Wir sollten das Ganze nicht als ferne Vision sehen, sondern jetzt damit beginnen

Ein Beispiel?
Statt Holz aus dem Wald als Hackschnitzel, also vermeintlich ökologischen Energieträger, gleich zu verfeuern, sollten wir das Holz zuerst einmal zu Möbeln verarbeiten, und später aus diesen, wenn sie kaputt sind, Spanplatten erzeugen, daraus dann Zellstoff und Papier machen und erst zum Schluss das Ganze verfeuern. Das würde 40-mal mehr Arbeitsplätze schaffen, und der Heizwert bliebe der gleiche.

Auch den Begriff „bio" willst du anders verstanden wissen?
Ja, denn das schlichte Verteufeln aller Chemie ist naiv und kurzsichtig. Ein zentrales Problem: Wir brauchen Phosphor, und den müssen wir zurückgewinnen. Die natürlichen Phosphorvorkommen reichen nur noch für 30 Jahre. Wenn wir keinen Kunstdünger mehr verwenden, müssen wir den Phosphor aus Klärschlamm zurückgewinnen, etwa aus den Waschmitteln. Doch das wird in unseren Anlagen nicht berücksichtigt. Und Phosphor aus Urin zu gewinnen, ist nicht effizient genug. Der Mensch braucht aber zwei Gramm Phosphor am Tag. Er sorgt zusammen mit Kalzium für die Festigkeit der Knochen und Zähne, er ist wichtig beim Aufbau der Zellwände und als Puffersubstanz im Blut.

Wie viel Zeit haben wir noch?
Wir sollten das Ganze nicht als ferne Vision sehen, sondern jetzt damit beginnen. Mittlerweile gibt es 1100 Cradle-to-Cradle-Produkte, und natürlich geht ein solcher Prozess, ein solches Umdenken nicht von heute auf morgen; das ist klar. Es hat beispielsweise Jahrzehnte gedauert, Chrom bei der Ledergerbung zu eliminieren und so das Leder kompostierbar zu machen. Verschleißgüter sollten kompostierbar sein, und wir sollten uns nicht davon abbringen lassen, intelligenter zu denken und nicht schon auf halbem Weg damit aufzuhören. Wir sollten den Menschen als Chance sehen.

Den Menschen als Chance sehen?
Ja, wir sollten ihn feiern. Sonst werden wir feindselig, wenn wir daran denken, dass wir hier zu viele sind und ein Planet Erde nicht für alle reicht. Wenn wir intelligent denken und handeln, Produkte, Dienstleistungen und Müll als Rohstoffe ansehen, haben wir Platz für fünfmal so viele Menschen, wie momentan unseren Planeten bevölkern, und wir werden uns aus Großzügigkeit den anderen gegenüber von selbst beschränken. Wir haben in den Favelas in Brasilien über 150 Anlagen, mit denen wir Abwasser von 5000 Menschen zurückgewinnen. Damit kann ein Bauer seinen landwirtschaftlichen Betrieb führen, hat Wasser für seine Schweine und Hühner ebenso wie für seine Pflanzen und Fische. Da gibt es keinen Vandalismus und keine Kriminalität, weil die Menschen sehen: Hier passiert etwas Gutes.

Wie hältst du's selbst mit dem Upcycling?
Ich selbst trage Secondhandkleidung und habe kein einziges neues Stück. Ich bin doch kein Testorganismus! Beim ersten Waschen gehen nur 80 Prozent der Schadstoffe raus. Ich brauche nicht viel, pflege einen sehr einfachen Lebensstil, weil ich das möchte und weil ich möchte, dass es anderen gut geht.

Reduce: Kaufverzicht üben

Wer verantwortlich mit Rohstoffen umgehen will, muss Abfall vermeiden, wo immer es geht. Natürlich ist es am besten, unnötige Dinge erst gar nicht zu kaufen. Denn für jedes Produkt muss Energie aufgewendet und Material eingesetzt werden. Nicht selten kommen gefährliche Chemikalien, Farb- und Giftstoffe bei der Herstellung und für die Verpackung zum Einsatz, und jedes Produkt muss von den Fertigungsanlagen zum Distributionslager transportiert und ausgeliefert werden. Zum Schluss werden auf Deponien oder bei der Verbrennung Schadstoffe freigesetzt, denn noch längst wird nicht genug recycelt.

Im Vergleich mit der Natur, in der das Entstehen und Vergehen von Stoffen Jahrtausende dauern kann, sind unsere technischen Produktlebenszyklen sehr kurz. Denken Sie nur an die Tageszeitung: Schon am Abend ist sie ausgelesen, also verbraucht, und wandert – eine optimale Verwertung vorausgesetzt – kurze Zeit später wieder als Rohstoff in die Papierfabrik. Bei der Herstellung von neuem Papier gibt es seine chemischen Inhaltsstoffe in den Wasserkreislauf und den Abfallschlamm der Papierfabrik ab.

Die für uns Verbraucher unsichtbaren Wege und Vorgänge müssen wir uns bewusst machen und beim Kauf oder Kaufverzicht verantwortungsvoll handeln. Fragen Sie sich in Zukunft beim Einkaufen mal: Woher stammt das Produkt? Wie ist es entstanden? Aus welchen Stoffen ist es zusammengesetzt? Denken Sie im Sinne des Upcycling, denken Sie im Sinne der Gemeinschaft an die größeren Zusammenhänge und handeln Sie bewusster!

Plastikverpackungen meiden

Haben Sie sich schon einmal Gedanken darüber gemacht, was alles in Plastik eingeschweißt oder sonst wie darin verpackt ist? Und was mit dem Plastik am Ende passiert? In unseren Ozeanen treibt heute bereits sechsmal mehr Plastik als Plankton! Die alten Flaschen, Tüten, Dosen, Kanister, Fischernetze, das Spielzeug, die Schuhe und all die anderen quietschbunten Zivilisationsrelikte bilden in den Weltmeeren gigantische Ansammlungen. Allein im größten dieser Müllstrudel, dem *Great Pacific Garbage Patch* zwischen Amerika und Asien, sollen etwa drei Millionen Tonnen Plastik treiben. Oft werden die Abfälle illegal von Schiffen entsorgt, vom Land ins Meer geweht oder mit den Flüssen eingetragen. Allein 2010 gelangten laut der Zeitschrift *Science* zwischen fünf und 13 Millionen Tonnen Plastikabfall in die Weltmeere. Das deutsche Umweltbundesamt spricht von bis zu 140 Millionen Tonnen Abfall in den Ozeanen.

Vögel, Fische und viele andere Meeresbewohner verheddern sich zu Millionen in Folien, Leinen oder Netzen. Vor allem aber halten viele die bunten Plastikteilchen für Futter, nehmen sie laufend auf und verhungern irgendwann mit vollem Magen. Und an der Spitze der Nahrungskette sitzen wir: Schon heute befinden sich im Blut und Urin der meisten Menschen – bis hin zu Amazonasindianern und den Inuit – giftige Substanzen. Sie stammen aus der Herstellung von Plastikartikeln und können das Hormonsystem schädigen. Die krank machenden Weichmacher von Plastikflaschen und anderen Verpackungen können Krebs, Allergien, ADHS und Demenz verursachen und zu Unfruchtbarkeit führen!

In unseren Ozeanen treibt heute bereits sechsmal mehr Plastik als Plankton

Das Eigenlob für die hohen Verwertungsquoten in Deutschland hält die *taz*-Redakteurin Heike Holdinghausen für „Gerede". 2012 schreibt sie in *Rohstoffquelle Abfall. Wie aus Müll Produkte von morgen werden:* „Die heute üblichen Kunststoffe lassen sich offensichtlich nicht in sinnvolle Kreisläufe führen. Um etwa Plastik recyceln zu können, ist teure Technik und teils viel Energie nötig. Auch die kompostierbaren Kunststoffe, ob auf Basis von

Erdöl oder Pflanzen, brauchen spezielle Anlagen, um zu verrotten. Oft enthalten sie giftige Bestandteile wie Flammschutzmittel, Weichmacher und Biozide, die ihre Nutzung als Sekundärrohstoff erschweren bis unmöglich machen (...) Abfall entsteht nicht nur, wenn wir ein Handy, einen Pullover oder eine Safttüte wegschmeißen, sondern auch, wenn wir sie herstellen."

Wir müssen also Plastik schon beim Einkaufen meiden. Achten Sie deshalb bei jeder Ware darauf, wie sie verpackt ist. Wählen Sie nach Möglichkeit unverpackte Artikel oder wenigstens solche ohne „Umverpackung". Vieles ist – auch im Sinne der Mogelei – gleich mehrfach verpackt. Denken Sie etwa an die typische Pralinenschachtel: Außen Folie, darin die opulente Schachtel, gern mit weit überstehenden Rändern, innen erst einmal Wellpappe, darunter ein Plastikeinsatz mit viel Luft zum Aufplustern und ganz zuletzt kaum noch Ware. Sie sollten aus Prinzip bewusst gegen den verantwortungslosen Slogan „Ex und hopp" handeln, mit dem die Verpackungsindustrie ab 1965 die angeblichen Vorzüge von Einwegverpackungen propagiert hat.

So vermeiden Sie Plastikmüll beim Einkaufen

- Gehen Sie zu geplanten Einkäufen immer mit Einkaufskorb, -netz oder -tasche in die Läden. Sehr bequem und angesagt sind Rucksäcke. Auch leere Kartons, die man dort fast immer bekommt, sind bei größeren Einkäufen praktisch.
- Führen Sie für ungeplante Einkäufe zwischendurch, statt Plastiktüten zu kaufen, immer einen Stoff- oder Plastikbeutel mit (zum Beispiel von *Reisenthel* oder *Envirosax*). Die passen klein zusammengefaltet in die Seitentasche jeder Handtasche oder unter den Fahrradsattel.
- Wählen Sie bei Lebensmitteln wie Milch und Joghurts Ware in Glasbehältern und keine Tetrapaks.
- Kaufen Sie bei Wurst oder Käse frische Produkte statt in Plastik eingeschweißte Portionspackungen aus der Kühlung.

Das Anstehen an der Frischtheke kostet zwar manchmal mehr Zeit, aber Sie kaufen kein Plastik, und die Ware ist frischer.
- Kaufen Sie Obst und Gemüse am besten lose im Bioladen.
- Trinken Sie Leitungswasser. Das Leitungswasser ist das am strengsten kontrollierte Lebensmittel in Deutschland, fast überall bestens trinkbar und oft sogar von höherer Qualität als abgefülltes Wasser. Sind Sie unterwegs, sollten Sie eine Trinkflasche aus Glas oder Edelstahl (nicht aus Aluminium!) mitnehmen und können diese überall gratis auffüllen.
- Kaufen Sie keine aufwendig verpackten Produkte, also solche mit Umverpackungen, die viel größer sind als das eigentliche Produkt. „Großes Zelt, kleiner Zirkus", sagt Michael Braungart dazu treffend. Bei Kosmetik- und Hygieneartikeln etwa macht die Verpackung um die 30 Prozent der Produktionskosten aus. Aus diesem Grund nimmt zum Beispiel das Kosmetikunternehmen *Kiehl's* als Vorreiter leere Produktbehältnisse zurück; der Kunde erhält dafür Bonuspunkte für kostenlose Proben. Auch *Aveda* (Kosmetik) und *Samsung* (Elektronik) nehmen Verpackungen zurück.
- Blechdosen scheinen eine gute Alternative zu Plastik zu sein, sind aber oft innen mit Kunststoff beschichtet. Am besten verwenden Sie zum Einkaufen und im Haushalt appetitliche, langlebige Edelstahlboxen.

Im Handel rührt sich was

Seit September 2014 gibt es den Supermarkt *Original Unverpackt* in Berlin. Schüttgut wie Nüsse, Getreide, Müslimischungen, Bohnen etc. kommt dort aus Spendern, großen Glaszylindern, an denen man mitgebrachte Behältnisse füllen kann. Baumwollsäckchen und Einmachgläser für den Heimtransport werden ebenfalls angeboten. Bei flüssigen Produkten bedient man sich an Zapfhähnen. Der Laden ist via Crowdfunding finanziert. Die Zukunft wird zeigen, wie tragfähig das Konzept ist und ob es sich auf Dauer etabliert. Auch die bestehenden Supermärkte sollten sich auf das Thema Verpackung einlassen und durchdachte Systeme für die Müllvermeidung schaffen müssen. Das kann gerade durch solch neue Ladentypen zum neuen gesellschaftlichen Thema werden. Ein herrliches Beispiel für öko-effizientes Handeln im Kleinen: Die grüne Idealistin und Kioskbesitzerin Yvonne Froud in Gloucestershire schreibt die Namen ihrer meist jugendlichen Kunden auf die Chipstüten, Getränkedosen und Süßigkeitenverpackungen, um den herumfliegenden Müll einzudämmen. Müllsünder erhalten bei ihr für einige Zeit Ladenverbot. Ihr Erfolg: Die Müllmenge hat sich um 40 Prozent reduziert.

> Achten Sie bei jeder Ware darauf, wie sie verpackt ist

Die Schweizer Einzelhandelskette *Migros* verteilte im Sommer 2014 an ihren Kassen den „Drecksack". Auf dem giftgrünen Beutel stand neben einem Gewinncode in pinkfarbenen Lettern der Slogan „Clean-up & win – Jetzt Abfall wegräumen und Belohnung abstauben." (siehe Abb. 17). Nach dem Picknick sollte der Müll in den Drecksack und dieser in einem von 29 Drecksack-Containern in Basel entsorgt werden. Beim Einwerfen sollten die Mitmacher einen QR-Code am Container scannen und den Gewinncode online registrieren. Als Hauptpreis winkte eine Party auf einer Fähre im Wert von 3000 Schweizer Franken, gefolgt von Wochenpreisen von 1000 Franken und über 60 000 Sofortpreisen.

Bei der Initiative mit von der Partie waren neben Migros die Unternehmen *coop*, *k kiosk*, *Manor* und *McDonald's*, der Kanton Basel-Stadt, der Gewerbeverband Basel-Stadt und die Initiative *Pro Innerstadt*. So eine Wegräumaktion wäre auch in deutschen Parks und Flussauen (ich denke gleich an die Isarauen in München!) eine tolle Sache. Die Berge von Müll, die sich dort im Sommer türmen, werden sonst immer nur auf Kosten der Steuerzahler beseitigt. Kleiner Trost am Rande: Auch die Schweiz ist nicht das Gelobte Öko-Land; es hat eine lausige Recyclingquote.

Korrekt gekleidet: grüne Mode

Kratzige Schafwollsocken, unförmige gefilzte Oberteile und gelbstichige Baumwolle? Das war einmal. Öko-Kleidung ist hip und modern geworden. Es gibt viele junge Designer, die bei ihren Kollektionen mit umweltfreundlichen Innovationen glänzen. Selbst in die *Internationalen Modewochen* hat die „ethisch korrekte Bekleidung" Einzug gehalten. Was genau hat sich geändert? Und was bedeutet Ecoismus für Modebewusste?

Es war aus rosafarbenem Fleece mit grünen Paspeln – mein erstes Teil von dem Outdoor-Ausstatter Patagonia, 25 Jahre alt. Ich ärgere mich, weil ich es vor ein paar Jahren in den Altkleidercontainer geworfen habe, weil es „out of fashion" war. Fleece wird zwar über die Jahrzehnte etwas weniger flauschig, bleibt aber immer tragbar. Und heute sind Rosa und Pink wieder total *in*. Also: Aufbewahren und später wieder tragen. So legen Sie auch Schätze für die nächste Generation an. Irgendwann werden die Klamotten plötzlich megacool sein. Ich habe seit einiger Zeit einen Sack auf dem Dachboden, in den abgelegte Stücke kommen. Immer mal wieder sehe ich nach, was wiederbelebt werden kann.

Was sagen die Experten zum Thema ökologische Kleidung? Die weltweit vermutlich einflussreichste und sehr modeaffine Trendforscherin Li(dewij) Edelkoort (siehe Abb. 18) glaubt, dass wir mit Bekleidung in Zukunft anders umgehen werden. In der *Welt am Sonntag* erzählte sie, wie sie sich eines Tages beim Kauf eines Mantels fragte, wie lange sie ihn wohl tragen würde. Zwei, drei Jahre? Das schien ihr zu wenig. Eigentlich müsste der Mantel so gut sein, dass sie ihn später noch ihrer Enkeltochter vererben könnte, dachte sie. Gut gepflegt sollte ein Mantel doch eigentlich noch in 25 Jahren getragen werden können.

Li Edelkoort ist davon überzeugt, dass sich vernetzte Verbraucher künftig stärker in Blogs und sozialen Netzwerken über solche Themen austauschen und entsprechend einkaufen werden. Im

Jahr 2020, prophezeit sie, werde man kaum noch ein Kleidungsstück kaufen, nur weil ein Stardesigner es trendy designt hat. Die Verbraucher werden in Zukunft viel stärker auf natürliche Fasern und Materialien achten. „Die Lust am Konsum wird nicht kleiner werden", sagt Edelkoort. „Aber er wird in andere Bahnen gelenkt, weil man selektiver einkauft. Auch der Luxus wird nicht verschwinden. Aber wir zelebrieren ihn künftig weniger ostentativ mit mehr Sinn für das Ursprüngliche."

Klamotten sind ein riesiger Markt: Laut Statistischem Bundesamt geben wir Deutschen im Schnitt 100 Euro im Monat für Bekleidung und Schuhe aus. Entsprechend gewichtig sind die weltweiten sozialen und ökologischen Belastungen. Mit enormer Kreativität, mit immer neuen Farben und Schnitten, Formen und Details bedienen die Textilhersteller und der Modehandel unsere Eitelkeit und die nimmermüde Lust auf Neues. Auf unvergleichlich smarte Weise kurbelt sie jede Saison wieder den Absatz an.

Wenn wir nur etwas bescheidener konsumieren und nicht gedankenlos jede kurzlebige Mode mitmachen würden, könnten wir bei gleichem Budget mehr Geld für hochwertige und ökologisch korrekt produzierte Bekleidung ausgeben. Das würde auch bewirken, dass die Menschen, die bis heute in Billiglohnländern unter ausbeuterischen Bedingungen spinnen und weben, gerben, färben und nähen, unsere Bekleidung endlich unter fairen Arbeitsbedingungen herstellen könnten. Und auf große Mengen gefährliche Gifte in der Produktion könnte man dann auch verzichten.

Was Design und Auswahl anbelangt, hat nachhaltig produzierte Bekleidung den Mief vergangener Tage abgestreift. Öko findet längst Einzug in Jeansmode, Casual Wear, Haute Couture und sogar in Sneakers. Anders als bei herkömmlicher Ware legen die Anbieter von Bio-Bekleidung Wert auf nachvollziehbare Herkunft, natürliche Materialien, möglichst wenig chemische Ausrüstung und faire Arbeitsbedingungen in der Kette der Erzeuger von den Bauern bis zu den Textilfabriken.

Die wichtigsten Siegel bei Öko-Bekleidung

Begriffe wie „Bio-Jeans" und „Öko-Jeans" sind nicht geschützt. Vorschriften für die Verwendung des Wörtchens „bio" gibt es nur bei Nahrungsmitteln. Achten Sie beim Kauf deshalb auf die jeweiligen Siegel und recherchieren Sie, was genau sich dahinter verbirgt. Stammt die Baumwolle zum Beispiel aus öko-zertifiziertem Anbau, die Wolle von ökologisch gehaltenen Tieren?

- **GOTS** ist die Abkürzung für *Global Organic Textile Standard* und hat die größte Verbreitung. Mehr als 2700 Unternehmen bieten ihre Kollektionen oder zumindest Teile davon konform mit diesem Standard an. Das Kleidungsstück muss zu 90 Prozent aus Naturfasern bestehen; mit Ausnahme von Sportbekleidung, die bis zu 25 Prozent synthetische Fasern enthalten darf. Doch mindestens 70 Prozent der Fasern müssen aus biologischem Anbau stammen. Zusätzlich sind die meisten schädlichen Chemikalien verboten. Bei den Farben allerdings darf Kupfer eingesetzt werden, und die Veredelung von Baumwollgarnen mit Natronlauge zur Erhöhung des Glanzes ist erlaubt; ebenso optische Aufheller. Bei Accessoires müssen Einlagen, Stickgarne oder Bänder nicht ausschließlich aus Naturfasern sein. Auch Knöpfe aus Kunststoff dürfen beispielsweise eingesetzt werden. Was soziale Kriterien anbelangt, gelten Arbeitsschutzvorschriften und Mindestlöhne in der Verarbeitung, Kinder- und Zwangsarbeit sind ausgeschlossen.

  Nachhaltig produzierte Bekleidung hat den Mief abgestreift

- **IVN-Best** heißt das Siegel des *Interessenverbands Naturtextil*, der auch eines für Naturleder anbietet. Die Anforderungen sind sehr streng und das Siegel sicher deshalb nicht so weit verbreitet. Es bescheinigt Textilien, dass sie zu 100 Prozent aus biologisch verarbeiteten Naturfasern bestehen, die aus kontrolliert biologischem Anbau und/oder kontrolliert biologischer Tierhaltung stammen. Synthetische Fasern wie Elasthan,

Polyacryl oder Viskose dürfen nur zu höchstens fünf Prozent bei Zutaten oder in Ausnahmefällen bei elastischen Stoffen eingesetzt werden, etwa bei Bündchen oder Spitze. Für den Einsatz von Chemikalien bei Herstellung und Verarbeitung gelten sehr restriktive Regeln. Gefahrstoffe, die potenziell Krebs erregen, das Erbgut schädigen, die Fortpflanzungsfähigkeit beeinträchtigen oder Kinder im Mutterleib schädigen können, sind ausgeschlossen. Auch bei der Verpackung wird auf die Umwelt geachtet: Sie darf kein PVC enthalten, und die Transportmittel und -wege müssen dokumentiert werden.

Teure Klamotten sind nicht sauberer produziert als billige

Das IVN-Best-Siegel garantiert daneben Sozialstandards und existenzsichernde Löhne für die Arbeiter von der Landwirtschaft bis zur Bekleidungsindustrie.

- **Fair Wear Foundation** ist eine Multi-Stakeholder-Initiative, die alle am Produktzyklus Beteiligten einbezieht; auch den Verbraucher. Sie will mit regelmäßigen Kontrollen die Arbeitsbedingungen in der Textilindustrie verbessern. Über die Fortschritte ihrer Mitgliedsunternehmen berichtet sie regelmäßig. Zu den Mitgliedern zählen etwa *Acne* oder *Jack Wolfskin*, *Vaude* oder *Waschbär* (www.fairwear.org).

Orientierung für ökologisch korrektes Einkaufen

Kompatibel mit etlichen Onlineshops ist das Plug-in *Avoid,* das Ware ausblendet, bei deren Produktion Kinderarbeit im Spiel ist (www.avoidplugin.com). Die Herstellerliste berücksichtigt an die 300 Namen – von *Abercrombie & Fitch* bis *Zara* (Stand Mai 2015). Das Plug-in arbeitet mit den Browsern *Safari* und *Google Chrome* und ist auch für *Firefox* geplant.
Auf der umfangreichen Website *www.futurefashionguide.com* kann man unter „Label Guide" bestimmte ökologische und soziale

Suchkriterien wie „Bio-Materialien", „eco gefärbt/gegerbt", „fair produziert", „handgefertigt" und viele mehr auswählen und erhält eine entsprechend gefilterte Liste internationaler Marken. Deren Kollektionen sind mit einem „Look Book" hinterlegt, einem Katalog des aktuellen Warenangebots, in dem man sich die Mode der Anbieter ansehen und zum Teil auch gleich bestellen kann. *ModeafFAIRe* listet Labels fair hergestellter Mode auf und verweist auf Läden von Aschaffenburg bis Wendelstein-Sorg, die fair gehandelte, ökologisch oder aus recyceltem Material hergestellte Bekleidung für Modebewusste anbieten (www.modeaffaire.de/einkaufen/).

Mode und Gifte

Seit drei Jahren kämpft die Organisation *Greenpeace,* in deren ehrenamtlichem Aufsichtsrat ich seit 2007 sitze, mit einer großen Kampagne gegen Giftchemie in Textilien. Knapp 20 große Konzerne haben sich verpflichtet, auf die Verwendung gefährlicher Chemikalien zu verzichten. Doch immer noch können sich die Verbraucher nicht sicher fühlen, wie ein neuerlicher Test von Bekleidung und Schuhen für Kinder zeigte: Mode von großen Handelsketten ebenso wie von Sportgeschäften und Edellabels ist weiterhin belastet! Dazu der Chemieexperte der Organisation Manfred Santen gegenüber der *Süddeutschen Zeitung* im Januar 2014: „Teure Klamotten sind nicht sauberer produziert als billige. Der teure Kinderbadeanzug von *Burberry* war genauso belastet wie der billige von *Primark.* Der Badeanzug von *Adidas* war am stärksten verunreinigt." Gefunden werden Weichmacher und Nonylphenolethoxylate sowie per- und polyfluorierte Chemikalien. Einige davon wirken wie Hormone, andere begünstigen Krebs, schädigen das Immunsystem und führen zu Schilddrüsenerkrankungen. Insofern betrifft es schon uns, die verehrte Kundschaft. In den Produktionsländern aber verseucht die Textilindustrie mit ihrer Chemie im großen Maßstab das Wasser und den Boden.

Lieber kein Gift auf nackter Haut

Natürlich hilft (uns) Waschen der Bekleidung vor dem ersten Tragen: 80 bis 90 Prozent der Schadstoffe gehen dabei raus – und landen im Abwasser, also irgendwann im Grund- und dann Trinkwasser. Doch bei Weichmachern und polyfluorierten Chemikalien ist das anders. Diese Stoffe sind speziell eingearbeitet, damit die Produkte lange weich und schmutz- und wasserabweisend bleiben. Wer sich genau informieren möchte, findet auf der Website *www.reach-info.de* vom Umweltbundesamt umfassendes Material dazu. Sie werden wohl kaum ab sofort alle Ihre Hosen, Jacken, Pullover, Mäntel etc. ausnahmslos in ökologischer Qualität kaufen. Doch zumindest bei Unterwäsche, finde ich, ist die Umstellung wichtig genug, weil wir die Tag für Tag direkt auf der Haut tragen. Das Nachhaltigkeitsportal *Utopia* listet unter nachhaltiger Unterwäsche zwölf Labels auf: *People Tree* zum Beispiel, *ThokkThokk* oder *kleiderhelden* (www.utopia.de).
Die Herstellung eines roten oder gelben Baumwoll-T-Shirts für fünf Euro im Laden verursacht fünf bis sieben Kilogramm CO_2-Ausstoß inklusive diverse Transporte wie die 18 000 Kilometer Flug, die es zurücklegen muss, um vom Erzeuger bis in unseren Kleiderschrank zu gelangen. Außerdem werden zum Färben oft Azofarbstoffe eingesetzt, die Krebs erzeugen können. Daneben stecken verschiedene Hilfs- und Ausrüstungsstoffe im Jersey. Sie sollen die Kleidung knitter- und bügelfrei machen, schmutzabweisend und formstabil. Während Bio-Lebensmittel in Deutschland bereits vier Prozent Marktanteil haben, liegt der weltweite Anteil von Bio-Baumwolle an der Gesamtproduktion mit 0,75 Prozent noch im Promillebereich. Statt mit Chemie wird Bio-Baumwolle mit Mist und Kompost gedüngt, und statt Monokultur über die Jahre hinweg hält man sich an das Prinzip des Fruchtwechsels; gentechnisch verändertes Saatgut darf nicht eingesetzt werden. Gefärbt und ausgestattet wird diese Baumwolle meist auch mit anderen, weniger schädlichen Verfahren.

1 Prof. Gerhard Roth, Neurologe (siehe Seite 11)

2 Eugen Drewermann, Autor (siehe Seite 13)

3 Nico Paech, Autor des Buches *Befreiung vom Überfluss. Auf dem Weg in die Postwachstumsökonomie* (siehe Seite 27)

4 Leopold Kohr (1909–1994), österreichischer Ökonom (siehe Seite 30)

5 Rupert Sheldrake, britischer Autor und Biologe (siehe Seite 30)

6 Carlo Petrini, Gründer der Slow-Food-Bewegung (siehe Seite 41)

7 Hanni Rützler, Mitverfasserin des *Food Report* (siehe Seite 51)

8 Wolfgang Reiter, Mitverfasser des *Food Report* (siehe Seite 51)

9 Camilla Plum, Koryphäe in Sachen Nordic Cuisine und Fusion Food (siehe Seite 52)

10 Kille Enna, eine meiner „Lehrmeisterinnen" beim Thema Gewürze (siehe Seite 52)

11 Rosa Wolff, Münchner Food-Journalistin (siehe Seite 62)

12 Rob Hopkins, Begründer der Bewegung „transition towns" (siehe Seite 67)

13 Der *Prinzessinnengarten* in Berlin (siehe Seite 67)

14 Dr. Christa Müller, Unterstützerin der Urban-Farming-Bewegung (siehe Seite 67)

15 Valentin Thurn, Drehbuchautor, Regisseur und Produzent des Films *Taste the Waste* (siehe Seite 93)

16 Martine Postma, Gründerin des *Repair Café* in Amsterdam (siehe Seite 102)

17 Der „Drecksack" von der Schweizer Einzelhandelskette *Migros* (siehe Seite 122)

18 Lidewij Edelkoort, Trendforscherin (siehe Seite 123)

19 Anna Schweisfurth, Gründerin des Öko-Modelabels
    YUBI (siehe Seite 132)

20 Helgo von Meier, Architekt (siehe Seite 143)

21 Alexander Hagner, Architekt (siehe Seite 150)

22 Christoph Langscheid, Geschäftsführer und Mitbegründer
der *Stiftung Edith Maryon* (siehe Seite 151)

23 Ole Scheeren, Architekt (siehe Seite 158)

24 Sergej Kusnezow, Chefarchitekt der Stadt Moskau (siehe Seite 158)

25 Rachel Botsmann, australische Konsumexpertin (siehe Seite 162)

26 Jeremy Rifkin, US-amerikanischer Ökonom (siehe Seite 163)

27 Anton Dapont, der Bio-Schweine, -Rinder und -Lämmer „verleast" (siehe Seite 168)

28 Christian Gelleri, Erfinder der Alternativwährung *Chiemgauer* (siehe Seite 174)

29 Katja Sterzenbach, Achtsamkeitscoach (siehe Seite 221)

Daunen, Seide und Pelz

In herkömmlich produzierten Daunenjacken und -mänteln stecken Federn von Tieren, denen man sie bei lebendigem Leib ausgerupft hat. Das geht am schnellsten. Außerdem wachsen die Federn nach, was eine weitere „Ernte" ermöglicht. Stellen Sie sich das bitte vor: Man bindet Beine und Flügel der Vögel zusammen und reißt ihnen die fest sitzenden Federn von Hals, Brust und Rücken aus. Oder man treibt die Tiere in mechanische Rupfmaschinen. Blutende Wunden werden nach dieser Folter ohne Betäubung vernäht. Dass man – einmal abgesehen von der Todesangst – den Tieren mit der Prozedur einen Flügel bricht und manche nicht einmal überleben, nimmt man hin. Die Profitgier hat Vorrang. Laut Schätzungen der Tierschutzstiftung *Vier Pfoten* (www.vier-pfoten.de) stammen 80 Prozent aller Daunen aus derart brutal arbeitenden Farmen. Sie sitzen vorwiegend in Ungarn, Polen, Frankreich und China. Daher: Vorsicht bei der Auswahl! Was Sie kaufen, bestimmt, wie die Tiere leben und sterben – bei uns und in fernen Gegenden der Welt.

> *Wie die Pelzproduktion aussieht, wissen oder ahnen wir alle*

Auch für Seide müssen Tiere ihr Leben lassen. Um die Kokons der Seidenspinner nutzen zu können, werden sie in einem heißen Wasserbad getötet. Bei Wildseide dürfen die Schmetterlinge den Kokon durchstoßen und schlüpfen. Aber diese Seide ist nicht so fein wie das Produkt, für das die Tiere sterben müssen.

Wie die Pelzproduktion aussieht, wissen oder ahnen wir alle. Aber am liebsten verdrängen wir es, weil das Fellchen so weich und warm und der Anorak damit umso kuscheliger und schmeichelnder ist. Man könnte meinen, für solche Details würden nur Ränder oder Reste verarbeitet, doch weit gefehlt: Eigens dafür lassen unter entsetzlichen Umständen gehaltene Tiere massenhaft ihr Leben – sehr oft Marderhunde in China. Es ist *ihr* Mantel, den wir da als Mützenbommel, Kapuzenumrandung oder Futter tragen.

Upcycling beim Outfit

Um Mode aufzuhübschen, braucht man kein Fell; weder für den Mützenpuschel noch für den Kapuzenrand: Upcycling heißt der Trend zum Schutz der Kreatur. Dabei werden alte Teile kreativ aufgepeppt. Vor allem in Berlin gibt es ein gutes Dutzend Jungdesigner, die sich diesem Thema widmen – etwa Eugenie Schmidt und Mariko Takahashi. Mit ihrer Secondhand-Modemarke *Schmidttakahashi* verhelfen sie Textilien zu einem „Second Life". Sie zerlegen alte Einzelteile und setzen sie überraschend modisch neu zusammen. Wer ein Teil spendet, kann auf der Homepage sehen, was daraus entstanden ist (www.schmidttakahashi.de). Das Label *Bis es mir vom Leibe fällt* gestaltet Kleidung, Accessoires und Schmuck um (www.bisesmirvomleibefaellt.com), während die Marke Label *Aluc* (upcycling-fashion.de) in der Produktionskette einen Schritt zurückgeht. Gearbeitet wird dort mit „pre-consumer waste", also Verschnitt, Musterteilen und Rollen- und Ballenenden. Weil solches Material üppiger vorhanden ist, können sie mit ihren Teilen sogar in Serienproduktion gehen. Inspirationen geholt haben sich die drei Modedesignerinnen Luise, Arianna und Carina unter anderem beim Londoner Upcycling-Label *From Somewhere* (www.fashiontrendscout.com), bevor sie im November 2011 loslegten. Ihre Hemden und Tops verkaufen sie in sechs Läden in Deutschland und Österreich, etwa im eigenen Shop *Upcycling Fashion Store* in der Anklamer Straße 17 in Berlin-Mitte. Neben anderer Upcycling-Mode und Accessoires gibt es Mode zum Beispiel von *ReClothing, Milch, Globe Hope* oder *GoodOne*.
Etwas Besonderes ist der Upcycling-Schmuck von *OldGold*. Designerin Frida Grubba macht aus leeren Kaffeekapseln Armbänder, Ketten und Ohrringe. 30 Modelle in 16 Farben vertreibt sie in zwei Berliner Läden und online unter *www.oldgoldberlin.de*. Man trägt das natürlich auch, um den Wegwerfwahnsinn der *Nespresso*-Fans zu geißeln. Zugegeben, die Farben sind wirklich sehr schön – zu schade zum Wegwerfen (nur online: *www.oldgoldberlin.de*).

Der Naturtextilanbieter *Hessnatur* hatte die Idee zu einer Öko-Kooperative mit der Modehochschule *Esmod*. 13 Studenten des internationalen Masterstudiengangs verarbeiteten unter dem Motto „Sustainability in Fashion" Restposten aus dem Lager von *Hessnatur*. Siegerin wurde die Kanadierin Anita Heiberg mit einem Trenchcoat, den sie auch ihm Rahmen der Berliner *Fashion Week* 2014 präsentierte. Ethisch korrekte Mode ist längst auf dem Laufsteg angekommen. Die *Ethical Fashion Show* findet seit 2011 nicht nur in Paris, sondern auch in Berlin statt.

Manche Ideen sind leicht umzusetzen; etwa im Ansatz die der Puertoricanerin Zaida Adriana Goveo Balmaseda (balmaseda.com), die heute in New York lebt und Garn aus getragenen Textilien herstellt. Sie zerschneidet Baumwollstoffe, färbt sie mit Pflanzenextrakten und macht neues Garn daraus. Aus den Textilstreifen strickt sie neue Kleidung. Das kann man mit alten T-Shirts selbst machen: in Streifen schneiden, stretchen und daraus neue Teile häkeln oder stricken. Eine Anleitung dazu gibt es unter *Instructables: www.instructables.com/id/Upcycling-T-Shirt-2-Yarn*. Weitere Do-it-yourself-Anregungen finden sich in einem Buch der britischen Journalistin Henrietta Thompson: *Mach neu aus alt – Kleidung und Accessoires* oder im *Brigitte*-Blog „Stylenotes".

Eine smarte Art, Gebrauchtmode zu nutzen, ist das Leihen. Verleihplattformen sind zum Beispiel *www.rentabag.de* für Taschen, *www.modeopfer110.de* und *www.laremia.com*. Wenn es ein kleines Schwarzes oder ein anderer Klassiker sein soll, helfen *www.pretalouer.de* und *dresscoded.com* weiter. Der Automobilhersteller Audi plant laut dem Magazin *Wirtschaftswoche* ein Carsharing-Konzept für Luxuskarossen: Je drei Nutzer sollen sich einen *Audi R8* ein Jahr lang teilen. Warum also nicht auch edle Abendkleider, teure Mänteln und Taschen leihen? Das ist sinnvoll gerade in dem hohen Preissegment und bei Artikeln wie einem langen Abendkleid, das man im Leben vielleicht dreimal trägt, das aber nur einmal passt. Und es muss in Gesellschaft halt immer etwas Neues sein, auch wenn es was Altes ist! Vermutlich hat der Sharing-Gedanke auch im privaten Rahmen eine große Zukunft. Neu ist das nicht, denn schon früher hat man einander edle Stücke geborgt.

Interview mit Anna Schweisfurth: „*Öko-Mode ist mein Beitrag für eine bessere Zukunft*"

2010 hat meine Tochter Anna Schweisfurth (siehe Abb. 19) das Öko-Modelabel *YUBI* gegründet (www.yubi-mode.de). Von Anfang an verarbeitete sie ökologische Textilien. Der Beginn war sehr mühsam. Die Branche ist gerade erst am Anfang, und gute ökologische Materialien zu finden – insbesondere ausgefallene Stoffe – war sehr schwierig. Um der Hetze in der Modebranche mit ihren ständig wechselnden Trends zu entgehen, arbeitet sie möglichst saisonunabhängig. Eine Kollektion umfasst jeweils 15 bis 20 Teile: Jeans, Röcke, Jacken, Hosen, Sakkos und Mäntel für Frauen und Männer. „Die Jeans ist das Herzstück; ich nähe sie für meine Kunden nach Maß." Ich selbst habe mir von Anna einen petrolfarbenen Anzug aus Bio-Cord schneidern lassen – im Stil der 70er-Jahre, mit rotem Seidenfutter. Ein starkes Ding.

Anna, warum hast du dich entschieden, Öko-Mode zu designen und herzustellen?
Dass ich ausschließlich mit ökologischen Materialien arbeiten möchte, stand für mich schon immer fest. Darin sehe ich meinen persönlichen Beitrag für eine bessere Zukunft. Zusätzlich sind ökologische Materialien meiner Meinung ein „simples" Qualitätsmerkmal, eine klare Positionierung.

Wie gehst du beim Einkauf der Materialien vor?
Beim Stoffeinkauf achte ich prinzipiell auf den *Global Organic Textile Standard* (GOTS). Dieser deckt die gesamte textile

Produktionskette ab und kontrolliert den biologischen Anbau der Rohstoffe ebenso wie die Einhaltung sozialer Richtlinien in den beteiligten Betrieben. Dennoch bleibt in Sachen Textilsiegel noch einiges zu tun. Volle Transparenz ist schwer zu erreichen. Im Vergleich zu Lebensmitteln durchläuft Kleidung bei der Herstellung sehr viel mehr Stationen.

Lassen sich Öko-Materialien anders verarbeiten? Wenn ja, wie, auf was gilt es zu achten?
Nein. Die ökologische Baumwolle, das Leinen, die Seide und Wolle, die ich verwende, werden wie konventionelle Materialien verarbeitet. Einige Stoffe haben einen geringen Anteil Elasthan. Bio-Stoffe in hoher Qualität zu beschaffen stellt mich gelegentlich vor eine Herausforderung.

Sind deine Schnitte grundsätzlich klassischer, weil sie länger modisch sein sollen?
Ja, zumindest die meisten. Das entspricht aber zugegebenermaßen auch meiner eigenen Vorstellung von gutem Design. Mit bestimmten Kunden wage ich aber auch Ausgefalleneres.

Zum Beispiel?
Das hängt von der Fantasie und dem Mut der Kunden ab. Entwurf und Farbe sind nicht immer klassisch. Es kann ein grüner Anzug oder ein himbeerfarbenes Kleid mit Schärpe sein.

Was sind die Vorteile beim Tragen?
Gerade die Teile, die man direkt auf der Haut trägt, vermitteln ein besonders angenehmes Tragegefühl. Darüber hinaus glaube ich, dass es der Trägerin oder dem Träger ein positives Gefühl vermittelt, ein auf ganzer Linie gutes Teil zu tragen. Der psychologische Effekt des fairen Produkts spielt bestimmt auch eine Rolle beim Tragen. Bei meinen Kunden kommt hinzu, dass wir

die Kollektionsmodelle an individuelle Bedürfnisse anpassen und ihnen natürlich eine optimale Passform geben.

Wo lässt du produzieren? Von wem?
In München. Von mir und meinen Mitarbeitern. Nur meine Basic-Kollektion, eine T-Shirt-Kollektion mit fünf verschiedenen Shirts für Damen, habe ich in der Türkei von einem GOTS-zertifizierten Betrieb fertigen lassen: Baumwollanbau, Stoffherstellung, -färbung und -verarbeitung kommen hier aus einer Hand, was maximale Transparenz für mich und meine Kunden bedeutet. Die Shirts haben einen sehr fein gewirkten Baumwollstoff und fühlen sich wunderbar an auf der Haut. Außerdem gibt es sie in schönen sommerlichen und klassischen Farben.

Warum keine Fabrik in Bangladesch?
Die Zustände in vielen Fabriken in Bangladesch sind äußerst bedenklich, und die internationalen Modebrands und -firmen sollten die Verantwortung dafür nicht von sich weisen dürfen. Aber ich halte es für ungerecht, den Produktionsstandort und seine Menschen pauschal zu verteufeln, was vielfach geschieht. Die Menschen dort sind schlicht darauf angewiesen, dass Unternehmer in ihrem Land investieren. Lieber haben die natürlich Investoren im Land, denen es nicht nur darum geht, so billig wie möglich zu produzieren.

Wo findest du Inspiration?
Ich lasse mich vom Alltag, auf Reisen und von meinen Kunden inspirieren. Die Ideen kommen mir spontan und werden meistens gleich umgesetzt.

Was ist von dem Hype des Upcycling zu halten?
Ich halte es für eine gute und wichtige Idee, weil es das Bewusstsein der Konsumenten verändert. Denn es wird viel zu viel

Kleidung weggeworfen, und das ist natürlich das Gegenteil von nachhaltig. Allerdings glaube ich, dass es sich nur im privaten Bereich und bei kleineren und exklusiveren Modelabels durchsetzen wird. Aus unternehmerischer Sicht ist es, wie ich so höre, kaum rentabel, Textilien im größeren Maßstab zu recyceln. Der Aufwand ist für die wahrscheinlich zu geringe potenzielle Kundenanzahl zu groß.

Was sind generell die aktuellen Trends und Initiativen in Sachen nachhaltiger Mode?
Ich finde es toll, dass die Firma *ReSales* eine Möglichkeit gefunden hat, unser Konsumbedürfnis zu stillen, ohne neue Ressourcen dafür zu verbrauchen. Ein weiterer Trend ist vegane Mode. Da wird es dann aber schnell knifflig: kein Leder, keine Seide, keine Wolle, keine Hornknöpfe usw. Wir haben auch ohne das genug wichtige Baustellen und neue Ideen wie natürliche Färbung ohne Gift, Alternativen zur Gerbung mit Chrom oder ökologische Druckverfahren.

Die Zukunftsforscherin Li Edelkoort erwartet, dass die Menschen um 2020 sehr viel mehr auf natürliche Materialien und Ursprünglichkeit achten und sich Kleidung auch via Facebook & Co. teilen werden. Siehst du das auch so?
Ich hoffe, dass Frau Edelkoort recht behalten wird. Manchmal habe ich das Gefühl, wir sind bereits auf einem guten Weg. Ich fürchte allerdings, wenn man sich wie ich für das Thema nachhaltige Mode interessiert, sieht man automatisch überall relevante Berichte, hört von tollen Projekten und interessierten Kunden. Wenn man sich einmal außerhalb des eigenen Dunstkreises bewegt, merkt man plötzlich, dass das Bewusstsein um die Problematik der Modeindustrie doch noch nicht in der Mitte der Gesellschaft angekommen ist – und schon gar nicht bei den großen Billigherstellern und -händlern.

„Reuse, repair, recycle" ist der Leitsatz des Herstellers *Patagonia*. Ist die Aussage glaubwürdig? Wer prüft das?
Wenn sich große Unternehmen wie *Patagonia* um Nachhaltigkeit bemühen, wird ihnen schnell Greenwashing vorgeworfen, wenn sie nicht gleich komplett öko-korrekt arbeiten. Viele reden besser gar nicht über ihre guten Taten, weil sie ständig Angst vor kritischen Journalisten haben. Patagonia hat diese Angst offensichtlich nicht. Es gibt natürlich immer noch plumpes Greenwashing, zum Beispiel durch irreführende Werbung: Nehmen wir diesen ganzen Hype um die angeblich so natürliche Merinowolle, die unter äußerst tierquälerischen Bedingungen gewonnen wird, weil die Schafe unter heftigen Schmerzen bis ins Fleisch hinein geschoren werden, um einer bestimmten Fliege keinen Lebensraum zu geben (das sogenannte *Mulesing*). Aber ich möchte doch im Prinzip an den Willen großer Unternehmen glauben, etwas zu ändern, was wirklich nicht einfach ist und deshalb nicht schnell geht. Patagonia scheint mir ein sehr positives Beispiel zu sein. Dass Daunen verwendet werden, die den Gänsen nicht bei lebendigem Leib ausgerupft werden, sondern von toten Tieren stammen, halte ich für glaubwürdig, da das unabhängig kontrolliert wird. Dabei ist Patagonia übrigens sehr transparent und räumt Fehler in der Vergangenheit ein.

Auch die ersten großen Textilketten schließen sich der Nachhaltigkeitswelle an, etwa *Esprit* und *H&M*. Sie bieten in ihren Läden die Möglichkeit, abgelegte Ware zum Recycling abzugeben. Was hältst du davon?
Meiner Erfahrung nach wird dieses Thema intern sehr stiefmütterlich behandelt und kommt bei den wenigsten Kunden wirklich an. Trotzdem finde ich es gut, dass auch Discounter, die ja angesichts der Textilmüllberge eine große Mitverantwortung an der massiven Ressourcenverschwendung tragen, gezwungen werden, wenigstens in Ansätzen ökologisch zu denken und zu handeln.

Bauen und Wohnen: zukunftsfähig bis ins Detail

Ressourcenschonendes Bauen ist ein gutes und wichtiges Ziel, und inzwischen gibt es dafür wirklich interessante Projekte. Hier geht es mir nicht nur um ökologisches Bauen, sondern auch um wegweisende Trends für das Zusammenleben von morgen.

Vorreiter Freiburg

Die Stadt Freiburg war schon immer sehr fortschrittlich. Bereits in der Mitte der 80er-Jahre gab es dort eine zukunftsweisende ökologische Szene, dort entstanden die ersten Bio-Märkte überhaupt, wurden alternative Wohnkonzepte zum Gesprächsthema. Daher verwundert es nicht, dass im Stadtteil Vauban versucht wird, ohne Auto auszukommen und zu Fuß zu gehen oder mit dem Rad zu fahren. Wer von den 5500 Einwohnern Vaubans trotzdem nicht ohne Pkw leben möchte, beteiligt sich am Carsharing. Selbstverständlich ist es nicht verboten, ein Auto zu besitzen; nur gibt es außer den 200 Bezahl-Parkplätzen auf der Hauptverkehrsstraße (mit 30-km/h-Limit die „Schnellstraße" von Vauban) keine Möglichkeit, es einfach abzustellen. Autobesitzer müssen einen teuren Stellplatz in einer von zwei Sammelgaragen kaufen. Doch die meisten Bewohner verzichten gerne darauf, weil sie finden, dass es die Lebensqualität steigert. Sieht man die ungestört auf der Straße spielenden Kinder, versteht man sofort, woran das liegt. Doch nicht nur die Verkehrskonzepte und die Energiesparhäuser machen Vauban so attraktiv: Man merkt dem Viertel an, dass es nicht auf dem Reißbrett entstanden ist. Viele engagierte Bewohner haben es zusammen Stück für Stück entwickelt und hier ihre Visionen vom Bauen und Wohnen in die Tat umgesetzt.

Freiburg ist für öko-revolutionäre Ideen ein fruchtbarer Boden: So entstand dort 1986 im Rahmen der Landesgartenschau die Ökostation: An einen kleinen Hang gekuschelt, liegt das ökologische Modellhaus (das Umweltbildungszentrum) aus Lehm. Es ist zur

Hälfte in die Erde gebaut, während die andere Hälfte herausragt und mit einem riesigen Panoramafenster in die Natur schaut. Unverkleidete Stämme von Schwarzwaldtannen tragen das kuppelförmige, pflanzenbestandene Dach, auf dem Karthäusernelke, Färberkamille und Hauswurz blühen. Das ist wie ein Bau von einem Tier, dachte ich, als ich die Ökostation das erste Mal besichtigte. So muss sich ein Fuchs oder ein Maulwurf fühlen. Ich war begeistert und bin es bis heute. Irgendwann, denke ich, werde ich so eine Höhle für mich nachbauen.

Unter der Erde gelegene Räume muss man nur sehr wenig heizen. Die Ökostation nutzt dafür Erd- und Sonnenenergie. Das war in den 80er-Jahren, als man sonst nur billig mit Beton baute, superinnovativ; ebenso die Entwürfe des Tübinger Architekturbüros *LOG ID* von Professor Dieter Schempp. Seine grünen Glashäuser werden mit Sonnenenergie beheizt.

Noch intensiver arbeitete der Freiburger Architekt Rolf Disch mit der Strahlung der Sonne. Er hatte bereits zu meiner Freiburger Zeit die *Tour de Sol* initiiert, ein Rennen mit Solarautos, und ein ganz besonderes Haus entwickelt, das sogenannte *Heliotrop*. „Heliotrop" setzt sich zusammen aus dem griechischen Wort *helios* (Sonne) und einer Form des Verbs *trepein* (wenden). Es bezeichnet sonst Pflanzen, deren Blüten und Blätter sich nach der Sonne hin ausrichten. Diesem Prinzip gehorcht auch Dischs 1994 erbautes Haus. Es folgt ebenso wie heliotrope Pflanzen dem Lauf der Sonne und dreht sich computergesteuert um eine 14 Meter hohe zentrale Säule, in der sich eine Wendeltreppe windet und um die herum die Räume angeordnet sind. Dank der cleveren Ausrichtung zur Sonne hin können die Solarkollektoren das Sonnenlicht optimal einfangen. Auch die Beschattung ist perfekt geregelt: Immer wendet das Gebäude seine verglaste Hälfte der Sonne zu, im Sommer bei Bedarf aber die fast fensterlos gebaute mit starker Wärmedämmung. Der Effekt: Im Winter spart man Wärme und Heizkosten, im Sommer ist es hübsch kühl.

Das Heliotrop ist genial und hat alles eingebaut, was es seinerzeit an Umwelt- und Energiespartechnik gab. Sein Energie-Output liegt fünfmal höher als der Verbrauch! Verantwortlich dafür sind einerseits die Fotovoltaikmodule auf dem Dach, andererseits eine in Geländern und Blenden integrierte Thermo-Solaranlage mit Vakuumröhren. Diese heizen das Haus und versorgen es mit Warmwasser. Es gibt eine Regenwasserzisterne und eine Trockenkomposttoilette. Das Abwasser wird in einer Schilf-Kläranlage gereinigt. Heute ist all das schon gängige Technik, aber vor 17 Jahren standen alle staunend davor! Insgesamt wurden nur drei solche „Sonnen-Wendehäuser" gebaut. Heute konzentriert sich Disch auf sogenannte Plusenergiehäuser ohne Drehtechnik; das „Plus" steht dafür, dass auch sie mehr Energie erzeugen, als sie verbrauchen. Plusenergiehäuser sind heute fast schon zur Normalität geworden, auch durch die neuen klugen elektronischen Schaltungen zur Regelung des Eigen- und Fremdstromes. Das habe ich auch in meinem Buch *Bewusst anders* beschrieben, das ich 2012 veröffentlicht habe.

> *Das ewige „Höher, schneller, weiter, mehr" funktioniert nicht mehr*

Spannend und immer noch zeitgemäß sind auch die Kugelhäuser von Horst Mallmann. Der Kölner Architekt entwickelte mit seinem Projekt *Oasis 1* ein Kugelhaus aus Brettschichtholz und Leimbindern mit einer Kunststoffhülle ähnlich jener der Münchner Allianz-Arena, das im Jahr 2007 in Irland gebaut wurde. Die Mauern eines innen liegenden Versorgungsschachts sind massiv und beheizt, sodass man es von hinten warm hat und vorne in die Landschaft und weit in den Himmel blicken kann.

Ähnlich sieht das 2001 eröffnete *Eden Project* in St Austell in Südengland aus (www.edenproject.com). Nach einer Idee des Archäologen und Gartenliebhabers Tim Smit sowie des Architekten Jonathan Ball wurden äußerlich an Schaumblasen erinnernde Gewächshäuser in eine stillgelegte Kaolingrube gebaut. In jeweils vier ineinander übergehenden Kuppeln werden mit tropisch feuchten, subtropisch trockenen und mediterranen Klimazonen verschiedene Vegetationszonen simuliert. Eine Million Pflanzen, vor allem Nutzpflanzen, finden sich auf dem 50 Hektar umfassenden Areal. In Führungen und auf Schaubildern wird den Besuchern erklärt, welche Bedeutung die Pflanzen für die Umwelt und die Menschheit haben. Das ganze Projekt hat einen bewahrenden und lehrenden Auftrag und vertritt eine Philosophie, die Reducing, Recycling und Composting großschreibt und alles Neue in Recyclingqualität nachkauft.

Minihäuser

Das unentwegte „Höher, schneller, weiter, mehr" funktioniert nicht mehr. Wohnraum ist heute kaum noch finanzierbar. Das befeuert natürlich den Trend, nicht groß, sondern klein zu bauen und Flächen optimal auszunutzen; auch vor dem Hintergrund des weltweiten Megatrends der Urbanisierung, der städtischen Wohnraum immer knapper werden lässt.
Wir müssen und wollen nachhaltiger leben und mit geringerem Energie- und Materialeinsatz bauen. Sparsamer, aber intelligenter. Ein Dutzend Firmen haben sich auf den Bau von Minihäusern spezialisiert. Etliche arbeiten mit Recyclingmaterial. Die Kosten der 8 bis 75 Quadratmeter großen Häuser liegen zwischen nur 20 000 und 100 000 Euro (Adressen, Modelle und Gebrauchthäuser zum Beispiel unter *tiny-houses.de* oder *www.bow-wow.jp*). Die deutsch-britische Firma *Ecospace* stellt schlichte 15 bis 28 Quadratmeter große Studios mit Gründach, solider Dämmung und dreifach verglasten Fenster her. Das Häuschen ist in nur acht Tagen aufgebaut und kostet bis zu 50 000 Euro (www.ecospacestudios.de).

Plusenergiehäuser sind heute fast schon Normalität

Aus der Wohnraumnot eine Tugend macht die Vermögensverwaltung *Presto 46*. Sie baute in Berlin das Studentendorf *EBA 51* – aus ausgemusterten Frachtcontainern. Für einen 26 Quadratmeter großen Singlecontainer – aufgeteilt in Schlaf-, Wohn- und Arbeitsbereich inklusive Flur, Küche und Bad – verlangt der Bauherr 389 Euro Miete. Enthalten sind Strom- und Wasserkosten, Heizung und Internet. Und weil Container per se modular sind, lassen sie sich auch zu Wohngemeinschaften für mehrere Personen kombinieren. Zwölf Wohnungen wurden zum Semesterstart im Herbst 2014 eröffnet, weiß die *Welt am Sonntag* und schreibt, dass die Anlage nach Abschluss aller Baumaßnahmen 300 Wohneinheiten umfassen soll.

Auch wer als Mieter ressourcensparender wohnen möchte, hat viele Möglichkeiten: Wer Strom und Heizwärme spart, hilft der Umwelt und dem eigenen Geldbeutel. Gute Tipps rund um das Thema hält die Homepage *www.energiesparen-im-haushalt.de* bereit. Dort geht es aber auch um Themen für Eigentümer – von selbst erzeugtem Strom bis zum Passivhausbau. Alternativen zur Dämmung mit Styropor- und anderen Kunststoffplatten und der gesundheitsgefährdenden Steinwolle werden aufgezeigt.

Ökologisch dämmen und heizen

Anders als etwa Steinwolle dämmt Thermohanf ohne Bindemittel, das sich ohnehin mit der Zeit lösen könnte. Hanfdämmplatten wie beispielsweise die von dem Hersteller *Hock* halten Räume im Winter nicht nur kuschelig warm, sie sorgen im Sommer auch für angenehme Kühle. Insbesondere für die moderne und ökologische Sanierung von alten Bauernhöfen oder Häusern sehen sich mehr und mehr Bauherren nach alternativen Baustoffen um.

Aber auch manche Mieter nutzen ökologische Neuheiten in Sachen Baumaterialien und entscheiden sich etwa für eine Innendämmung mit Lehmverputz und Wandheizung. Die Vorteile: Man hat ein frisches und angenehmes Raumklima, der Lehm bindet Feinstaub und reguliert die Luftfeuchtigkeit konstant. Anbieter ökologischer Baustoffe findet man etwa unter *www.oekologisch-bauen.info* oder *www.natuerlich-bauen.de*.

Als wir in Sonnenhausen 2012 diverse Wohnungen und das Bauernhaus renovierten, arbeiteten wir nicht mit solchen Materialien, bauten aber eine von Henning Großeschmidt entwickelte und nach ihm benannte „Heizung" ein. Er hat eine revolutionäre Art der Temperierung entwickelt: Heizkörper oder aufwendige Fußbodenheizungselemente gibt es dabei nicht. Das System ist technisch unglaublich einfach: Lediglich zwei Kupferrohre – wie üblich Vorlauf und Rücklauf – werden oberhalb der Sockelleisten unter Putz in die Außenwände eingebaut. Deren Wärme heizt nicht nur die gesamte Wand, sondern trocknet sie auch langsam aus. Wir haben also neben der angenehmen Strahlungs- statt der Luftwärme den Effekt, dass der K-Wert (Isolierfähigkeit) der alten Wände enorm zunimmt und wir damit bis zu 40 Prozent der Heizenergie einsparen können.

Von Isolierung mit Dämmstoffplatten halte ich gar nichts. Keiner weiß, wie das Material altert, und feuergefährlich ist es auch. Da war mir für unser Vorhaben die Lösung nach Großeschmidt, die „temperierte Gebäudehülle", wesentlich sympathischer, die mein Architekt von Meier (siehe Abb. 20) vorgeschlagen hat.

Die spezielle Herangehensweise von Helgo von Meier und seinem Büro ist es, eine „Haltung" zu definieren, wie er das nennt. Das heißt für ihn, dem Altbau Respekt zu erweisen, indem man die Gegebenheiten nutzt, und nachhaltige Lösungen beim Bauen neuer Häuser zu finden. Hier folgen seine wichtigsten Tipps für das Sanieren alter Gemäuer (Bausubstanz hier schon ab den 1980er-Jahren!) und die Planung neuer Objekte.

Helgo von Meiers Tipps für Sanierungen

1. **Haltung:** Um seine „Haltung" zu einem Haus oder anderen Objekt zu finden, muss man seine Wahrnehmung schulen für die Geschichte und die Substanz des Objekts und andererseits seinen Fokus auf die Menschen legen, die darin wohnen sollen, und deren Bedürfnisse. So findet man heraus, welche Bauteile erhaltenswert sind. Daneben untersucht man, ob die Statik in Ordnung und die Substanz gesund ist oder etwa Giftstoffe verborgen sind. Ein Beispiel: Bei einem Haus am Schliersee aus den 1970er-Jahren stellte sich die Frage, ob man es für einen Neubau abreißen sollte oder eine andere Lösung finden konnte. Alle anderen Architekten rieten zum Abriss, aber wir empfahlen, das Haus zu belassen, weil seine Substanz gesund war und es sich gut ins Dorfbild einpasste. Wir schlugen, weil der Bauherr geräumiger wohnen wollte, einen Anbau in der bereits vorgegebenen Form des Hauses vor. Ein anderes Beispiel: In Sonnenhausen gab es eine Reithalle. Da der Gutshof heute als Tagungshotel genutzt wird und keine Gäste mit Pferden hat, war es am sinnvollsten, der Halle eine diesem Rahmen gemäße Nutzung zu geben. Das Gebäude wurde unter Erhaltung des wunderschönen Tragwerks des Dachs renoviert und umgenutzt. Sie dient nun als Veranstaltungsraum für Feste, Konzerte, Tagungen, Märkte und Hochzeiten und beherbergt Seminarräume. Ein Altbau muss manchmal mit der Zeit gehen und sich den Bedürfnissen seiner Besitzer anpassen.

2. **Charakter:** Ein Altbau sollte seinen Grundcharakter bewahren dürfen. In unseren Augen soll ein Altbau aber nicht wie ein reines Denkmal erhalten werden, sondern mit Leben gefüllt sein. Dazu muss mit jedem Detail eine liebevolle

> *Man sollte Abstand von einem Standard nehmen und stattdessen individuelle Lösungen suchen*

Auseinandersetzung stattfinden, bei der man Stück für Stück klärt: Erhalten oder beseitigen oder ändern oder ergänzen?

3. **Auswahl des Materials:** Es geht nicht um das Nachahmen eines alten Stils, sondern darum, positive Aspekte weiterzuentwickeln. Auch bei der Wahl von Baustoffen und jeglicher Ausstattung gilt es, eine Haltung mit Respekt gegenüber dem Bestand zu entwickeln und zu verstehen, wie die Materialien verarbeitet und bei der Entstehung im Gebäude eingesetzt worden sind. Wir haben prinzipiell zwei Wege bei der Auswahl der Materialien: entweder die Substanz homogen ergänzen oder etwas Neues als Kontrast dagegensetzen. Ein Spaziergang in der näheren Umgebung, mit offenen Sinnen, hilft dabei, in einer Synthese aus allen Aspekten ein schlüssiges Konzept zu entwickeln; ähnlich wie bei der Spurensuche, mit der der Architekt den Charakter des Altbaus herausarbeitet. Wir legen uns nicht starr auf etwas Bestimmtes fest, beachten aber, was lokal vorhanden ist. Bei uns in den Voralpen bieten sich zum Beispiel Lärchen- und Fichtenholz an oder heimisches Material wie Stein und Lehm. Vor allem in der Stadt spielt der Grad der Transparenz der Bauten eine wichtige Rolle. Glas öffnet den Raum zur Straße und zur Öffentlichkeit; verputztes Mauerwerk schafft einen klaren Abschluss und blendet die Außenwelt aus.

   Ein Altbau muss sich den Bedürfnissen seiner Besitzer anpassen

4. **Erhalten, nicht zerstören:** Es ist eine wichtige Regel für den Altbau, nicht zu viel zu reparieren, weil das dazu führen würde, dass der ursprüngliche Charakter verloren geht. Man sollte Abstand von einem Standard nehmen und stattdessen individuelle Lösungen suchen. In den Köpfen vieler Menschen gibt es eine Norm und Vorstellungen vom Status (zum Beispiel: Wer Porsche fährt, der hat's geschafft). Wir suchen Lösungen abseits des Status, die eine eigene persönliche Qualität besitzen.

Helgo von Meiers Tipps für Neubauten

1. **Haltung:** Auch beim Neubau definieren wir zunächst eine Haltung: Wie sind das Grundstück und seine Lage beschaffen? Wie sieht die Umgebung aus, in die sich das Haus mitsamt seiner Nutzung einfügen soll? Welche Menschen sollen es bewohnen, was zeichnet sie aus, was sind ihre Vorlieben? Jemand, der gerne kocht, blickt vielleicht gern aus der Küche in den Garten auf seine Gemüse- und Kräuterbeete ... Auch bei diesen Überlegungen sollen im Vordergrund nicht Aspekte des Status stehen, sondern die Bedürfnisse und Wünsche der Menschen. Der Bau soll auf etwas abzielen, das der Bauherr liebt. Er soll von den industriellen Produkten und Materialien unserer Zeit unabhängig und damit frei entwickelt werden. Den Anforderungen entsprechend wählt und kombiniert man die Materialien intelligent. Man sollte abseits der starren und engstirnigen Kategorien der Bauindustrie planen. Denken Sie also nicht isoliert in „Massivbau", „Holzständerbau" oder „Fertighaus", sondern machen Sie sich die Mühe, aus dem vorhandenen Angebot an intelligenten Lösungen und Materialien eine maßgeschneiderte Lösung zu entwickeln. Massive Bauteile aus Stein oder Beton speichern aufgrund ihrer großen Dichte sehr gut Wärme und sind stark auf Druck belastbar, dämmen aber weniger gut. Leichte Bauteile aus Holz dämmen gut, speichern aber die Wärme schlecht und sind wiederum mit wenig Aufwand herzustellen. Kombiniert man schwere, massive Bauteile im Inneren eines Hauses (tragende Innenwände und/oder Decken, Schornsteine, Versorgungs- oder Liftschächte, Öfen ...) mit einer gut dämmenden Hülle in Holzbauweise, erhält man ein hervorragendes Raumklima und ein ökologisch, ökonomisch und statisch sinnvolles System.
2. **Dämmung:** Wir arbeiten viel mit mineralischen Materialien und Hanf, Flachs oder Einblasdämmung aus Zellulose. Die Dämmung vor der Fassade und im Dach sollte atmungsaktiv

sein, damit Feuchtigkeit verdampfen kann. Vorteilhaft sind ein Aufbau aus möglichst wenigen Schichten und der Verzicht auf jegliche Art von Folien in Fassade und Dach. Das verringert die Zahl und Komplexität der Verbindungen, vereinfacht die Anschlüsse zwischen den Bauteilen, senkt die Kosten

Der Bau soll auf etwas abzielen, das der Bauherr liebt

und verhindert Feuchtigkeitsschäden. Dafür ist Teamwork mit guten Bauphysikern gefragt, die uns helfen, möglichst einfache Lösungen für den Aufbau und die Anschlüsse zwischen den Bauteilen zu definieren. Zudem suchen wir immer die Zusammenarbeit mit regionalen Handwerksbetrieben, die immer wieder viel Wissen aus ihrer handwerklichen Tradition und fortschrittliches Know-how aus der Bautechnik einbringen.

3. **Recyclingprodukte:** Wir arbeiten unter anderem mit Recyclingprodukten, die wir von Baustoffhändlern für gebrauchte Materialien beziehen. Dazu gehören Abbruchsteine, geschredderter Beton, gebrauchte Türen, Rahmen und Zargen, altes Bauholz ... ganz nach dem Cradle-to-Cradle-Prinzip (siehe ab Seite 110). Zuerst blicken wir uns bei der Suche nach wiederverwendbaren Baustoffen in der nächsten Umgebung um und orientieren uns an den Vorlieben der Bewohner. Für die Küche der Privatwohnung von Georg Schweisfurth etwa haben wir alte Holzbohlen genutzt, die wir auf dem Dachboden fanden. Daraus bauten wir die Arbeitsflächen in der Küche und auch die Haupttreppe. In einem Haus am Ammersee haben wir in ein neues Haus eine doppelflügelige Wohnungstür aus einem Berliner Abbruchhaus als Küchentür eingebaut, um der Vorliebe der Bauherrin für die Hauptstadt gerecht zu werden und eine großzügige Raumwirkung zu schaffen. Spezialisierte Händler führen gebrauchte Fenster und Türen, Böden, Steine, Eisenelemente etc. Bei geschickter Auswahl eignen sie sich hervorragend auch für Neubauten.

4. **Heimische Materialien:** Wir verwenden keinen in China gebrochenen Granit, wie er sich aus Kostengründen überall eingebürgert hat, sondern heimische Stoffe wie etwa Kalkstein aus den Alpen oder Naturstein aus verschiedenen Regionen, in denen Naturschutz und Menschenrechte klar gesetzlich geregelt sind. Der Charakter passt besser, und das Material ist meist sogar noch preiswerter, weil es nicht so „weit hergeholt" ist. Das gilt auch für Recyclingbaustoffe. Gebrauchtes Material hat über die Zeit eine Patina entwickelt und damit eine ablesbare Geschichte. Über die Zeit wird es sogar schöner. Verwittertes Bauholz zum Beispiel, ergraut und aufgeraut von Sonne, Regen und Schnee, ist wunderschön; es hat Charakter.

   Weg von der Norm, hin zu individuellen Lösungen, hin zum Nachdenken!

5. **Raumklima:** Ein wichtiger Punkt ist das Raumklima, das bestimmt, wie Sie sich in einem Raum fühlen. Es geht dabei oft um den Faktor Strahlungswärme. Besser als warme Innenluft sind nach meiner Erfahrung temperierte Oberflächen der Bauteile. Angewärmte Wände, Böden oder Decken bewirken, dass man sich in einem Raum wohlfühlt. Ein Raum, in dem die Wände 25 Grad haben und die Luft 17 Grad, ist angenehmer als einer mit dem umgekehrten Verhältnis. Auf das Raumklima wirkt sich also eine große Speicherkapazität schwerer Bauteile wie Wände und Böden günstig aus. Nach diesem Prinzip arbeitet beispielsweise unsere Großeschmidt-Heizung in Sonnenhausen (vgl. Seite 143 und siehe *www.temperierung.net*). Sie funktioniert ähnlich wie ein am Feuer vorgewärmter Stein unter der Bettdecke oder ein Kachelofen mit seiner Strahlungswärme. Schon die Römer nutzten diese uralte Technik mit ihren Fußbodenheizungen; wir interpretieren sie zeitgemäß. Die Energiewende könnte viel leichter sein, wenn alle ihre Ansprüche und ihr Heizverhalten ändern würden.

Bei 19 Grad Innentemperatur fühle ich mich mit einem Pulli sehr wohl. Im Wohnzimmer habe ich es warm mit dem Holzofen, und im Schlafzimmer reichen mir kühle 16 Grad vollauf. Aber die DIN EN 12831 sieht 20 Grad auch im Schlafzimmer vor. Solche Normen müssen geändert werden. Aber fürs Erste gilt auch hier: Weg von der Norm, hin zu individuellen Lösungen, hin zum Nachdenken! Was brauchen Sie in puncto Energie an welchem Ort wirklich, um sich wohlzufühlen?

6. **Ästhetik und Zeitlosigkeit:** Man merkt es, auch wenn es nicht Ihrem Stil entspricht, dass sich jemand etwas hat einfallen lassen, sich liebevoll mit der Umgebung und seinen Bewohnern auseinandergesetzt hat und eine individuelle Lösung gefunden hat. Das wirkt dann einladend. Sicherlich kennen Sie das: Eine nur mit Designermöbeln eingerichtete Wohnung ist zwar stylish, aber nicht gemütlich und schön. Sie steht für einen materiellen und geschmacklichen Status, aber es fehlt etwas: der Charakter, die Seele des Hauses und der Bewohner.

Anders wohnen: neue Konzepte und Projekte

Ob Altbausanierung oder Neubau – es gibt neue, interessante Konzepte für das Zusammenleben, denen Bauherren heute immer mehr Rechnung tragen. Schon bei der Planung definiert man dabei gemeinschaftlich genutzte Flächen. Idealerweise tun das die Bauherren oder Mieter selbst, die später gemeinsam in dem zu planenden Gebäude leben wollen.

Ein Beispiel ist das sogenannte Mehrgenerationenhaus. Dabei handelt es sich um mindestens zwei separate Wohneinheiten oder ein Haus, bei dem die Bewohner bestimmte Räume wie Bad, Sauna, Gemeinschaftsküche, Hobbyräume, Atelier, Gästezimmer, eventuell Wohnzimmer und Gartenflächen nach vereinbarten Regeln gemeinsam nutzen. Das spart viel Platz und Kosten, weil es diese Flächen und Einrichtungen dann jeweils nur einmal geben muss. Eine sehr gute Sache außerdem: Alte Menschen werden nicht ins Altersheim abgeschoben, wo vielen von ihnen der Sinn des Lebens verloren geht, sondern man ermöglicht ihnen, den Anschluss an die Welt der Familie zu behalten, wenn sie das mögen. Das Miteinander steht im Vordergrund, gegenseitiges Helfen und – wie es so schön heißt – generationenübergreifendes Lernen für die Kinder und Jugendlichen sowie die älteren Leute im Haus. Nach der langen Phase der zunehmenden Vereinzelung und Vereinsamung in unserer Gesellschaft seit der Industrialisierung ist das bestimmt ein richtiger Weg.

Sozial integrieren statt aufspalten

Größere Gemeinschaftsprojekte bieten Lern- und Kreativangebote für Kinder und Jugendliche, Weiterbildungskurse für berufliche Wiedereinsteiger, Sprachkurse, Unterstützungsangebote für pflegebedürftige oder an Demenz erkrankte Menschen und ihre betreuenden Angehörigen. Die Aktivitäten werden meist in Selbsthilfe organisiert und von ehrenamtlich Tätigen getragen. Mittlerweile gibt es in Deutschland 450 solcher integrativen Wohnprojekte.
Um Integration ging es auch dem Architekten Alexander Hagner (siehe Abb. 21) in Wien. Er hat dort mit dem *VinziRast* ein Haus geschaffen, in dem seit 2013 ehemalige Obdachlose und Studenten zusammenleben; entweder Zimmer an Zimmer oder als Dreier-WG (*www.vinzirast.at* mit einem tollen Video gleich beim Öffnen!). Der Trägerverein bewahrte ein Biedermeierhaus von 1820 vor der Gentrifizierung, das also nicht luxussaniert und teuer an Reiche vermietet oder verkauft, sondern für das Wohnprojekt passend umgebaut wurde. Das eine Ziel ist, soziale Schranken aufzulösen und Schwellen abzubauen, das andere, neue menschenwürdige Wohn-

konzepte für den urbanen Raum zu schaffen. Schließlich ist der weltweite Zuzug in die Städte längst ein unaufhaltbarer Megatrend. Ein ähnliches Konzept wie das *VinziRast* hat das *Grandhotel Cosmopolis* im Springergässchen 5 in Augsburg (grandhotel-cosmopolis.org/de). Dort leben seit 2013 Asylbewerber, Künstler und Hotelgäste in einem leer stehenden Pflegeheim. Der Hintergedanke: Jeder, der möchte, kann hier eine Heimat auf Zeit haben, unabhängig davon, woher er kommt und wie er materiell gestellt ist.

In Münster hingegen hat man das ehemalige Gebäude des Finanzamts reanimiert: 18 Studenten kümmern sich als Haushüter um die städtische Immobilie. Für eine günstige Pauschale von 184 Euro pro Monat können sie mit ihren Möbeln darin wohnen, müssen dafür aber neben dem Haushüten auch den Rasen mähen und Unkraut jäten.

Das soziale Miteinander steht im Vordergrund

Dieser Trend aus Großbritannien, den USA und den Niederlanden bürgert sich hierzulande gerade erst ein.

Sozial sinnvolle Projekte entstehen nur, wenn der Renditezwang wegfällt. In Basel habe ich Christoph Langscheid (siehe Abb. 22) kennengelernt, Geschäftsführer, Mitbegründer und Stiftungsrat der *Stiftung Edith Maryon*. Die von den Gründern mit 12 000 Schweizer Franken Startkapital ausgestattete Stiftung begann 1990 Geld bei Wohlhabenden zu sammeln, um es in sozial nützliche Projekte zu investieren (www.maryon.ch). Nur eine minimale Rendite wird dabei angepeilt. In den vergangenen 25 Jahren hat die Stiftung etliche Gemeinschaftswohnprojekte sowie Wohnen-im-Alter-Einrichtungen finanziert. Hauptziel sind möglichst günstige Mieten etwa für Wohngemeinschaften und Ältere. Zur dauerhaften Absicherung von Wohn- und Arbeitsstätten werden die Grundstücke dauerhaft von der Stiftung gehalten und nach Möglichkeit entschuldet. Die Stiftung kaufte viel städtischen und landwirtschaftlichen Boden frei und entzog ihn damit nachhaltig der Spekulation und Profitgier. Ende 2014 kam sie bereits auf über

150 Mio. Franken Bilanzsumme. Beeindruckend ist der Kauf der ehemaligen Baseler Zentrale der Schweizerischen Volksbank, eines ehrwürdigen Gebäudes mitten in der City Basels. In dessen Schalterhalle betreibt das „Unternehmen Mitte" heute ein Café für jedermann, ohne Konsumationszwang, und vermietet in den oberen Geschossen Gemeinschaftsbüros. Im ehemaligen Chefzimmer des Bankdirektors lockt heute ein Mittagsbuffet!

Sozial sinnvolle Projekte entstehen nur, wenn der Renditezwang wegfällt

Land, Stadt, Flucht

Die meisten Länder Europas und der Welt verzeichnen heute Landflucht, also Verstädterung. Die innere Völkerwanderung macht Probleme sowohl auf dem Land als auch in der Stadt: hier Verödung und Vereinsamung, dort Platznot und Übervölkerung. Natürlich gibt es auch ländliche Regionen wie Oberbayern, Schwaben, Tirol oder das Mühlviertel in Österreich, die Zuwanderung verzeichnen und wo sich die Infrastruktur gut entwickelt. Aber das ist die Ausnahme. Haben wir bald menschenleere Landschaften?

Verödung des Landes

Manche Regionen in Europa stecken im Strukturwandel, und ihre Bewohner leiden unter hoher Arbeitslosigkeit und damit verbunden unter Frustration, Angst und Verzweiflung. Auch in meiner alten Heimat, dem nördlichen Ruhrgebiet, ist der Strukturwandel nach dem Niedergang des Bergbaus noch immer nicht abgeschlossen; er dauert seit 40 Jahren an. Einige ländlichen Räume auch in der Europäischen Union entleeren sich dramatisch, was eigentlich die EU-Landwirtschaftspolitik hätte verhindern sollen („zweite Säule der EU-LW-Politik" heißt das im Fachjargon). Die Landwirtschaft ist bereits weitgehend industrialisiert, was zu einer eintönigen Monokulturlandschaft führt. Die zunehmende Technisierung der Landwirtschaft mit immer größeren Maschinen hat die Arbeitskräfte überflüssig gemacht; die Dorfbevölkerung überaltert, und die Ortschaften sterben aus. Ganze Regionen entvölkern sich, so zum Beispiel meine alte erste und zweite Heimat, das nördliche Ruhrgebiet oder weite Teile Mecklenburgs. Von Herten, der Stadt meiner Vorväter, berichtete man mir schon vor Jahren, dass man inzwischen ganze Siedlungsgebiete zurückbaut. Die letzten Einwohner werden umgesiedelt, und es entsteht wieder Ackerland. Man sollte dort fast schon wieder hingehen, um etwas ganz Neues aufzubauen. Da ist sogar der Boden wieder bezahlbar: viel Platz für neue Gedanken, Konzepte und Projekte.

Aber einstweilen wird der ländliche Raum weiter abgehängt. Die Infrastruktur verkümmert rapide, immer weniger wird investiert in ärztliche Versorgung, Schulen, Kindergärten und öffentliche Einrichtungen aller Art und Kulturangebote. Auf dem Land gibt es auch immer weniger grundlegende Angebote und Annehmlichkeiten wie den öffentlichen Personennahverkehr. Die Versorgung der verbliebenen und schrumpfenden Bevölkerung durch Einkaufsmöglichkeiten geht zurück: Nach einer Studie sind allein in Deutschland acht Millionen Menschen unterversorgt, also jeder zehnte Deutsche. Von den 600 000 eigenständigen Dorfläden mit Lebensmittelangebot, die es 1970 noch gab, ist nur jeder fünfte übrig. Laut einer Studie der Gesellschaft für Markt- und Absatzforschung haben 70 Prozent der kleinen Orte keinen Lebensmittelladen mehr. Nur ein paar öde Einkaufscenter irgendwo auf der grünen Wiese überleben. In solchen Landstrichen ist die Lebensqualität erst einmal dahin.

Haben wir bald menschenleere Landschaften?

Bis die Wiederbelebung der verödeten Regionen irgendwann den Durchbruch schaffen wird, werden vermehrt mobile Dienstleister die versprengte Kundschaft auf dem Land beliefern. Große Foodtrucks werden in die Dörfer auf dem platten Land fahren. Schon länger überbrücken einzelne fahrende Kaufläden, Metzger, Bäcker, Gemüsehändler etc. auf diese Weise die wachsenden Distanzen zwischen Verbrauchern und Einkaufsmöglichkeiten.

Gegenmodell in Selbsthilfe: Dorfläden

Da und dort werden auch wieder Lebensmittelläden entstehen: Harthausen zum Beispiel, ein 900-Seelen-Dorf in der Nähe von München, hat sich zur Versorgung seiner Bewohner eine Brotzeittheke einfallen lassen. Der letzte Tante-Emma-Laden hatte Jahre zuvor aufgegeben, und von da an mussten die Harthausener zum Einkaufen in eine Nachbargemeinde fahren. Mit 40 000 Euro Kapital und viel ehrenamtlichem Engagement bauten die Harthausener ihr altes Feuerwehrhaus um, und seit 2009 kann man hier wieder einkaufen – vom belegten Brot bis zum Waschpulver. Das Ganze war ein voller Erfolg: Vom ersten Jahr an schreibt die Gemeinschaft aus drei Gesellschaftern und 190 stillen Teilhabern, die Anteile für nur 200 Euro gekauft haben, schwarze Zahlen. Jährlich wird eine Dividende in Form von Gutscheinen ausgeschüttet, mit denen der Anteilseigner im Laden einkaufen kann.

Dorfläden funktionieren nur, wenn sich die Dorfbewohner „kommitten", wie es neudeutsch heißt, indem sie sich *ihrem* Laden verpflichten. Es geht nur mit großer Mitmachbereitschaft und viel Kundentreue. Ein kooperativ geführter Dorfladen ist nebenbei ein gutes Gegenmodell zu dem „beliebigen" Konsum, wie ich ihn nenne, bei dem man mal hier und mal da einkauft. Ohne emotionale Bindung an einen Ort und angesichts des überall gleichen Warenangebots ergibt sich dieses Einkaufsverhalten der Menschen von selbst. Wenn Sie also in einer unterversorgten Region wohnen und etwas für Ihr Land tun wollen, ein bisschen Zeit und Geld übrig haben und ein eher geselliger Mensch sind, dann schließen Sie sich mit Gleichgesinnten zusammen, werfen Sie etwas Kapital zusammen und gründen Sie eine Kooperative! Es gibt einige erfolgreiche Dorfläden, die man sich vorher ansehen sollte.

Ein Beispiel aus Serbien: CERUDA

In einer anderen Region Europas, nämlich im ehemaligen Jugoslawien, insbesondere in den nicht ans Mittelmeer grenzenden Ländern ohne Tourismus wie Serbien und dem Kosovo, zeigt sich ein ähnliches Bild der Verödung, sogar ein viel krasseres. In einem Dorf namens Jazak, 20 Kilometer südlich der serbischen Donaumetropole Novi Sad am Rand des Nationalparks Fruška Gora gelegen, habe ich deshalb zusammen mit Freunden aus der Entwicklungs- und Agrarbildungsszene einen kleinen Bauernhof mit ein wenig Land dabei erworben, um von dort aus eine Wiederbelebung dieser ländlichen Region mit ihrer herrlichen Landschaft zu starten. In Jazak steht jedes zweite Haus leer; die Jungen sind weg, weil sie dort keine Zukunft sehen. Dieses Dorf schreit förmlich danach, entdeckt und wiederbelebt zu werden, wenn es nicht irgendwann von der Landkarte gestrichen werden soll.

Den Bauern wieder einen guten Preis für ihre Produkte zu geben, gutes Lebensmittelhandwerk einzurichten, das die Produkte des Landstrichs verarbeitet und direkt oder indirekt im Raum Novi Sad vermarktet – das ist die einzige Möglichkeit, diese fruchtbare Region zu retten, denn intensive Landwirtschaft ist dort gut möglich. Wir haben uns entschlossen, das anzugehen und dort zu helfen. Eine Kooperative in Jazak, die gescheitert ist, wollen wir wiederbeleben. Dazu braucht es Engagement im Ort und Bildung. Der erste Schritt wird deshalb die Erbauung eines *Learning Center* sein, wo zunächst internationale Kurse für Nachhaltigkeit stattfinden werden, die mein Partner Dr. Roger Baud aus der Schweiz gemeinsam mit Igor Jezdimirovic aus Serbien veranstalten wird. Alle zehn Partner werden ihre Spezialkenntnisse zu diversen Themen einbringen: regenerative Energien, dezentrale Wasserreinigung, Entwicklung der Bio-Landwirtschaft und Vermarktung (mein Part) der Produkte, Erhaltung der alten Handwerke und

> *Die Jungen sind weg, weil sie keine Zukunft sehen*

Denkmalschutz. Wir haben unsere Firma *CERUDA* genannt, die Abkürzung von *Center for Rural Development an Applied Learning*. Unser Team besteht aus Schweizern, Serben, Deutschen, einem Franzosen und einem Österreicher. Es ist spannend, die unterschiedlichen Erfahrungen und Ansichten von uns Westlern mit denen der Einheimischen zu kombinieren – eine interkulturelle Verständigungsaufgabe. Unter *www.ceruda.org* finden Sie mehr Informationen über das Projekt und die Partner.

Wir müssen uns um die sterbenden Regionen Europas und der Welt kümmern, denn wir brauchen sie nicht nur als Lebensraum für die wachsende Weltbevölkerung, sondern auch zur nachhaltigen lokalen Versorgung mit Lebensmitteln. Projekte wie CERUDA sind nur erste Schritte; wir brauchen mehr ernst gemeinte und nicht EU-Geld-gesteuerte Initiativen in dieser Richtung.

Drang in die Städte

Die Lust aufs Land ist ein großes Thema; aber zu wenige können diesem Ruf folgen, weil Arbeitsplätze in erster Linie in den Städten zu finden sind. Die Landlust muss man dann wohl vorläufig umgekehrt in die Stadt tragen. Schon lange drängen vor allem die jungen Leute in die Zentren, weil sie nicht mehr in den in ihren Augen spießigen Vorstadtsiedlungen ihrer Kindheit leben wollen. Aber auch die älteren Semester wissen das städtische Leben der kurzen Wege und vielfältigen Möglichkeiten wieder mehr zu schätzen und drängen ebenfalls in die Stadt. Doch dieser Trend läuft allmählich einem Ende zu und erzeugt eine Gegenbewegung: Heute erzwingen die teuren Mieten in den angesagten Zentren einen Trend zurück in die Peripherie, und weltweit ufern die Städte ringsum aus. In Europa ist dieser Trend nicht ganz so stark.

74 Prozent der Deutschen leben heute in den Städten. Der Zuzug steigt in allen Großstädten. Die wachsende Nachfrage nach Wohnraum führt zu einem immer schlimmeren Mietwucher, zur Gentrifizierung alter Stadtquartiere, also dem Zuzug reicherer Bevölke-

rungsgruppen und den damit einhergehenden Luxussanierungen. Die alteingesessene Bevölkerung wird vertrieben. Schrecklich langweilig werden damit unsere Städte. Die wohlhabenden Zuzügler verschanzen sich in ihren tollen Wohnungen, die Kultur des Ausgehens ist auf einem historischen Tiefpunkt. Daran sind schon viele Kneipen zugrunde gegangen, selbst in dem klassischen Ausgehviertel München-Schwabing, wo ich viele Jahre gelebt habe und nachts um die Häuser gezogen bin. Jüngst war im *Spiegel* auch zu lesen, dass man sich kaum noch gegenseitig einlädt. Seit 15 Jahren sind die privaten Einladungen zum Abendessen zu Hause um 80 Prozent zurückgegangen!

Wegen des Zustroms gibt es in den Städten viel zu tun, weil sie lebenswerter werden müssen. In Berlin, Hamburg und München beispielsweise sind gute Anfänge gemacht: Die Autos versucht man möglichst draußen zu halten und setzt mehr auf den öffentlichen Nahverkehr und das Radfahren. Mehr Grünanlagen verbessern die Luft und bieten Erholungszonen in der Stadt. So sind die Menschen nicht mehr gezwungen, immer mit dem Auto in die Naherholungsgebiete hinauszufahren. Die regelmäßigen Staus an den Wochenenden sind ja nicht zu ertragen: Was für eine Verschwendung von Zeit und Nerven, Luft, Platz und Energie!

Vor allem die jungen Leute drängen in die Zentren

Singapur ist, was das Prädikat „grüne Megacity" angeht, in der Welt wohl führend. Der 5,6 Millionen Einwohner zählende Stadtstaat am südlichsten Punkt der malaiischen Halbinsel hat 50 Prozent Grünflächen – eine Vielzahl an Parks, Wäldern und Plantagen. Allein der botanische Garten zählt 74 Hektar und beheimatet die größte Orchideensammlung der Welt sowie einen reichhaltigen Heilpflanzengarten. Wer seinen Blick über renaturierte Flussläufe und blühende Grünstreifen schweifen lässt und nach oben richtet, entdeckt künstliche Wasserfälle und vertikale Gärten, die in Fassaden eingehängt sind und diese begrünen. Unter einem begrünten

Dach informiert die *Sustainable Singapore Gallery* über ökologisch nachhaltige Stadtplanung. In den *Gardens by the Bay* im neuen Stadtbezirk an der Marina Bay kann man 18 sogenannte *Supertrees* bewundern. Diese 25 bis 50 Meter hohen „Bäume" sind mit 200 verschiedenen Pflanzenarten begrünte Stahlkonstruktionen, in denen Regenwasser gesammelt wird. Die Nachtbeleuchtung wird von einer integrierten Solaranlage mit Storm versorgt. Hightech-Schnickschnack oder echte Errungenschaft? Diese Frage darf hier schon gestellt werden; aber in jedem Fall scheint der seit 2002 in Kraft getretene *Singapore Green Plan 2012* zu fruchten. Dessen Vorgängerprogramm galt schon ab 1992.

Auch deutsche Architekten sind unter den Verschönerern Singapurs, etwa der in China lebende Ole Scheeren (siehe Abb. 23). Er hat den prämiierten Wohnkomplex *The Interlace* entworfen. Umgeben von einem Park sind um acht Gärten herum 31 sechsstöckige Wohnriegel spielerisch arrangiert und aufgestapelt. Sie beherbergen 1040 Wohnungen, haben grüne Dächer als Terrassen, vertikale Gärten, Bambusgarten, Wasserfall, Lotusblumenteich und viele Grillplätze (www.buro-os.com/the-interlace). Gigantismus der besonderen Art? Ich habe gezögert, das Beispiel aufzunehmen, weil ich das rechte Maß propagiere. Aber es zeigt immerhin, wie ökologisch vorbildlich auch große Städte agieren können.

Sogar in Moskau, bekannt für seine bis zu achtspurigen Boulevards, auf denen die Reichen mit ihren SUVs herumdonnern, regt sich etwas. In der Stadt lebt man bislang als Fußgänger oder Radfahrer in realer Lebensgefahr: Es gibt dort 12 000 Verkehrstote pro Jahr, was dem 21-Fachen der deutschen Quote entspricht! Sergej Sobjanin, seit 2010 Moskauer Bürgermeister, will die Stadt grüner machen. Deswegen hat er sich den jungen Stadt-Chefarchitekten Sergej Kusnezow (siehe Abb. 24) geholt, der die ehrgeizigen Pläne für Moskau vorantreiben soll. Dafür wird der Verkehr teilweise unter die Erde verlegt, Teile der Altstadt werden verkehrsberuhigt, ein Fahrradwegenetz gebaut und neue Parks als grüne Lungen angelegt.

Besser als Besitz:
Teilen macht Spaß!

Gemeinsame Autos und gemeinsame Wohnungen, kollektiv genutzte Gebrauchsgegenstände und Büros – die Share Economy oder kurz Shareconomy ist nicht mehr aufzuhalten. Auch in der Landwirtschaft finden sich spannende Ansätze, und es gibt sogar alternative Währungen.

Sharingklassiker Auto

Beim gemeinsamen Besitz oder partnerschaftlicher Nutzung ist das Teilen von Autos, das Carsharing, ein Renner und wohl derzeit der stärkste Wachstumsmarkt. Zu Beginn des Jahres 2014 zählte der Bundesverband Carsharing bereits rund 757 000 Kunden bei seinen Mitgliedsorganisationen – eine Steigerung von fast zwei Dritteln gegenüber dem Vorjahr. Die Stadt Karlsruhe ist in Deutschland Vorreiter des Trends: Sieben Prozent aller Haushalte sind Mitglied bei einer der Mietwagenflotte. Auf Platz zwei bis fünf folgen Stuttgart, Köln, Düsseldorf und München.

Beim Carsharing teilen sich 40 bis 70 Kunden ein Auto

Je nach Angebot teilen sich beim klassischen Carsharing heute bereits 40 bis 70 Kunden ein Auto. Organisation und Management übernimmt ein professioneller Anbieter. Um im Bedarfsfall bessere Erfolgsaussichten zu haben, registrieren sich viele Carsharingkunden parallel bei mehreren Anbietern.

Wer weniger als 10 000 Kilometer pro Jahr mit einem Wagen unterwegs ist, fährt nach Expertenschätzungen billiger auf Leihbasis als mit einem eigenen Pkw. Allerdings muss er dafür ein wenig Organisation betreiben und gelegentlich auch umplanen, wenn der Wagen nicht mehr dort steht, wo ihn die App gemeldet hat, oder er sich wegen technischer Probleme nicht öffnen lässt. Vor allem in den Großstädten ist der Run auf die neue Mobilitätsvariante groß, weil dort auch die Anbieter mit ihren Flotten sitzen. Hinter *DriveNow*, *Multicity* und *Car2Go* stehen die Automobilunternehmen BMW, Citroën und Daimler. Allein im Jahr 2013 meldeten sie rund 437000 Neuanmeldungen für ihre Großstadtflotten – ein Plus von 139 Prozent im Vergleich zum Vorjahr. Die Leihautos stehen in deutschen Metropolen am Bahnhof, in Wohnsiedlungen oder in Vierteln, in denen Künstler, Werber oder Programmierer ihre Büros haben. Die Stadtverwaltung von Mannheim hat ihren eigenen Fuhrpark verkleinert und ist partiell auf Carsharing umgestiegen. Der noble Münchner Luitpoldblock bietet seinen Mietern als Sharing-Wagen einen Elektro-BMW an. In Wien drücken erste Architekturbüros ihren Mitarbeitern eine Carsharing-Card in die Hand, damit sie für den Arbeitsweg kein Taxi, sondern einen Flottenwagen benutzen.

Eine Vielfalt von Sharingmodellen

Immer neue Konzepte drängen auf den Markt, wie *Der Spiegel* recherchiert hat, etwa Websites und Apps für die Mitnutzung von Privatautos wie *www.nachbarschaftsauto.de*, *www.tamyca.de* oder *www.carzapp.net*. Auch auf der Serviceplattform *www.car2share.com* von Daimler können Autobesitzer bundesweit ihre Fahrzeuge der Gemeinschaft zur Verfügung stellen und anderen Privatpersonen leihen. So sammelt Daimler wertvolle Informationen über Flottenmix, Fahrzeugauslastung und neue Preismodelle. Schließlich geht es um den Wandel vom Autohersteller hin zum Mobilitätsdienstleister. In Zukunft möchte Daimler auch über seine Mobilitätsplattform *moovel* mit der Deutschen Bahn kooperieren. Die Hamburger Hochbahn schafft sogenannte switchh-Punkte an Verkehrsknoten, an denen der Fahrgast vom öffentlichen Nahverkehr problemlos auf ein *Car2Go*, ein Fahrrad oder auch ein Taxi wechseln kann (www.switchh.de). Nicht zu vergessen die vielen Mitfahrportale, die es auch noch gibt: *www.blablacar.de*, *www.mitfahrgelegenheit.de* oder *www.pendlerzentrale.de*.

Auch für die gemeinsame Nutzung der knappen Parkplätze liegen natürlich Lösungen bereit: zum Beispiel Parkplatz-Sharing mit der App *Ampido*, *www.parkinglist.de* oder *www.park2gether.com*.

Sharing: ein Megatrend nicht nur beim Auto

Natürlich ist das Sharing per se nicht aufs Auto beschränkt, sondern ein generelles Prinzip und ein großer Trend. Nicht nur Fahrzeuge lassen sich auf Zeit mieten, sondern auch Gebrauchsgegenstände wie professionelles Werkzeug und Maschinen. *www.leihdirwas.de*, *www.erento.com* oder in München *verleihnix.de* heißen Internetportale, die mehrere Tausend Gebrauchsgegenstände im Angebot haben. Von der Bohrmaschine über Surfboards, Wii-Stationen bis hin zu Reiseführern ist alles Erdenkliche dabei.
Das Magazin *Time* hat im Sharing eine der zehn wichtigsten Ideen erkannt, die die Welt in den nächsten Jahren verändern werden. Der Trend zum gemeinsamen Benutzen zeichnet sich weltweit ab und bezieht sich auf fast alles Materielle: Wohnungen werden gemeinsam genutzt, Büros, Kleider, Gebrauchsgegenstände wie Werkzeug, Drucker oder DVDs. Teilen ist für viele ressourcenbewusste Menschen zum neuen Haben geworden. Die Szene hat sogar eigene Kongresse wie *OuiShare* in Paris jährlich seit 2012 oder die Veranstaltung *Shared Economy* auf der ITB in Berlin.
Die australische Konsumexpertin Rachel Botsman (siehe Abb. 25) hat schon vor Jahren ein Umdenken der Konsumenten erkannt. 2008 beschreibt sie unter dem Titel *What's Mine is Yours. The Rise of Collaborative Consumption* (Das Meine ist das Deine. Der Aufstieg des kollaborativen Konsums) den Wandel von der „Generation Me" zur „Generation We". Das Teilen war ihrer Meinung nach früher der Normalfall. Allerdings habe nach der Not der Nachkriegsjahre mit dem Wirtschaftswunder eine Kultur des Besitzanhäufens und Wegwerfens um sich gegriffen. Die heute 30-Jährigen, die in den Augen von Botsman den gemeinschaftlichen Konsum tragen, seien hinter Zäunen in überdimensionierten Häusern aufgewachsen, die vollgestopft sind mit Dingen, die

dort größtenteils nur gelagert, aber nicht mehr gebraucht wurden. Sie, diese jungen Leute und Vertreter der Generation We, sind die Treiber der Sharing Economy. „Reinventing relationships" (Neuerfindung von Beziehungen) sei das tiefere Ziel, sagt Rachel Botsman. Das bestätigen Harald Heinrichs und Heiko Grunenberg, Professoren für Nachhaltigkeit und Politik an der Leuphana Universität Lüneburg: Vor allem gebildete Menschen zwischen 14 und 39 Jahren in Großstädten verfeinern ihren Konsum durch das Teilen, fanden sie in ihrer Studie mit dem Titel *Auf dem Weg in eine neue Konsumkultur?* aus dem Jahr 2012 heraus.

Daneben gehörten auch die „Konsumpragmatiker" zur Sharingszene. Diese stellen weder Besitz grundsätzlich infrage noch wollen sie extra modern sein, so Heinrichs gegenüber der *Süddeutschen Zeitung*. 23,5 Prozent der Deutschen sind nach seiner Meinung „sozialinnovative Ko-Konsumenten", also Leute, die „postmaterialistische Werte wie Kreativität und Interesse an einem abwechslungsreichen Leben hoch bewerten" und „ihren eigentumsorientierten Individualkonsum um alternative Besitz- und Konsumformen und die damit verknüpften (sozialen) Erfahrungen erweitern".

Teilen ist für viele zum neuen Haben geworden

Wohnraum: Zugang statt Eigentum

Das Teuerste und Wertvollste in unserer persönlichen Umgebung ist der Wohnraum. Was läge näher als die gemeinschaftliche Nutzung? Der Schlüssel dazu ist das World Wide Web. Es führt Angebot und Nachfrage zusammen und vernetzt einschlägige Communitys. So passiert, was der US-amerikanische Ökonom Jeremy Rifkin (siehe Abb. 26) schon im Jahr 2000 in seinem wegweisenden Buch *Access – Das Verschwinden des Eigentums. Warum wir weniger besitzen und mehr ausgeben werden* feststellte: „Die Ära des Eigentums geht zu Ende, das Zeitalter des Zugangs beginnt."

Den Anfang dieser Epoche machte das 2003 gegründete Portal *www.couchsurfing.com*. Die globale Website verbindet Reisende mit Einheimischen am Zielort und vermittelt weltweit gratis private Zimmer und Wohnungen. Die Idee schlug ein und brachte Nachahmer wie *Roomorama* oder *Airbnb* auf den Trichter. Bei diesen Portalen verdient jeder Einzelne, der ein Zimmer oder seine Wohnung vermietet, Geld. Ein New Yorker macht laut Recherchen von Rachel Botsman im Monat circa 1600 US-Dollar über Airbnb. Gegründet wurde das Internetportal 2007 von zwei Kaliforniern in San Francisco. Heute vermittelt es in über 190 Ländern Touristen und Geschäftsreisenden Zimmer auf Zeit. Auch die Plattformen *www.wimdu.de* und *www.9flats.com* haben sich hierzulande zu einer Alternative zu Hotels & Co. etabliert.

> Das Wertvollste in unserer Umgebung ist der Wohnraum

In der japanischen Hauptstadt Tokio, wo die Kultur des Nichtbesitzens schon aus Gründen des Platzmangels Tradition besitzt, gibt es das *Style Café*. Hier kann man sich ein Wohnzimmer auf Zeit mieten. Im Gemeinschaftsraum liegen Mangas, Filme und Computerspiele bereit, es gibt eine Theke mit Getränken und kleinen Speisen. Wer die ganze Nacht bleibt, bekommt ein Handtuch, Duschutensilien und frische Unterwäsche.

Büroraum auf Zeit

Keine Wohnzimmer, sondern Büroräume bieten manche Unternehmen für Freiberufler und Angestellte anderer Firmen. Unter dem Motto *Werken onderweg* (unterwegs arbeiten) folgten in Holland 50 große Firmen, Telefongesellschaften, Versicherer oder Ingenieurbüros diesem Aufruf (www.officebooking.nl). Sechs Monate lang konnten Externe an dem Pilotprojekt teilnehmen, das aufgesetzt wurde, um Reisezeiten und den Weg zur Arbeit zu verkürzen. *Co-Working* nennt sich dieser Trend, der auch bei uns

immer mehr Zulauf hat. Mittlerweile gibt es von Aachen über Berlin bis Würzburg Angebote, bei denen man sich für Stunden, halb- oder ganztags einen Arbeitsplatz mieten kann. Meist gehören dazu ein Konferenzraum, eine Gemeinschaftsküche, Internetzugang, Benutzung von Telefonanlage, Drucker, Scanner und Fax oder auch schalldichte Telefonnischen. Daneben bieten Büroarbeitsgemeinschaften auch Einzelplätze an. Sie können (auch für Tagesgäste) nach außen als Geschäftsadresse fungieren und Sekretariatsservice mit Postannahme und Telefondienst übernehmen.
Das Internetportal *www.coworking-news.de* hat unter „CoWorking-Verzeichnis" auf 37 Seiten eine Vielzahl der deutschland- und europaweiten Angebote aufgelistet. Zum Standort Berlin gibt es von *venturevillage.eu* bereits ein Top-Ten-Ranking. Sieht man sich das an, muss man sagen: Berlin hat mit Abstand die coolsten Locations – mit Namen wie *Agora Collective, Ahoy!, Betahaus, Co.up, raumstation* oder *tante renate*.

Co-Living

Teilen ist auch beim Wohnen angesagt: Kleine private Wohngemeinschaften gab es schon immer, doch etablieren sich immer mehr größere und professionellere Projekte wie das Co-Living-Projekt *www.wg4u.net* in der Gneisenaustraße 61/63 in Düsseldorf. In dieser 2010 eröffneten Luxus-WG leben 50 Bewohner und teilen sich, was sie sich einzeln kaum leisten könnten: sogenannte Communityräume. Das sind etwa die ausladende Sonnen- und Dachterrasse, die TV-Lounge mit Flatscreen und die 100 Quadratmeter große Küche mit langer Tafel, Backöfen, Mikrowellenherden, einer Industriespülmaschine und einem Kaffeevollautomaten. Dort kommen jeden Morgen und Abend die Bewohner zusammen, um gemeinsam zu kochen oder am Sonntag zu brunchen. Auch der Fitnessraum wird gemeinschaftlich genutzt, in dem Ergometer, Laufräder, Crosstrainer, ein Trampolin und eine *Power Plate* stehen. Nach dem Sport laden Sauna und Whirlpool zum Entspannen ein. Es gibt einen Handtuchservice, und ums Putzen kümmert sich eine Reinigungskraft.

In München entsteht im Stadtteil Nymphenburg an der Birketstraße ein ähnliches Wohnprojekt als Neubau. *Friends* nennt sich der 15-geschossige Wohntower. Inspiriert von Vorbildern in New York, Shanghai und Toronto, verbindet *Friends,* wie der Bauträger auf seiner Website www.bauwerk.de/de/objekt/friends wissen lässt, privaten Wohnraum mit gemeinschaftlich genutzten Einrichtungen wie einem Dachgarten und maximiert so den Lebensraum jedes einzelnen Bewohners. Neben dem Dachgarten stehen den Mietern und Eigentümern der 41 bis 129 Quadratmeter großen Wohnungen zur gemeinsamen Nutzung ein Fitnessraum, eine Kitchenlounge und ein Deli zur Verfügung. Ein sogenannter Keeper erledigt alltägliche Besorgungen und nimmt Pakete in Empfang. Per App können die Services schnell und bequem gebucht werden. Bis zu 10 Quadratmeter große abschließbare Zellen im Untergeschoss bieten klimatisierten und hochwertigen Stauraum für die nicht täglich gebrauchten Dinge und sparen viel Platz in der Wohnung.

> *Man trinkt einen Espresso und bezahlt zwei*

In Hamburg gibt es eine weitere Groß-WG, dort allerdings für Studenten. Die *Students Lodge* (www.students-lodge.de) ist ein 1300 Quadratmeter großes Gebäude auf sieben Ebenen mit 56 Zimmern. Außerdem beherbergt es eine 250 Quadratmeter große Dachterrasse, einen Garten mit Grillplatz und einen Aufenthaltsraum. Dort befindet sich auch eine große Küche mit vier Herden, in der gemeinsam gekocht und gefeiert wird. Für Getränkenachschub steht ein Automat zur Verfügung. Jeder Mieter besitzt ein individuelles Kühlfach für seine Lebensmittel. Das erübrigt nervige Diskussionen à la „Wer hat meinen Joghurt geklaut?", sodass einem umfassenden Wir-Gefühl nichts mehr im Wege steht. Damit Reisende nicht alleine essen müssen, gibt es die Internetplattform *www.mealsharing.de*.

Auch mit einem Espresso kann man Solidarität stiften. Das zeigt der *Sospeso*, der in Neapel Tradition hat. Dieser auf Deutsch „Aufgeschobene" ist ein Espresso für einen guten Zweck. „C'è un sospeso?", heißt es fast täglich in einer der vielen Kaffeebars: „Gibt es einen Aufgeschobenen?" So erkundigt sich jemand, der nicht viel Geld hat, nach dem Aufgeschobenen, dem Geschenk eines anderen. Hatte man einen guten Tag oder einen schönen Erfolg oder möchte einfach einen kleinen sozialen Beitrag leisten, zahlt man einen Sospeso. Das heißt, man trinkt einen Espresso und bezahlt zwei. Fragt dann jemand, der sich gerade keinen Espresso leisten kann, nach dem „Aufgeschobenen", kann er den kleinen Schwarzen kostenlos trinken. So können auch weniger gut gestellte Neapolitaner am sozialen Leben teilhaben. Zur Zeit der Finanzkrise gelangte die Idee nach Bulgarien und nach Spanien und bahnt sich ihren Weg um den ganzen Erdball. Schon 195 Cafés in 19 Ländern (Stand Mai 2015) führt das Portal *www.coffeesharing.com* auf, das in Deutschland die Schülerin Saskia Rüdiger aus dem sächsischen Zwönitz pflegt.

Crowdfunding oder Crowdinvesting

Weil das Internet ungeheuer viele Menschen verbindet, entwickelte sich darin auch eine neue Form der finanziellen Förderung, das *Crowdfunding* oder *-investing*. Zuerst wurde darüber nur Geld für kulturelle und soziale Projekte gesammelt; heute ist der virtuelle Klingelbeutel auch Finanzquelle für Unternehmen. Und so geht's: Via Crowdinvesting erwerben Interessenten mit ihrem Einsatz

Anteile an einem Unternehmen und sind dafür an dessen Wertsteigerung oder auch -verfall beteiligt. Das gilt auch dann, wenn das Unternehmen oder sonstige Objekte an einen Investor verkauft werden. Eingesammelt wird das Geld über Onlineplattformen, auf denen die Unternehmen ihr Geschäft vorstellen und erklären, für welche Zwecke sie das Geld verwenden wollen. In Deutschland läuft das zum Beispiel über die Plattformen *www.seedmatch.de, www.companisto.com/de, www.innovestment.de* oder *de.bergfuerst.com* ab, die wegen der aktuellen Niedrigzinsphase an den Kapitalmärkten von Investoren gut besucht sind. Seit Ende 2011 haben solche Portale in Deutschland 19,7 Millionen Euro eingesammelt. Allein 15 Millionen Euro entfielen auf 2014, davon 6,7 Millionen Euro auf das Herbstquartal. Die bislang größte Transaktion lief über *Bergfürst*: Im November 2013 hat das Unternehmen 3 Millionen Euro für die Firma *Urbanara*, einen Onlinehändler für exklusive Heimtextilien und Dekoartikel, eingeworben.

Agrargenossenschaften: guten Gewissens genießen

Auch offline gibt es zahlreiche interessante Ansätze getreu dem Wir-Prinzip – vor allem in der Landwirtschaft. Der ehemalige Maschinenbauer Anton Dapont (siehe Abb. 27) etwa „verleast", wie er selbst sagt, Bio-Schweine, Bio-Rinder und Bio-Lämmer. Ab 35 Euro im Monat Futtergeld können Interessierte seit 2012 ein Turopolje-Schwein oder einen Aubrac-Jungbullen bei dem niederbayerischen Öko-Landwirt leasen und festlegen, wann sie das Tier von einem Metzger aus der Umgebung geschlachtet haben wollen (www.biohof-hausberg.de). Beim Ausliefern arbeitet er mit der „Genussgemeinschaft Städter und Bauern" zusammen. Sein Kundenkreis reicht bis nach Kiel.

Der Landwirt Mathias von Mirbach aus Schleswig-Holstein beliefert einmal pro Woche die Mitglieder seiner Foodkooperative im 40 Kilometer entfernt gelegenen Hamburg. Für monatlich 175 Euro erhalten diese frisches saisonales Obst und Gemüse, Milchprodukte aus der Hofkäserei und Würste aus der eigenen Verarbeitung (kattendorfer-hof.de).

Ähnlich funktioniert das verbreitete solidarische Landwirtschaftsmodell à la Ökokiste. Bereits um die 80 entsprechende Höfe listet das Portal *www.solidarische-landwirtschaft.org* in Deutschland auf. Auch mein Bruder Karl hat eine Kooperative aufgebaut. Sie hält Mehrnutzungshühner in unserem familieneigenen Projekt, den Herrmannsdorfer Landwerkstätten. Die Herrmannsdorfer, wie sie sich heute nennen, sind ein Bio-Betrieb mit Hofladen, Metzgerei, Käserei und Bäckerei, 60 Kilometer von München entfernt gelegen, den mein Bruder heute leitet. Um das Startkapital für sein „Landhuhn-Projekt" einzusammeln, beteiligte er Kunden mit Anteilen von je 300 Euro. Wer einzahlte und einzahlt (maximal kann ein Darlehen über 1500 Euro abgeschlossen werden) erhält dafür 10 Jahre lang einen Einkaufsgutschein im Wert von 35 Euro. Einzulösen ist er in allen Herrmannsdorfer-Filialen und in einigen Bio-Läden, wo man aus dem gesamten Sortiment auswählen und neben Eiern auch Fleisch, Wurst, Milch, Nudeln oder Marmelade kaufen kann. Nach 10 Jahren erhalten die Investoren ihre Einlage zurück oder lassen ihr Geld im Pott und bekommen als Dankeschön weitere Gutscheine (www.herrmannsdorfer.de). Nach dem gleichen Prinzip arbeitet auch die Bio-Käserei *Alpe Sonnhalde,* hier gibt es „Käse statt Zinsen" (www.alpe-sonnhalde.de).

Vorbild Teikei

Die Idee, dass Verbrauchergemeinschaften landwirtschaftliche Betriebe unterstützen, ist wohl in den frühen 1970er-Jahren in Japan entstanden. Dort zeigten sich wegen der hastigen Industrialisierung krasse Umweltschäden: An der Minamata-Krankheit, einer durch giftige Abwässer verursachten chronischen Quecksilbervergiftung, starben im Laufe der Jahre 3000 Menschen; 17 000 trugen dauerhafte Beeinträchtigungen davon. Die Notwendigkeit, etwas für eine gesunde Landwirtschaft zu tun, lag auf der Hand. In *Teikei*, einem alternativen Verteilsystem ökologisch produzierter Lebensmittel, sahen viele eine Lösung dieser von Chemiefirmen ausgelösten Problematik. Bei Teikei halfen und helfen Unterstützer bei der Ernte und bei den Verteilstationen mit, die im Durchschnitt zehn Familien (maximal bis zu 500) versorgen, oder geben als stille Teilhaber Geld. Die *Japan Organic Agriculture Association* (JOAA) propagierte dieses System, bei dem Verbraucher und Produzenten mehr Verständnis füreinander entwickeln sollten. Heute versorgen Teikeis in Japan die Hälfte aller Haushalte!

Die zehn grundlegenden Prinzipien von Teikei

Die Teikei-Bewegung lässt sich laut *www.joaa.net* von zehn gesellschaftlichen, ökonomischen und ökologischen Grundsätzen leiten.

1. **Gegenseitige Unterstützung:** Der Kern der Partnerschaft liegt nicht allein im Produzieren und Verkaufen, sondern in der freundlichen Beziehung zueinander. Produzenten und Konsumenten sollten einander auf der Basis gegenseitigen Verstehens helfen und dabei vergangene Erfahrungen berücksichtigen.
2. **Beabsichtigte Produktion:** Nach Beratung mit den Verbrauchern sollten die Produzenten versuchen, die maximale Menge und die maximale Vielfalt zu erzielen; natürlich unter Berücksichtigung der Betriebsgröße.
3. **Annehmen der Produktion:** Die Konsumenten sollten die gesamte Ware akzeptieren, deren Produktion gemäß der vorhergehenden Beratung in einem Plan festgelegt worden ist. Die Nachfrage richtet sich also nach dem Angebot.
4. **Gegenseitige Zugeständnisse in der Preisfindung:** Bei der Preisfindung sollten die Produzenten mögliche Einsparungen

an Arbeitskraft und Kosten berücksichtigen. Sie sollten Produktionsschritte und Packprozesse nach Möglichkeit verkürzen. Die Konsumenten sollten den Nutzen anerkennen, frische, sichere und schmackhafte Nahrungsmittel zu erhalten.

5. **Eigene Verteilung:** Der Transport der Ware sollte von der Produzenten- oder von der Verbrauchergruppe übernommen werden, um nicht von Logistikunternehmen abhängig zu sein.
6. **Die freundliche Beziehung vertiefen:** Die Entwicklung der Partnerschaft verlangt es, die Bande zwischen Produzenten und Verbraucher zu vertiefen. Das erreicht man, indem man den Kontakt zwischen beiden Partnern verstärkt.
7. **Demokratisches Management:** Beide Gruppen sollten ein zu großes Vertrauen in eine begrenzte Anzahl an Menschen vermeiden, die ansagen, was zu tun ist. Stattdessen sollten sie demokratisch handeln und sich die Verantwortung teilen. Individuelle Umstände wie zum Beispiel die familiäre Situation der Mitglieder sollten dabei Beachtung finden.
8. **Von jeder Gruppe lernen:** Beide Gruppen – Produzenten und Konsumenten – sollten voneinander lernen und große Sorgfalt in die Produktion und Verteilung sicherer Lebensmittel stecken.
9. **Limitierte Gruppengröße:** Wenn die einzelnen Gruppen zu groß werden, wird es schwierig, diese Prinzipien einzuhalten. Das ist der Grund, warum beide eine angemessene Größe nicht überschreiten sollten. Bei wachsender Mitgliederzahl sollte die Anzahl der Gruppen erhöht und die Zusammenarbeit unter ihnen gestärkt werden.
10. **Permanente Entwicklung:** In vielen Fällen sind weder die Produzenten noch die Konsumenten in der Lage, die guten Bedingungen wie oben beschrieben von Anfang an zu genießen. Deshalb ist es für beide notwendig, vertrauensvolle Partner zu wählen. Selbst wenn ihre aktuelle Situation noch unbefriedigend ist, sollten sie sich anstrengen, die gemeinsame Kooperation zu verbessern.

Community Supported Agriculture

Es ist nicht klar, ob die Bewegung, die in den späten 90er-Jahren in den USA unter dem Namen *Community Supported Agriculture* (CSA; solidarische Landwirtschaft) aufkam, von den Japanern inspiriert war. Insbesondere machte *Farmer John* das Solidarprinzip publik. Farmer John, mit bürgerlichem Namen John Peterson, war Künstler, bevor er den Hof seines verstorbenen Vaters in Caledonia, 80 Kilometer von Chicago entfernt, übernahm. Da es nicht gut um den Betrieb bestellt war, brauchte Peterson eine zündende Idee, um einen Konkurs zu vermeiden. Nach einem Produktionsplan begann er, für bis zu 1300 Kunden Öko-Produkte anzubauen. Doch John Peterson macht das nicht alleine, bei ihm packen die Kunden selbst mit an. Außerdem können sie auf dem Gelände des landwirtschaftlichen Betriebs eigene Projekte realisieren wie eine Blumenwiese oder einen Kräutergarten. Und bei Farmer John wird nach der Ernte auch gemeinsam gefeiert.

Dass viele Anleger der globalen Finanzwelt misstrauen und lieber in ihrer Nachbarschaft investieren, macht alternativ-kreative Investments wie Ackeraktien, Genossenschaften und sogar „Wurstanleihen" attraktiv. Bei dem Nürnberger Metzger Jörg Weckerlein zum Beispiel können Interessierte Genussrechte erwerben und bekommen dafür bis zu 10 Prozent Zinsen pro Jahr in Form von Einkaufsgutscheinen. Die *Regionalwert AG* bei Freiburg kauft und pachtet Höfe und Äcker, verpachtet sie weiter und fördert den ökologischen Anbau. Mit der Ausgabe von Aktien finanzieren sie ihr Geschäftsmodell. Jedes Jahr müssen die Betriebe der AG einen Bericht vorlegen, aus dem hervorgeht, wie sozial und ökologisch sie gearbeitet haben. Eine Dividende gab es bislang noch nicht; allerdings profitieren die Unterstützer davon, dass die Betriebe umweltverträglich wirtschaften, und bekommen gute Bio-Lebensmittel.

> *Schon seit dem Mittelalter gibt es bürgerliche Interessengemeinschaften aller Art*

Genossenschaften: ein altes Erfolgsmodell

Nach Angaben des Deutschen Genossenschafts- und Raiffeisenverbandes (DGRV) gibt es in Deutschland 18 Millionen Genossenschaftsmitglieder. Genossenschaften sind beliebt, und seit 2006 das Genossenschaftsrecht vereinfacht worden ist, braucht es nicht viel, um eine solche ins Leben zu rufen: drei Gründungsmitglieder, ein Ziel, das wirtschaftlicher, sozialer oder kultureller Natur ist, und eine Satzung, in der sich die Genossenschaft verpflichtet, ausschließlich zum Wohle der Genossenschaft zu handeln.

Tauschhandel oder Bartering soll vor allem die Gemeinschaft stärken, die sich ihrer bedient

Schon seit dem Mittelalter sind neben den Gilden und Zünften bürgerliche Interessengemeinschaften aller Art bekannt. Die einen konnten ihren Mitgliedern ein angemessenes Begräbnis sichern, die anderen einen Deich instand halten. Im Bergbau bildeten sich die Knappschaften heraus, ein Mittelding zwischen Gewerkschaft und Sozialversicherung auf Gegenseitigkeit. Im Alpengebiet entstanden Almgenossenschaften, die die gemeinschaftliche Nutzung der Weiden und Alpen organisierten und die Veräußerung des Gemeineigentums beschränkten. Heute werden auch Wohnungsbauunternehmen, Medien- und Handelshäuser sowie Produktionsbetriebe genossenschaftlich geführt.

Regio statt Euro: alternative Währungssysteme

Der Kollektivgedanke hat auch alternative Währungen hervorgebracht. Dazu zählen Regionalwährungen wie der *Chiemgauer* oder auch Tauschbörsen, bei denen die Teilnehmer nicht Geld, sondern Arbeitszeit tauschen. Eine Stunde ist eine Stunde, egal ob es sich um Beratung, Gärtnerarbeiten oder Haareschneiden handelt. Solche unbaren Alternativen zur Leitwährung – Tauschhandel oder *Bartering* – sollen heute vor allem die Gemeinschaft stärken, die sich ihrer bedient.

Regiogeld: Beispiel *Chiemgauer*

Ein *Chiemgauer* ist derzeit einen Euro wert (www.chiemgauer. info). Den Zahlungsverkehr mit dem „Regiogeld" wickeln die Filialen kooperierender Banken ab, vor allem in der Region Traunstein und Rosenheim, wo ihn knapp 600 Geschäfte, Boutiquen, Handwerker, Kinos, Sportzentren, Cafés und Restaurants akzeptieren. Um die Konjunktur anzukurbeln und damit nichts auf der hohen Kante landet, verfällt das Geld langsam. Es verliert von Quartal zu Quartal zwei Prozent seines Werts. Beim Zurücktauschen wird eine zweiprozentige Rücktauschprämie fällig, und mit weiteren drei Prozent unterstützt man einen gemeinnützigen lokalen Verein, den sich das *Chiemgauer*-Mitglied vorher ausgesucht hat. Trotz der Beschränkungen erfreut sich der *Chiemgauer* ausgesprochener Beliebtheit: Eine Million *Chiemgauer* zirkulieren derzeit in der oberbayerischen Region.

Das System stärkt die Region und ihren Zusammenhalt

Außerdem macht das System international Schule: Die *Berkshares* in den USA, die *Abeille* in Frankreich und die *Kangemi-Pesa* in Kenia zum Beispiel gehen auf den *Chiemgauer* zurück, und jede Woche erhält der Erfinder Christian Gelleri (siehe Abb. 28) zwei Anfragen, sogar auch aus China und Japan. Derzeit werden pro Monat ungefähr 200 000 Euro in *Chiemgauer* eingetauscht, die einmal vom Verbraucher zum Unternehmer wechseln und dreimal zwischen den Unternehmern und deren Lieferanten und Großhändlern umlaufen. Im Durchschnitt geben die Unternehmer von 100 *Chiemgauern* 75 wieder im regionalen Kreislauf aus.

Klein und autonom: die Vorteile

Der Vorzug des Gutscheinsystems liegt laut dem Initiator Christian Gelleri in der Möglichkeit, die Regeln des Geldverkehrs selbst zu gestalten und vor Währungs- und Wirtschaftskrisen geschützt zu sein: „Man kann es zum Nutzen aller Beteiligter einsetzen, es stärkt die Region und ihren Zusammenhalt", so Gelleri in dem 2014 erschienenen Buch *Geld war gestern*. Es sensibilisiere außerdem für kürzere Transportwege und fördere die Transparenz, während die Vereine und sozialen Einrichtungen von den Sponsoringgeldern profitierten, erklärt Gelleri. Damit die Währung auch bei größeren Beträgen mit von der Partie sein kann, müssen die Teilnehmer nicht jede Zahlung zu 100 Prozent in *Chiemgauern* akzeptieren. Manche Teilnehmer vereinbaren eine Akzeptanzquote von 50 oder 30 Prozent, bei sechsstelligen Beträgen auch mal nur 10 Prozent. Wo sich *Chiemgauer* stauen, helfen ehrenamtliche Aktivisten, Lieferanten zu finden, die für das Bezahlen damit offen sind. Dass viele engagierte Verbraucher und Unternehmer regelmäßig geschätzte 5000 Stunden im Jahr bei dem System mitarbeiten, ist in Gelleris Augen ein ganz großer Erfolgsfaktor: „Nur durch das Engagement und die Mithilfe von so vielen überzeugten Anhängern konnten wir so stark werden", erklärt er stolz.

Ein anderer Ansatz dieser Art ist das belgische Regiosystem *RES*, das 4000 Geschäfte und 40 000 Konsumenten vereint. Es arbeitet als Barteringsystem mit einer Kundenkarte ähnlich wie *Payback* und mit bezahlten Mitarbeitern (www.res.be). Der schon 1934 eingeführte Schweizer *Wir-Franken* ist eins zu eins an den Schweizer Franken gebunden (wir-bank.ch) und gilt in der ganzen Schweiz. Er wäre in dieser Form in Deutschland leider nicht mit der Gesetzgebung konform. Denn die WIR Bank Genossenschaft blickt auf ein sehr erfolgreiches Geschäftsjahr 2014 zurück. Laut Pressebericht erhöhte

Um die Konjunktur anzukurbeln und damit nichts auf der hohen Kante landet, verfällt das Geld langsam

sich das Gesamtkreditvolumen um 8,2 Prozent auf 4,08 Milliarden CHF/CHW, die Kundengelder stiegen um 17,3 Prozent auf 2,59 Mrd. CHF, und die Bilanzsumme kletterte auf 4,65 Mrd. CHF/CHW. Das ist ein Plus von 11,3 Prozent im Vergleich zum Vorjahr. Die Dividende aus der Reserve für Kapitaleinlagen lag bei 9,75 CHF pro Stammanteil. Im Vorjahr betrug sie 9,40 CHF.

Silvio Gesells Idee: das Schwundgeld

Alle erwähnten Regionalgeld-Modelle und etliche weitere gehen zurück auf den Begründer der Freiwirtschaftslehre Johann Silvio Gesell (1862–1930). Der Ökonom und Vordenker war ein Verfechter der Idee, dass Geld ein reines Tauschmittel sein sollte. Er war der Meinung, dass das Horten von Geld die Wirtschaft lähme. So plädierte er dafür, dass es einem natürlichen Prozess folgend verfallen solle. In diesem Zusammenhang sprach Gesell vom „rostenden Geld". Dahinter steckt ein durchaus philosophischer Ansatz: In der Natur unterliege alles dem ewigen Wechsel von Werden und Vergehen. Warum sollte ausgerechnet das Geld im Gegensatz zu allem Irdischen unvergänglich sein? Geld sollte Gesells Theorie folgend kontinuierlich an Wert verlieren und entsprechend schnell wieder ausgegeben werden, was den Währungskreislauf in Gang halten sollte. Historische Widrigkeiten vereitelten die Umsetzung seiner Idee, die wenig später in Zeiten der Weltwirtschaftskrise im niederbayerischen Schwanenkirchen 1929 und auf der Insel Norderney mit der *WÄRA* und 1932 in Wörgl in Tirol mit dem *Wörgler Schilling* jeweils für ein wahres Wirtschaftswunder in den Regionen sorgte. Daneben gibt es einige weitere interessante Tauschmittel-Ansätze, etwa den *Kaereti* in Griechenland, einen regionalen Tauschmarkt, auf dem Produkte und Dienstleistungen zum Teil gegen Olivenöl oder andere Produkte und Dienstleistungen getauscht werden. Oder eben Tauschringe.

> *Geld soll ein reines Tauschmittel sein und nicht gehortet werden*

Tauschringe: Eine Stunde ist eine Stunde ist eine Stunde

Die Idee zu der Währungsalternative *Tauschring* hatte der Brite Michael Linton, als Vancouver 1983 eine Rezession erlebte und die Arbeitslosenquote in die Höhe schnellte. Um wirtschaftlicher Not und Versorgungsengpässen entgegenzuwirken, dachte er sich eine Verrechnungseinheit aus. Mit ihr sollten Leistungen wie Renovieren, Dachdecken, Rasenmähen, Kochen oder Kinderhüten bezahlt werden. Damit

Mit dem Tauschring werden Dienstleistungen und Dinge wieder bezahlbar, die mit Euros für viele unerschwinglich sind

hob er die Tauschsysteme, auch *LETS* genannt (Local Exchange Trading System) aus der Taufe. Grundsätzlich, erklärte Linton, sei jede Tätigkeit als gleichwertig anzusehen. Zeit mutierte damit zur passenden Verrechnungseinheit. Folglich ist eine Stunde Babysitten genauso viel wert wie eine Stunde Beratung etwa in Form von Coaching oder IT-Nachhilfe.

Interview mit Dorina Schlupper:
„Suche Talente, biete **Talente**"

Die Mitbegründerin des 2009 gegründeten *Tauschrings Freising und Umgebung* erklärt uns im Folgenden, wie das System funktioniert, was man alles tauschen kann und wo die Vorteile und Grenzen der Sache liegen. Die ehemalige Kripobeamtin hat bereits mehrere Tauschringe gegründet und ist aktive Nutzerin und Mitarbeiterin unter anderem beim *Tauschring München* mit 850 Teilnehmern. Sie arbeitet als Administratorin beim *AcrossLETS*, einem überregionalen Tauschring mit 1300 Mitgliedern, und wirkt im Organisationsteam der jährlich stattfindenden Bundesarbeitstreffen der Tauschringe (BATT) mit.

Frau Schlupper, wer tauscht?
Jeder. Es gibt keine Altersbeschränkung.

Welche Gruppen sind vertreten? Was ist besonders gefragt?
Überrepräsentiert ist die Altersgruppe zwischen 40 und 70 Jahren, es gibt jedoch auch viele jüngere ebenso wie betagtere Teilnehmer. Es sind auch Institutionen im Tauschring, etwa Altersheime, Schulen, Kinos, das Haus der Eigenarbeit, Winzer, Bauern und Gartenbaufirmen.

Was wird getauscht?
Dienstleistungen, Waren, Lebenszeit.

Wie erfahre ich, was angeboten wird?
Infos erhalten Mitglieder über die *Marktzeitung* oder über Inserate auf der Homepage des Tauschrings. Oder sie erfahren von Angeboten auf den monatlichen Treffen, zu denen jeder eingeladen ist.

Wie funktioniert die Verrechnung?
Wir haben eine Tauschringwährung, die wir nach der altgriechischen Währung *Talent* nennen, und tauschen damit Lebenszeit. Der Doppelsinn ist natürlich beabsichtigt: Wer Talent hat, verdient damit *Talente*. Manche Tauschringe haben ein Tauschheft, andere führen Konten im Internet, und wieder andere, wie der LETS-Tauschring München, kombinieren Heft und Internetkonto. Bei den meisten Tauschringen gilt: Jede Arbeit wird gleich entlohnt, und pro Stunde eine feste Anzahl *Talente* – oder wie auch immer die „Währungen" dafür heißen – berechnet.

Was bedeutet das konkret?
Erbringe ich für jemanden eine Leistung, bekomme ich die Zeit in unserer Alternativwährung, in *Talenten*, vergütet. Gebe ich zum Beispiel eine Stunde Englischnachhilfe, erhalte ich

dafür 20 *Talente*. Diese kann ich für eine Massage oder ein Glas selbstgemachte Marmelade oder was auch immer innerhalb des Tauschrings einlösen.

Was sind die Vorteile des Systems?
Mit dem Tauschring werden Dienstleistungen und Dinge wieder bezahlbar, die mit Euros für viele unerschwinglich sind. Menschen, die aus unserem Arbeitssystem herausgefallen sind, finden Beschäftigung und erhalten Selbstbewusstsein zurück. Dinge, die wir wegwerfen würden, finden neue Verwendung.

Welche Nachteile ergeben sich?
Es wird bei weitem nicht alles angeboten, was die Teilnehmer brauchen könnten. Vor allem kleinere Tauschringe haben meist nicht sehr viele Angebote und wenig Auswahl; da helfe ich durch Vermittlung an andere Tauschringe aus. Und Tauschwährungen können den Euro nicht ersetzen.

Von welchen Angeboten könnten Sie mehr gebrauchen?
Die meiste Tauschringe haben zu wenige Handwerker, Nachhilfelehrer und Lebensmittelangebote. Gefragt wären auch mehr Leihangebote für Geräte, Autos usw.

Was bieten Sie selbst an?
Ich biete Übersetzungen (US-Englisch–Deutsch), das Erledigen von Korrespondenz am PC, Recherchen im Internet, Übernachtungen und regelmäßige Mitfahrgelegenheiten von München nach Freiburg über Friedrichshafen und zurück. Außerdem Kleidung, Bücher und alles, was ich nicht mehr benötige, aber noch gut ist. Darüber hinaus bin ich Patin für neue Mitglieder, Vermittlungs- und Vernetzungsstelle und Ideengeberin für die

Jeder hat irgendwelche Fähigkeiten, die er anbieten kann

Tauschringentwicklung. Kenne ich jemanden schon länger, helfe ich auf Anfrage auch bei anderen Dingen. Zum Beispiel habe ich einmal eine komplette Hochzeit und auch Umzüge mit dem Tauschring organisiert. Da ich für mehrere Tauschringe auch „Correspondante" für *Route des SEL* bin, einen französischen Reisetauschring (route-des-sel.org), vermittle ich auch Quartiere in Frankreich auf *Talente*-Basis und helfe den Unterkunftsuchenden, die Formulare von *Route des SEL* auszufüllen.

Welche Angebote nutzen Sie selbst?
Ich nutze Friseur, Fußpflege und Fußreflexzonenmassage. Ich interessiere mich auch für Pflanzen- und Lebensmittelangebote (Marmelade, Chutneys, Obst und anderes aus privaten Gärten). Dazu kommen Autoreparaturen, Bügeln und Nähen. Ich kaufe Bücher und andere Dinge wie Schmuck und CDs.

Aus welchen Motiven schließt man sich einem Tauschring an?
Die einen treten ein, um nette Menschen kennenzulernen, die anderen, um ihre oft knappen Euros mit unserer Alternativwährung zu ergänzen. Viele hängen aus Prinzip der Idee „Weg vom Konsum, hin zur Wiederverwertung" an, helfen gerne oder benötigen Hilfe, weil sie allein sind – vor allem in der Großstadt. Jeder hat irgendwelche Fähigkeiten, die er anbieten kann, und jeder benötigt hie und da etwas Passendes.

Grüne Investitionen

Wer keine *Talente* oder *Chiemgauer*, sondern Euros anlegt, dem geht es um Sicherheit und Rendite. Doch wie hoch ist auf lange Sicht der Preis für die Rendite, die wir erzielen? Überlegen wir uns dabei, in welche Unternehmen und in welche Märkte wir da investieren und wofür diese stehen, was sie konkret machen? Circa ein Prozent des gesamten deutschen Anlagevermögens steckt in sogenannten ethischen oder nachhaltigen Anlageprodukten; in den USA haben die *Social Responsibility Investments* (SRI) bereits zehn Prozent Marktanteil. Nach diesen Begriffen können sich bewusste Verbraucher auf der Suche nach ökologisch korrekten Geldanlagen orientieren.

Bei meinen Aktivitäten für *Invera,* ein unabhängiges Unternehmen für Ethik- und Nachhaltigkeitsanalysen in Zürich (www.invera.ch), sehe ich immer häufiger, dass die Verantwortung für die Gesellschaft und die Umwelt bei Unternehmen wächst. Seit zwei Jahren analysiere ich bei Invera zusammen mit acht Kolleginnen und Kollegen die Nachhaltigkeits- und Ethik-Performance aller börsennotierten Big Player in Europa. Bei dieser Stakeholder-Analyse prüfen wir ihr soziales und ökologisches Verhalten und ihr Geschäftsgebaren ihren Kunden und Lieferanten gegenüber. Wir betrachten auch, was der CEO im Vergleich zur untersten Mitarbeiterebene verdient und ob etwa ethische Ausschlusskriterien wie Waffen, Prostitution oder Forschung an menschlichen embryonalen Stammzellen gegeben sind. All dieses Wissen fließt in die Zusammensetzung von Aktienfonds ein. Jeder enthaltene Einzeltitel wird regelmäßig neu bewertet, um herauszufinden, ob es Verbesserungen oder auch Verschlechterungen in manchen Bereichen gegeben hat und um die Zusammensetzung der Fonds entsprechend umzuschichten.

Wir brauchen Transparenz statt Anonymität, damit sich moralische Werte durchsetzen

Es erstaunt nicht, dass die Firmen, die die größten Schäden anrichten und am wenigsten für das Gemeinwohl, die Natur und die Umwelt tun, oft diejenigen mit den größten Gewinnen sind.

Würden nur 20 Prozent des gesamten Anlagekapitals in ökologisch nachhaltige Investitionen fließen – im Moment bewegt sich das im Promillebereich –, entstünde ein gewaltiger Ruck. Immer noch fließt viel zu viel Geld in die falschen Investments, in die „Schweinchen"-Sektoren, wie ich sie nenne. Am meisten Geld macht man nämlich mit Atomenergie oder mit Bergbaufirmen, die Seltene Erden oder Uran unter großen Risiken für Mensch und Umwelt (Säuren, giftige Gase, Radioaktivität) abbauen; mit Derivaten, hinter denen keine reale Wirtschaftstätigkeit steht, oder mit Finanzunternehmen, die an den Lebensmittelbörsen zocken… Viele Anleger gehen da bereitwillig mit und investieren entweder direkt in die einschlägigen Aktien oder über Fonds, die diese Geschäfte und Märkte ein wenig verdecken.

Die Firmen, die die größten Schäden anrichten, sind oft die mit den größten Gewinnen

Ohne soziale Kontrolle kein Gewissen

Warum meldet sich da nicht das schlechte Gewissen oder warum wird es geflissentlich überhört? Dazu gibt es ein aufschlussreiches Experiment von dem renommierten Volkswirtschaftler und Philosophen Armin Falk. Bei diesem Test stellte er die Probanden vor folgende Entscheidung: Sie sollten entweder durch Zuführung von Kohlenstoffdioxid eine Maus töten und dafür 10 Euro kassieren oder auf das Geld verzichten. Das Ergebnis: Frauen ließen die Maus häufiger leben als Männer, und im Durchschnitt machten 46 Prozent der Studenten den Job für die zehn Euro. „Viele machten es auch für 2,50 Euro. Gleichzeitig weigerten sich viele, die Maus für 100 Euro zu töten", sagte Falk gegenüber der *Süddeutschen Zeitung*. Sprachen sich die Studenten aber im Kollektiv ab, nahmen 70 Prozent das Geld! Ist die Verantwortung geteilt, fallen also die Hemmungen. Falk dazu: „Wir handeln auf dem Markt gegen unsere eigenen Wertmaßstäbe und machen das mit, was die anderen machen." Der Waffenhandel ist ein Beispiel dafür, aber auch die wilden Spekulationen an den Finanzmärkten. Die Überlegung ist: Wenn ich es nicht mache, dann machen es die anderen; also mache ich es. Falks Fazit: Es muss sichtbar werden, wer ein bestimmtes Handeln verantwortet.

Wir brauchen Transparenz statt Anonymität, damit sich moralische Werte durchsetzen. Das ist schwierig, weil Bankgeschäfte im stillen Kämmerlein getätigt werden; oft sowieso online und daher ohne jede soziale Kontrolle.

Ein anderes Problem sind die vielen Banker, die den Anleger nicht gegen Honorar beraten, sondern gegen eine Provision, die der Anbieter des verkauften Produkts bezahlt, wodurch natürlich der Bock zum Gärtner wird! Außerdem soll Reibach gemacht werden, also viel Rendite fließen. Manche Banker verstehen das als ihre Daseinsberechtigung und sehen sich durch ihre schamlos überhöhten Boni bestätigt. Rücksichtslos empfehlen sie die auf kurze Sicht interessantesten, da riskantesten Anlagen mit Traumrenditen von 10 bis 15 Prozent. Dabei geht es nicht selten um Waffen oder auch um dubiose Chemikalien – zum Beispiel von BASF, einem Hersteller von Pestiziden, die in Europa verboten sind, aber nach Afrika exportiert werden.

Auch mit Wetten (Optionen) auf Rohstoff- und Agrarpreise geht man im Endeffekt über Leichen. Diese rein spekulativen Geschäfte machen aus dem Weltmarkt ein Spielkasino. Sie haben oft bedenkliche *Side Effects* in den benachteiligten Regionen der Welt. Die bereits erwähnten Spekulationen auf Agrarpreise machen das Prinzip von Angebot und Nachfrage obsolet und die Nahrungsmittel zu teuer. Die Folge: Immer mehr Hunger bei den Ärmsten der Armen. Also Augen auf beim Geldanlegen! Machen Sie sich bewusst, wen Sie mit Ihrem Geld unterstützen und welche Folgen es hat, auf bestimmte Branchen und Unternehmen zu setzen!

Natürlich will jeder Anleger eine Rendite, jeder Aktionär Kursgewinne und Dividende. Doch diese kurzsichtige Betrachtungsweise blendet die Kostenseite aus: Die Natur und die Gesellschaft müssen die langfristigen Folgen ausbaden. Der ökologische Schaden, den spekulative Hasardeurspiele, Monokulturen, Brandrodung, Verschmutzung der Flüsse oder Tiefseebohrungen zur Folge haben, reduziert erst nach vielen Jahren das Geschäftsergebnis. Dann allerdings ist es zu spät zum Umdenken, jedenfalls für die Natur und das Gemeinwohl. Das Geld ist dann meist längst woanders investiert und bringt dort neue Erträge, während die Allgemeinheit an den Altlasten aus früheren Anlagen schwer zu tragen hat.

Alternativen zum Big Business

Bewusste Anleger sehen diese Zusammenhänge und finden andere Wege, ihr Geld für sich arbeiten zu lassen. Sie wählen die grüne Variante oder investieren in Genossenschaften bzw. unterstützen kleinere Landwirte und erhalten statt einer jährlichen Dividende oder Zinsen Einkaufsgutscheine.

Ein sehr kreatives Anlagemodell hat sich das italienische Bankhaus *Credito Emiliano SpA* einfallen lassen: Goldbarren aus Milch. Die Bank gewährt Landwirten auf Parmesankäse Kredite mit einer Laufzeit von zwei Jahren. So lange dauert es, bis der echte Parmesan gereift ist und für 11 Euro je Kilogramm verkauft werden kann. Dazu der zuständige Bankmanager William Bizzarri gegenüber der österreichischen Tageszeitung *Die Presse*: „Parmesankäse wird seit dem Mittelalter für Finanzgeschäfte verwendet [...] Es ist nicht unsere Haupteinnahmequelle, aber es hilft den Käseproduzenten und zeigt, dass es mehr als nur einen Weg gibt, Bankgeschäfte zu machen." Jeder Laib besitzt eine Registrationsnummer. So lässt sich der Reifegrad des Käses kontrollieren, der bis zum Verkauf um etwa ein Viertel an Wert gewinnt. Im längerfristigen Durchschnitt lagert die Bank Käse im Wert von 180 Millionen Euro.

Natürliche Ressourcen: Haushalten tut not

NATÜRLICHE RESSOURCEN

Der Begriff „natürliche Ressourcen" umfasst alles, was wir auf unserem Planeten von der Natur brauchen und worauf wir angewiesen sind: Boden, Bodenschätze, Wasser, Luft und Energie. Beginnen wir bei der Landwirtschaft und der Ernährungswirtschaft, da ich mich seit vielen Jahren mit ihr beschäftige, in und von ihr lebe: Die Systeme, Techniken und Verfahren haben sich seit Jahrhunderten und Jahrtausenden entwickelt. Ursprünglich ist all das aus einem echten Mangel heraus entstanden, auch aus Hungersnöten. Die meiste Zeit ihrer Geschichte und Vorgeschichte über musste die Menschheit ständig darum kämpfen, dass überhaupt genügend Lebensmittel zur Verfügung standen – auch in unseren klimatisch begünstigten Breiten. Dass die ganze Bevölkerung zu bezahlbaren Preisen satt werden kann, war lange nur ein Wunschtraum.

Dass die ganze Bevölkerung zu bezahlbaren Preisen satt werden kann, war lange nur ein Wunschtraum

Zerstörerische Ernährungswirtschaft

Die Agrarwelt war im Grunde genommen in Ordnung, bis die Lebensmittelerzeugung in den 1990er-Jahren immer mehr industrialisiert wurde und sich neue Ziele setzte – vor allem Ertragsziele. Mit ihrer kurzfristig angelegten, spottbilligen und hoch technisierten Produktion ist sie in die Krise geraten. Seither geht die Rechnung nicht mehr auf: Heute werden zehn Einheiten Energie verbraucht, um am Ende nur eine Einheit Energie in Form von Lebensmitteln zur Verfügung zu stellen. Das liegt an den vielen Vor- und Zwischenleistungen in der Produktionskette. Für die Erzeugung der landwirtschaftlichen Ausgangsprodukte Obst,

Gemüse, Getreide, Tiere und Milch sind in diesem fatalen Wirtschaftssystem immer mehr Maschinen, Düngemittel, Pestizide, Gebäude etc. notwendig.

Von der konventionellen Lebensmittelwirtschaft verschwendete Ressourcen

- Brennstoffe, in erster Linie Diesel, für die Ackerbearbeitung und die Ernte
- Unmengen Strom für die Verarbeitungsmaschinen in Industrie und Handwerk; die Produkte werden erhitzt und heruntergekühlt, gefroren und getrocknet …
- Plastik, Kartonagen und andere Materialien für die mannigfachen Verpackungen und Umverpackungen
- Energie für die Transporte der Waren zu und zwischen den Verarbeitern und am Ende von einer Zentrale aus bis in die letzte Filiale
- Heizenergie und Strom für Kühlung und Beleuchtung in den Supermärkten
- Energie für die Abfallentsorgung und den Abtransport von Verpackung und organischen Resten

Hauptproblem Ernährung

Die allermeisten globalen Herausforderungen, die vor uns stehen, sind mit unseren Agrarsystemen verbunden – denn wir essen nun einmal jeden Tag, und nicht nur einmal. Die Ernährungswirtschaft verändert das Gesicht unserer Welt am allermeisten. Dabei stehen wir an einem Punkt, an dem wir uns eingestehen müssen: So geht es nicht mehr weiter. Die zentralen Probleme sind:
- Energieverknappung
- Klimawandel
- Armut und Hunger
- Wassermangel
- Kontamination des Grundwassers

- Bodendegradation und Erosion
- Anreicherung von Chemieprodukten im Boden
- Biodiversitätsverlust (Artensterben)
- Tierhaltung
- Wirtschafts- und Finanzkrise
- Vertrauenskrise

Haben wir das alles gewollt? Natürlich nicht! Doch das Problem ist: Alle wollen mithalten in dem allgemeinen Wettbewerb des Wachstums: Immer schneller, höher, weiter! Dem haben sich die Lebensmittelerzeugung und der Handel angepasst – mit dramatischen Auswirkungen auf Flora, Fauna und die ganze Natur. Wir wollen grenzenlos konsumieren und sparen am falschen Ende. Dass die Lebensmittel heute so billig sind, können wir uns nicht mehr leisten. Wollen wir eine lebenswerte Umwelt erhalten, ist das rücksichtslose, nur auf mehr Menge und weniger Kosten ausgerichtete Produzieren nicht mehr tragbar.

Das falsche Vorbild: wir selbst

Andererseits bedeutet Konsumieren: Sie können sich etwas leisten, können materiell mithalten, spielen mit in Ihrer jeweiligen sozialen Liga. Der Konsum hat sich in uns verselbstständigt. Wir sind unbescheiden geworden; Verzicht ist fast ein Fremdwort. Ohne innezuhalten und nachzudenken, konsumieren wir wie ferngesteuert. Und die Menschen rund um den Erdball, die es sich leisten können, tun es uns gleich – vor allem Aufsteigerländer wie China. Seit dem Übergang von der Plan- zur Marktwirtschaft haben dort endlich breitere Schichten mehr und mehr Geld zur freien Verfügung. Natürlich kann man den Menschen das Konsumieren nicht verbieten. Ebenso wenig

Wir müssen die Natur wieder verstehen lernen und sie wirken lassen

kann man Familien in armen Ländern verbieten, viele Kinder in die Welt zu setzen. Wo die Armut überwunden ist, geht der Trend zur Konsumgesellschaft nach dem Modell der Ersten Welt, die es allen anderen vormacht – mit allen Fehlentwicklungen. Umso mehr stellt sich die Frage, wie wir in Zukunft mit den natürlichen Ressourcen umgehen, mit Energie und Rohstoffen.

Es reicht für 15 Milliarden Menschen

Der 2014 verstorbene Physiker Hans-Peter Dürr, zeitweise Direktor des Max-Planck-Instituts für Physik, wurde auf einer Podiumsdiskussion gefragt, wie es gelingen könne, die massiv wachsende Weltbevölkerung zu ernähren. Da wurde er sauer und antwortete der Fragestellerin: „Meine liebe Dame, verstehen Sie, dass ich ein bisschen ungehalten bin. Das Beschäftigen mit der Frage der Steigerung der Weltbevölkerung führt am Ende immer in ein moralisches Dilemma. Lassen wir das also. Konstatieren wir lieber, dass der Planet in der Lage wäre, auch 15 Milliarden Menschen zu ernähren, wenn wir gut damit umgehen."
Diese Antwort ist für mich so etwas wie ein Befreiungsschlag und ein Hoffnungsschimmer. Was wir sonst überall zu hören bekommen, finde ich tragisch. So wird erklärt, der ökologische Landbau helfe nicht, die Weltbevölkerung satt zu bekommen, und aus diesem Grund wird die sogenannte Bioökonomie als Retter in der Not gefeiert. Unter diesem verharmlosenden Deckbegriff aber soll mit technologischen Mitteln versucht werden, die Weltbevölkerung zu ernähren. Das bedeutet nichts anderes als noch mehr Technokratie, noch mehr Pestizide, noch mehr Herbizide, noch mehr Düngung. Der mit „Bio" geschönte Begriff steht für einen technischen Weg, der in die Katastrophe führt.

Der Nachhaltigkeitsexperte Franz-Theo Gottwald, der die Schweisfurth-Stiftung leitet, hat dazu in seinem Buch von 2014: *Irrweg Bioökonomie. Kritik an einem totalitären Ansatz* geschrieben: „Lange wurden die Überzeugung vom Recht des Menschen, nach Belieben über die Natur zu verfügen, sowie die Fantasien von seiner Omnipotenz, die es ihm ermöglicht, dies auch schadlos zu tun, mehrheitlich geteilt. Doch angesichts der inzwischen vielerorts auch das Überleben der Menschen selbst gefährdenden Umweltvernichtung beginnt sich eine globale Sensibilität und Nachdenklichkeit herauszubilden. Die Folgewirkungen menschlicher Eingriffe in die Natur werden nicht mehr, wie zuvor, vollständig negiert, beschönigt oder verdrängt, sondern vor allem von jüngeren Menschen zunehmend wahrgenommen. Registriert wird ferner, dass diese Folgen weder beabsichtigt waren noch vorhergesehen wurden, dass sie also das Ergebnis schlichten Unvermögens sind. Besonders die Grüne Gentechnik hat ständig an Boden verloren, speziell in Europa, weil hier die Ablehnung der Pflanzenbiotechnologie gesellschaftlich und politisch weiterhin hoch ist

> Öko ist das einzige System, das einen nachhaltigen Ertrag bringt

(Marcinowski, 2011). Und das Negativimage der Grünen Gentechnik und die mit ihr gewonnenen Erfahrungen könnten nun auch auf bestimmte Bereiche der Roten [medizinischen] und Weißen [biotechnologischer Einsatz von Mikroorganismen, Zellkulturen und Enzymen bei der Produktion] Gentechnik übertragen werden, die möglicherweise doch nicht so sicher und harmlos sind, wie es deren Vertreter verkünden. Zumindest gefährdet das sich ausweitende öffentliche Misstrauen die derzeitigen Geschäftsmodelle und damit die Gewinne der beteiligten Firmen, auch wenn es den Vertretern von Biotechnologie-, Chemie-, Pharma-, Agrar- und Nahrungsmittelindustrie gelungen ist, die Politik mit dem Konzept der Bioökonomie auf ihre Seite zu ziehen und zum scheinbaren Gestalter wirtschaftlicher Entwicklungen zu machen."

Ökolandbau statt Bioökonomie

Bioökonomie ist der falsche Weg, und ich wundere mich über Leute, die mir vorhalten, mit Bio könnte man nicht die Welt ernähren. Auch auf einer Podiumsdiskussion von *Munich Re* (die ehemalige *Münchner Rück*) 2014 zum Themenkreis Ernährung, Bio, Essen und Hunger kam aus dem Publikum die Bemerkung: „Biolandbau führt zu weniger Ertrag pro Fläche." Bei dieser Veranstaltung saß Alexander Gerber

Die Anbaumethoden sind nur auf den kurzfristigen maximalen Output ausgelegt

auf dem Podium, der Vorstand von *Demeter,* dem Verband mit dem umfassendsten Qualitätsversprechen und dem wohl strengsten Biosiegel Deutschlands. Der antwortete sehr klug: „Das mag vielleicht hier in diesen hochfertilen Landschaften in Europa stimmen. Weltweit gilt das unter keinen Umständen. In Indien zum Beispiel gibt es extreme Ertragssteigerungen pro Flächeneinheit durch Ökolandbau, weil Öko das einzige System ist, das einen nachhaltigen Ertrag bringt und Rücksicht nimmt auf die physikalische Kraft des Bodens, Wasser zu speichern, und damit verbunden auch auf die Humusentwicklung."

Warum, fragen Sie sich vielleicht, sind Ertragssteigerungen in Indien überhaupt ein Thema für uns? Die Sicherung der Welternährung hängt von zwei Aspekten ab, nämlich von der gerechten Verteilung der Ressourcen und dem richtigen Umgang mit dem Boden. In den letzten 30 Jahren sind weltweit ungefähr 25 Prozent des Ackerlands durch Intensivlandwirtschaft verloren gegangen. Die Nachhaltigkeit der Ertragskraft ist extrem gesunken. Das heißt, die Anbaumethoden sind falsch, weil sie nur auf den kurzfristigen maximalen Output ausgelegt sind.

Geschädigt wurden vor allem „Grenzböden". Darunter versteht man Böden, auf denen so wenig wächst, dass sie fast nicht kultivierbar sind: Taiga, Tundra, wüstennahe Gebiete, äquatoriale Gegenden mit wenig Regen etc. Jede zusätzliche Belastung durch den Menschen senkt dort weiterhin die Ertragskraft. Diese Grenzböden muss man fertilisieren, also auf gesunde Weise entwickeln, statt sie durch falsche Landwirtschaft ganz zu ruinieren. Zum Beispiel hat man den Aralsee und damit das größte Fischreservoir Zentralasiens fast komplett geopfert. Die Bewässerung der Baumwollfelder Usbekistans und Kasachstans mit seinem Wasser hat vielerorts zu einer nahezu völligen Versalzung und damit zur Zerstörung der Böden geführt. Man hat also mit einer kurzsichtigen Maßnahme zwei riesige Schäden angerichtet. Die Natur dort ist unwiederbringlich am Ende, wie ich auf einer Reise durch Usbekistan mit eigenen Augen sehen konnte. Schrecklich!

Dürfen wir überhaupt noch Fleisch essen?

Geht es um ökologische Diskussionen, werde ich häufig mit einer weiteren Frage konfrontiert: Dürfen wir Menschen denn überhaupt noch Fleisch essen? Kühe sind doch unsere Nahrungskonkurrenten und fressen uns den Planeten kahl. Die logische Schlussfolgerung: Am besten werden wir alle Veganer! Manche militanten Gegner des Fleischkonsums versteigen sich gar zu Urteilen wie: „Wenn man Tiere isst, kann man auch gleich Menschen essen." Fleischesser werden mit Kannibalen gleichgesetzt! Da ist für mich die Grenze des Erträglichen überschritten. Wer so redet, dem ist einfach nicht klar, was Tierhaltung und Fleisch für uns global bedeuten.

Eine Milliarde Menschen leben so gut wie ausschließlich von der Tierhaltung

Eine Milliarde Menschen leben so gut wie ausschließlich von der Tierhaltung, etwa die Samen oder Inuitstämme, auch Wüstenbewohner in Marokko. In ihren Heimatregionen ist Ackerbau nicht möglich. Wer diesen Völkern aus moralischen Gründen verbietet, Fleisch zu essen, der tötet oder vertreibt sie.

Tierhaltung kann Böden verbessern

Indien leidet unter fortschreitendem Wassermangel. Aber mit Tierdung kann man aus fast unfruchtbarem Land auf sehr lange Sicht eine gewisse Fertilität erzielen und irgendwann Gemüseplantagen anlegen. Das ist das Geniale an unseren Wiederkäuern. Wenn man in kargen Regionen mehrere Arten Wiederkäuer – etwa Kamele, Ziegen und Rinder – nebeneinander hält, hat man die optimale Nutzung des Bodens und zugleich die größte Chance, dass mehr Humus entsteht. Aber das ist nur eine kurze und einfache Erklärung zu diesem komplexen Thema.

Irrwege der Landwirtschaft

Zurück zur Welternährung: Ende der 1990er-Jahre waren 850 Millionen Menschen unterernährt und litten Hunger; im Jahre 2015 sind wir wieder bei einer Milliarde! Was ist da los? Internationale Konzerne verdienen an Billigexporten aus den reichen in die armen Länder. Umgekehrt importieren sie zu Dumpingpreisen die wertvollen landwirtschaftlichen Erzeugnisse der Entwicklungsländer. Die Folge ist die Ausblutung der dortigen Landwirtschaft, die immer ressourcenaufwendiger und teurer wird unter dem Einfluss von Unternehmen wie *Monsanto*, die eine immer stärkere Technisierung der landwirtschaftlichen Produktion durchsetzen. Die Böden gehen vor die Hunde, alle Ressourcen werden immer teurer. Das schmälert das Einkommen der Menschen, und der Hunger greift weiter um sich. Die korrupten Reichen schöpfen unter dem Schutz der demokratisch gewählten Despoten die Sahne ab und führen ein obszön ausschweifendes Luxusleben; so unter anderem in Indien. Was für eine Errungenschaft! Wie happy

Fleischesser werden mit Kannibalen gleichgesetzt

waren wir, als Indien hungerfrei war, dank einer guten Agrarpolitik, die es vor 20 Jahren, als ich dort war, noch gab.

Die ganze Weltschöpfungskette der Landwirtschaft – vom Acker bis auf den Teller – ist so globalisiert und verkompliziert worden, dass heute zehn Einheiten Energie eingesetzt werden müssen, damit am Ende eine Einheit Energie auf dem Teller landet. Dieses Missverhältnis wächst weiter wegen immer mehr Transport, Verarbeitung, Verpackung und Kühlung. Energieeffizientere Produktionsmethoden können das nicht aufwiegen.

Die sogenannte Bioökonomie, also die angeblich intelligente Modernisierung der Landwirtschaft durch noch mehr Technik und Chemie auf Basis „wissenschaftlicher" Erkenntnisse, ist ein sichtbares Beispiel für den Irrglauben, mit technokratischen Lösungen die Ernährungsprobleme besiegen zu können. Sie ist weder bio noch öko. Weniger ist mehr! Wir müssen die Natur wieder verstehen lernen und sie wirken lassen: Sie macht alles am energieeffizientesten, wenn man sie nur lässt. Irgendwann jedoch ist die Energie zu Ende. Wie entschärfen wir diese Zeitbombe?

Der Peak Oil und seine Konsequenzen

Erdöl treibt den heutigen Verkehr an, und billige Energie gilt als Voraussetzung für eine florierende Wirtschaft. Sie hält die Logistikketten am Laufen, also den Austausch von Gütern kreuz und quer durch die Nation und rund um die Erde. Das Gleiche gilt für die Mobilität jedes Einzelnen von uns, wenn wir mit dem eigenen Auto zur Arbeit, in die Berge oder auf Besuch zu Freunden fahren. Wie lange können wir

Die Ära des billigen Öls wird irgendwann unwiderruflich Vergangenheit sein

uns das noch leisten? Wie lange reicht das Öl? Hier kommen wir zu einem neuralgischen Punkt der modernen Verkehrsgeschichte, nämlich zum sogenannten Peak Oil, dem Zeitpunkt, zu dem die Ölförderung ihr Maximum erreicht haben wird und von dem an sie nur noch zurückgehen kann, weil die Lagerstätten zur Neige gehen. Fracking hin, Tiefseebohrungen her – die Ära des billigen Öls wird irgendwann unwiderruflich Vergangenheit sein. Auch wenn wir uns beim Tanken immer über die hohen Kosten ärgern, ist dieser wertvolle Rohstoff noch heute viel zu billig. Deshalb wird er weiterhin massenhaft verfeuert. Dass der Peak Oil allmählich in Sicht kommt, hat schon Anfänge eines Strukturwandels eingeläutet – weg vom Antrieb mit fossilen Brennstoffen und hin zu der Frage: Wie sieht postfossile Mobilität aus?

Die Ölkonzerne werden weiterhin auf Teufel komm raus Gas und Öl fördern

Tatsache ist, dass seit 1980 jedes Jahr mehr Öl verbraucht wird, als man *onshore* wie *offshore* an neuen Vorkommen findet. In Europa ist die Fördermenge um nahezu die Hälfte zurückgegangen. Und während wir in den OECD-Ländern unseren Bedarf an Öl etwas drosseln konnten, nahm der Durst aufstrebender Nationen wie Brasilien und China umso stärker zu. Wie sollen wir darauf reagieren? Schließlich ist der Mensch auf Mobilität angewiesen.

Ölförderung, wo immer es geht

Erst einmal werden die Ölkonzerne weiterhin auf Teufel komm raus Gas und Öl fördern. Der spanische Ölkonzern *Repsol* hat ab November 2014 vor den Kanarischen Inseln im Atlantik Probebohrungen gemacht. Zum Glück haben die Vorkommen sich als nicht förderwürdig erwiesen, und die Aktion wurde im Januar 2015 abgeblasen, auch auf Druck von Greenpeace. Die Bewohner atmen auf; sie hatten Angst vor der Verseuchung der Küsten und damit vor der Zerstörung ihrer Lebensgrundlage, des Tourismus. Glück gehabt – einstweilen.

Shell ist im Frühling 2015 zum zweiten Mal zur Exploration im Nordpolarmeer unterwegs, das nun auch im Winter „dank" *Climate Change* schiffbar ist. Mit Genehmigung der US-Regierung wird nun also in der Arktis nach Gas und Öl gebohrt, und zwar in der Tschuktschensee zwischen Alaska und dem Nordosten Russlands. Ignoriert werden dabei die schlechten Erfahrungen mit Shell: 2012 hat der Konzern in der Arktis gebohrt und dabei Sicherheitsvorschriften missachtet. Es gab ernste Zwischenfälle: Zwei Bohrinseln liefen auf Grund und mussten mit Schlepperhilfe geborgen werden.

> *Die Angst der Menschen ist nicht irrational, sondern nur zu berechtigt*

Ein Unfall in den abgelegenen arktischen Gewässern mit ihrer höchst empfindlichen Fauna könnte noch schlimmere Umweltschäden nach sich ziehen als die Explosion der *BP*-Bohrplattform *Deepwater Horizon* im April 2010 im Golf von Mexiko. Nach dieser Havarie verseuchten viele Millionen Barrel Rohöl den Golf von Mexiko bis an die Küste der USA mit furchtbaren Folgen für Fauna und Flora, Fischerei und Tourismus. Badet man zum Beispiel an der falschen Küstenseite Floridas, riecht noch heute der ganze Körper nach Öl. Die Angst der Menschen ist nicht irrational, sondern nur zu berechtigt. Übrigens zahlte BP 4,5 Milliarden US-Dollar, die höchste jemals vom Justizministerium verhängte Strafe für ein Umweltdelikt.

Neue Fördertechniken: der Ruin der Natur

Alexander Egit, Greenpeace-Geschäftsführer für Zentral- und Osteuropa, berichtete bei einem unserer Treffen in Hamburg, dass Amerika und Russland vermehrt Schiefergas und Schieferöl abbauen, und zwar auf Hunderttausenden von Quadratkilometern. Weite Landstriche sind schon heute durch das danebengelaufene

Öl und die Chemikalien verseucht. Doch kaum jemand tut etwas dagegen. Russland unterdrückt seine kritische Zivilgesellschaft, und niemand wagt es, laut dagegen zu protestieren.

Sauber, gratis, zukunftsfähig: Sonnenenergie

Wir brauchen eine „enkelfähige Energiewirtschaft", wie sie Ursula Hudson von *Slow Food* so treffend fordert, und die muss ganz anders aussehen als unsere heutige. Die Energie der Zukunft lagert nicht in den Tiefen der Arktis und Antarktis! Die Zukunft gehört der Solarenergie, denn die Sonne stellt keine Rechnung.

Auch Jörg Schindler, Ökonom und Schatzmeister der *Association for the Study of Peak Oil and Gas* (ASPO), sieht die Lösung in erneuerbaren Energien wie Biodiesel, Ethanol, Biomethan, Wasserstoff, Solarstrom und Wind, aber auch in unserer Muskelkraft. Seiner Erwartung nach werden die steigenden Energiepreise unser Bewusstsein gründlich ändern, und wir werden deshalb in Zukunft mehr zu Fuß und mit dem Fahrrad unterwegs sein. Dieser Trend zeichnet sich schon seit Jahren deutlich ab, und das Fahrrad in all seinen Spielarten erlebt einen unglaublichen Boom. Schindler prognostiziert auch effizientere Bau- und Siedlungsstrukturen. Wo Arbeitsplatz und Wohnung nicht zu weit voneinander getrennt liegen, ist man nicht auf das Auto angewiesen.

> *Wir brauchen eine „enkelfähige Energiewirtschaft"*

Zwischenschritt Biomasse

Ich glaube, dass wir langfristig nicht nur ohne die fossilen Energieträger Erdöl und Erdgas, sondern auch ohne nachwachsende Energieträger wie Biogas, Ethanol und Holz auskommen werden. Strom aus der Nutzung der Sonnenenergie, des Winds und der Wasserkraft wird uns für alle Bedürfnisse wie Heizung, Beleuchtung und Mobilität genug Energie liefern.

Die Übergangstechnologien der nachwachsenden Energieträger sind natürlich bereits ein enormer Fortschritt. Sie versorgen im Moment noch viele Haushalte und Betriebe, etwa das erwähnte Freiburger Stadtviertel Vauban (siehe ab Seite 11) oder die schwedische 60 000-Einwohner-Stadt Växjö. Sie hat sich zur „grünsten Stadt Europas" entwickelt, wurde 2007 von der EU-Kommission mit dem Energie-Nachhaltigkeitspreis ausgezeichnet und will bis 2030 komplett ohne fossile Energie auskommen. Das betrifft jegliche Energie, die zum Heizen, zum Kühlen und für alle öffentlichen und privaten Fahrzeuge notwendig ist. Die Stadtbediensteten von Växjö fahren zum Beispiel Elektrowagen. Alle Haushalte sind bereits an ein Biomassekraftwerk angeschlossen, das mit Holzhackschnitzeln befeuert wird. Zusätzlich gibt es eine mit nicht recyceltem Restmüll gespeiste Biogasanlage. Das ist sinnvoll, weil dann nicht extra für die Biogasanlage Mais oder andere Biomasse produziert werden muss – auf Flächen, die dann für die Produktion von Nahrungsmitteln ausfallen würden.

Die Zukunft liegt in der dezentralen Stromerzeugung

Stockholm will Växjö nicht nachstehen. Bis zum Jahr 2050 will auch die schwedische Hauptstadt das Verbrennen fossiler Brennstoffe komplett hinter sich lassen. Im Stadtteil Hammarby Sjöstad, der bis 2017 zu einem Wohngebiet für 26 000 Einwohner ausgebaut werden soll, gibt es einen Pool von 46 Autos für 900 Menschen. Ein unterirdisches Transportsystem entsorgt den Müll direkt in eine Biogasanlage. Wegen der neuen Citymaut fahren heute laut Angaben der *Süddeutschen Zeitung* pro Tag 150 000 Autos weniger als zuvor in die Innenstadt. Die meisten Pendler weichen auf Bus und Bahn aus und sparen im Schnitt 20 Minuten Fahrzeit. Und die Busflotte und die meisten Taxis werden bereits heute mit Biogas betrieben, das es an jeder fünften Tankstelle gibt. Viele benutzen auch das Fahrrad und nehmen die Fähre. Deshalb baut die Stadt ihr Radwegenetz weiter aus.

Wir Stromjunkies

Wenn man sich überlegt, was passiert, wenn der Strom länger ausfällt, wird einem richtig mulmig. Auf was müssen wir dann alles verzichten! Im Winter ist die Wohnung kalt, wir haben kein Licht außer Kerzen, wir können nicht mehr kochen. Der Gefrierschrank taut ab, ebenso versagt die Kühlung in den Supermärkten und beim Metzger, elektrische Türen bleiben zu oder stehen offen, die Bankautomaten und Kassensysteme funktionieren nicht mehr, Bahnen, Aufzüge und Rolltreppen stehen still …
Nur gelegentlich passiert es in deutschen Großstädten, dass einmal für kurze Zeit der Strom weg ist; in mediterranen Städten im Herbst und Winter etwas öfter, wenn es stark regnet und umgestürzte Bäume die Stromversorgung lahmlegen.
Rein theoretisch könnte der Blackout auch in einer Stadt der absoluten Superlative passieren, in Dubai. Denn die 2,3 Millionen Einwohner zählende Metropole wird mit Strom aus einem einzigen Gaskraftwerk mit großen Verbrennungsmotoren versorgt. Fällt dieses aus, steht ganz Dubai ohne Strom da: Keine Klimaanlage liefert mehr kühle Luft, und das macht sich in den Hochhäusern wahrscheinlich viel schlimmer bemerkbar als in den alten Beduinenzelten aus Kamelhaar,

Mit Strom zu kochen oder zu heizen ist physikalisch gesehen völliger Unsinn

die immer eine kühlende Durchlüftung erlauben und sich nur bei Regen zusammenziehen und abdichten. Heute wären die Schäden und Probleme kaum auszudenken, wenn das Gaskraftwerk durch was auch immer außer Betrieb gesetzt würde – ein klassisches, selbst gemachtes und vermeidbares Klumpenrisiko, von kurzsichtigen Technokraten erdacht und konstruiert.
In Beirut habe ich in den 90er-Jahren den damaligen Energieminister kennengelernt, der sagte, er habe Angst, weil der ganze Libanon – abgesehen von zwei kleinen Wasserkraftwerken – von

einem einzigen Großkraftwerk südlich von Beirut abhängig sei, das 80 Prozent des Stroms für das gesamte Land produziert: „Wenn da einer eine Bombe wirft, sind wir hinüber." Zwei Wochen nach meinem Besuch hat die israelische Armee dieses Kraftwerk bombardiert. Nur noch ein Viertel des Tages gab es dann Strom, bis die Anlage wieder aufgebaut war.

Heute denken die Ingenieure immer noch gerne in überdimensionalen Maßstäben, wollen aber nicht einsehen, dass uns die notwendigen Rohstoffe ausgehen. Die Zukunft liegt meines Erachtens in der dezentralen Stromerzeugung.

Strom regiert die Welt

Seit den 50er-Jahren versorgten uns immer mehr Atomkraftwerke mit fast beliebigen Mengen an Strom, und die Industrie machte uns in allen Lebensbereichen bald zu Stromsüchtigen: ein riesiges Geschäft für die Hersteller und die Stromkonzerne. Auf einmal „brauchte" man für jeden Handgriff im Haushalt irgendwelche Elektrogeräte, zum Beispiel die motorisierte Schuhbürste. Dass Strom scheinbar unbegrenzt erzeugt werden konnte, führte zu echten technischen Perversionen wie der Nachtspeicherheizung. Dass Strom aus der Steckdose kommt und einfach da ist, ist uns in Fleisch und Blut übergegangen.

Alle Menschen, Organisationen und Unternehmen jeglicher Art und natürlich die Staaten und Kommunen hängen komplett vom Strom ab. Jeder sollte sich weniger abhängig machen und dezentral denken. Ich bin zum Beispiel froh darüber, dass wir in Sonnenhausen einen Gasherd haben. Notfalls kochen wir bei Kerzenlicht, was schon öfter passiert ist. Strom ist die höchste Form der Energie, die wir haben. Mit dem edlen Strom dann zu kochen, also schlicht Hitze zu erzeugen, ist physikalisch gesehen völliger Unsinn, weil der Wirkungsgrad lächerlich ist. Aber die neueste Technik bei Herden ist die Induktion: Hallo Stromjunkie! Wer denkt schon beim Kauf, begeistert von der glänzenden Herdplatte und all dem

Hightech, an den Fall, dass kein Strom mehr aus der Steckdose kommt? Stabil wird unsere Lebenswelt nur, wenn wir sie weniger verletzbar einrichten. Das verlangt bei der Energieversorgung nach dezentralen Thermosolarkollektoren und Fotovoltaik. Und nach Stromsparen: Handarbeit statt teure Küchenmaschinen, die einem jeden Handgriff abnehmen sollen.

Unbedingt sinnvoll ist allerdings die Umstellung der Beleuchtung auf LED-Technik. Für die Außenbeleuchtung unserer *basic*-Supermärkte setzten wir versuchsweise LED-Leuchten ein und stellen fest: Je kälter die Umgebung ist, desto leistungsfähiger sind sie. Dann haben wir auch innen auf LED-Beleuchtung umgestellt, bei Grund- oder Effektbeleuchtung, Vitrinen, Kühlwandregalen und Frischwarentheken. Die Leuchtdioden sind nicht ganz so sparsam wie vom Hersteller angegeben; trotzdem sinkt der Stromverbrauch enorm. Gegenüber den hochgefährlichen Energiesparlampen mit Quecksilber ist die LED-Technik ein riesiger Fortschritt.

Ein paar Sofort-Tipps zum Energiesparen im Alltag

1. **Stecker ziehen:** Steckt ein Ladegerät – egal ob das vom Handy, der Zahnbürste oder dem Rasierer – in der Steckdose, verheizt es permanent im Durchschnitt immerhin 0,3 bis 0,5 Watt. Heutige Elektrogeräte haben oft gar keinen Ausschalter. Auch der Stand-by-Betrieb zieht aber laufend Strom. Man erkennt sie meist an der Fernbedienung, an einer LED, die laufend leuchtet, oder auch an einem Display, das immer irgendetwas anzeigt, zum Beispiel die Uhrzeit. Allein ohne solche Leerlaufverluste könnten nach Expertenmeinung in Deutschland schon zwei Atomkraftwerke abgeschaltet werden. Am bequemsten fürs Stromsparen sind Mehrfachsteckdosenleisten mit nur einem Schalter für viele Geräte.
2. **Wasserkocher statt Topf:** Wer Wasser erhitzt, spart Strom, wenn er es mit einem Wasserkocher macht, statt im Topf oder Kessel auf der Herdplatte.

3. **Öfter mal Hahn zu:** Gleich nach dem Hauptfaktor Heizen verbraucht die Warmwasserbereitung die meiste Energie. Natürlich muss man deswegen nicht nur noch kalt duschen. Aber man kann das Wasser beim Einseifen abdrehen. In nur einer Minute laufen bis zu sieben Liter im Abfluss. Und vielleicht reicht es auch, statt zehn fünf Minuten zu duschen.
4. **Mit Beleuchtung haushalten:** Prüfen Sie, wo wirklich wie viel Licht notwendig ist. Räume, in denen sich niemand aufhält, brauchen kein Lampenlicht. Und wo Licht brennt, sollte man es sinnvoll dosieren. Achten Sie bei Lampen und Leuchten auf eine angemessene Leistung, also auf die Wattzahl.

Nachwachsende Rohstoffe: keine Gratisenergie!

Die Subventionspolitik des Bundes hat mit dem Instrument des Erneuerbare-Energien-Gesetzes (EEG) die Anbaufläche für die vorwiegend verwendeten „Energiepflanzen" Mais und Raps extrem ausgeweitet. Betrachtet man den Zeitraum zwischen 2005 bis 2012, gab es ein Plus von 79 Prozent! Mit der geernteten Biomasse werden Biogasanlagen betrieben. Weil das ein einträgliches Geschäft ist, schnellen auch die Pachtpreise in die Höhe, und daher kaufen internationale Investoren Ackerland nicht mehr nur in Südamerika auf, sondern neuerdings auch in Brandenburg und Mecklenburg-Vorpommern. Bereits auf 20 Prozent der landwirtschaftlichen Nutzfläche in Deutschland wird heute Mais angebaut, mit einem Ertrag von bis zu 30 Tonnen pro Hektar und Jahr. Mais zehrt die Böden besonders stark aus, zumal in Monokultur. Da größere Äcker schneller

Mais zehrt die Böden besonders stark aus, zumal in Monokultur

zu bearbeiten und damit rentabler sind, verschwinden die für den Artenschutz so wichtigen Feldraine. Felder werden zusammengelegt, und statt einer kleinteilig gegliederten Landschaft mit vielen ökologischen Nischen entstehen riesige, auch noch erosionsgefährdete Einheitsflächen. Der Weg von der Monokultur zur Mondlandschaft ist dann nicht mehr weit.

Warum, fragt der Journalist und Buchautor Franz Alt im Magazin *Forum Nachhaltig Wirtschaften,* stehen in Deutschland noch immer so wenige Solaranlagen? Wir kaufen teures Öl aus Arabien, Gas aus Sibirien und Uran aus Australien für jährlich etwa 80 Milliarden Euro! Die Sonne schickt uns theoretisch 5000-mal mehr Energie auf den Planeten Erde, als alle Menschen zurzeit brauchen. Wir müssten sie nur viel besser nutzen.

Bewusst reisen

Wofür werden bei uns in der Ersten Welt am meisten Ressourcen verschwendet? Wissen Sie's? Fürs Verreisen. Doch Hand aufs Herz: Wir lieben es, im Urlaub wegzufahren; am besten ans Meer wegen des Meerklimas, der Sonne, der lauen Nächte, der Exotik. Doch wie kommen wir dahin? Mit der Bahn wohl kaum, sondern meist mit dem Flugzeug. Weil wir auch

Seit fünf Jahren zeichnet sich ein Trend zum Ferienmachen zu Hause ab

Gepäck haben, das Ziel etwas entlegener ist und eine zweitägige Anreise bei einer oder zwei Wochen Urlaub zu lange dauert. Immerhin zeichnet sich seit fünf Jahren ein Trend zum Ferienmachen zu Hause ab. Damit ist nicht Balkonien gemeint, sondern Ziele im Inland. Laut einer Studie des *Europäischen Tourismus Instituts* hat bereits ein Viertel aller Deutschen Regionen im Inland für sich entdeckt. Das verringert den CO_2-Ausstoß enorm. Allein für eine Flugreise nach Mallorca fallen pro Person 570 Kilogramm

CO_2 an. Mit dem Auto von Oberbayern nach Oberösterreich hin und zurück sind es gerade mal 40 Kilogramm CO_2 – eine Ersparnis von 93 Prozent. Wer mit dem Zug ins Nachbarland fährt, für den sind es sogar über 97 Prozent CO_2 weniger.

Auf 100 Kilometer Distanz verursacht ein Flugzeug pro Person (100 „Personenkilometer") eine Emission von 36,9 Kilogramm CO_2, ein Auto 14,4 Kilogramm und die Eisenbahn 5,2 Kilogramm. Beim Linienfernbus sind es sogar nur 3,2 Kilogramm CO_2. Daher ist es äußerst erfreulich, dass die in Deutschland erst seit 2013 liberalisierten Fernbusangebote so erfolgreich sind. Im Jahr 2014 haben Reisende laut dem Statistikportal *Statista* (de.statista.com) schon für 18 Millionen Fahrten dieses Verkehrsmittel gewählt. Für 2015 rechnet der Bundesverkehrsminister mit einem Anstieg auf 25 Millionen – dank des schnellen Ausbaus des Linienangebots und der wachsenden Beliebtheit der äußerst preisgünstigen Angebote.

Die Sonne schickt uns 5000-mal mehr Energie, als wir brauchen

Den CO_2-Ausstoß kompensieren

Wer ein reines Gewissen haben möchte, sollte natürlich am besten gar nicht erst fliegen. Aber es ist leider nicht immer zumutbar, es zu vermeiden. In diesen Fällen kann man die durch Flugreisen verursachten Emissionen immerhin „kompensieren". Auf der Website *www.atmosfair.de* zahlt man etwa 13 Euro für einen Mallorca-Flug und unterstützt damit ein Klimaschutzprojekt, zum Beispiel den Bau einer Biogasanlage für Milchbauern in Kenia.

Nicht nur der Treibhausgasausstoß wegen Flugreisen lässt sich über *atmosfair* ausgleichen; auch für Kreuzfahrten gibt es diese Möglichkeit. Diese haben sich von der Luxusreise, die früher den wenigen Wohlhabenden vorbehalten war, zur Urlaubsform für die große Masse entwickelt. Dieser Tourismuszweig boomt, und mit ihm wächst die Flotte der schwimmenden Hochhäuser. Immer größer werden die weißen Kolosse gebaut, von denen manche 14 Decks haben. Unternahmen 2010 „nur" 1,2 Millionen Deutsche eine Hochsee- oder Flusskreuzfahrt, wird schon 2015 nach Einschätzung Insidern die Zwei-Millionen-Marke überschritten werden.

Weiße Riesen, schwarze Wolken

Ein mittelgroßes Kreuzfahrtschiff mit 2000 Passagieren verbraucht auf See um die 150 Tonnen Treibstoff am Tag. Sogar im Hafen oder vor Anker verbrennt es etwa 50 Tonnen täglich mit dem Betrieb der Generatoren für den ungeheuren Stromverbrauch der zahllosen Kühlanlagen, Maschinen und Aggregate an Bord. Das bedeutet: Bei einer Reise von durchschnittlich neun Tagen fallen pro Passagier circa 2370 Kilogramm CO_2 an. Das ist mehr als die 2300 Kilogramm CO_2, die ein durchschnittlicher Autofahrer mit seinem Wagen in einem ganzen Jahr freisetzt! Bisher hat jedoch noch kaum ein Kreuzfahrtpassagier den Klimaschaden kompensiert, weil das Thema zu neu ist und die Reedereien – bis auf *Hapag-Lloyd* – nicht auf die Kompensation hinweisen und sie nicht bei der Buchung anbieten. Das tun bereits einige Airlines und etwa 70 Reiseanbieter.

Eigentlich müssen konventionelle Motorschiffe als schwimmende Verbrennungsanlagen für Sondermüll angesehen werden, den die Ölindustrie auf diese Weise noch elegant zu Geld macht. Nicht nur das Kohlendioxid wirkt sich auf das Klima aus, sondern auch der Ruß des billigen Bunkeröls, den die meisten Schiffe massenhaft ungefiltert ausstoßen und der vom Wind bis auf die Polkappen getragen wird. Die dunklen Partikel setzen sich auf dem Eis ab. Die Folge: Es heizt sich stärker auf und schmilzt. Daher sind gerade Polarkreuzfahrten besonders schädlich. Experten fordern daher, dass die Reedereien ihre Schiffe mit Rußfiltern und Stickstoffkatalysatoren ausstatten. Schon jetzt könnte man die Kreuzfahrtschiffe auf Schiffsdiesel umstellen und ihre Geschwindigkeit reduzieren. Das würde den Rußausstoß um 40 Prozent senken, die Schwefeldioxid- und Feinstaubemissionen sogar um 90 Prozent.

Die deutschen Marktführer sollten vorangehen, statt immer zuerst auf schärfere Gesetze zu warten. Die Lufthansa zum Beispiel testet aktuell den Biosprit *Farnesan*. Der Treibstoff wird aus Zuckerrüben gewonnen und ist wie Kerosin aufgebaut, enthält aber nicht die mineralöltypischen Verunreinigungen, die die Schadstoffemissionen erhöhen. Angeblich wird bei der Verbrennung von Farnesan nur wenig mehr Kohlendioxid frei, als die Zuckerpflanzen zuvor aus der Luft gefiltert haben. In Zukunft soll der Zucker aus Bioabfällen wie Stroh oder Holzschnitzeln gewonnen werden. Nur: Sind das dann noch Abfälle, wenn sie in großem Umfang zur Verfügung gestellt werden müssen?

Alternativ reisen

Wir sollten also weniger fliegen und stattdessen Fahrrad, Bahnen und Busse benutzen. Umdenken und etwas verändern ist angesagt, nicht nur im Alltag, sondern auch im Urlaub! Wenn Sie bisher zu den Fans von Fernreisen zählen, dann unternehmen Sie mal etwas anderes, etwa eine Radwanderung entlang an deutschen Flüssen, Kanälen und Seen. Viele Wegstrecken sind sehr gut ausgebaut und beschildert. Überall gibt es am Wegesrand nicht nur die Natur und landschaftliche Schönheiten zu entdecken, sondern auch interessante Denkmäler, Kneipp-Pfade oder verwunschene Dörfer und idyllische Städtchen. Übrigens: Ein neuer Trend in den USA nennt sich „Daycationing". Statt in Urlaub zu fahren, geht man ins Hotel um die Ecke und entflieht dort am Pool, Spa und/oder Hotelrestaurant einen Tag seinem Alltag. Im „Get away for a day"-Paket des Gansevoort-Hotels in New York etwa sind Massage, Benutzung des Fitnessstudios, ein Cocktail am Pool und kleine Geschenke enthalten.

Ressource Ich: Wie wir zur Ruhe kommen

Viele sind heute einer Arbeitswelt ohne Grenzen ausgeliefert. Die permanente Erreichbarkeit „24/7" ist nur ein Symptom unseres stromlinienförmigen Hochleistungsdaseins. Wir funktionieren nur noch und rasen mit Scheuklappen durchs Leben, den Blick starr auf die Zukunft gerichtet, blind für das Gelände links und rechts. Seine Ziele bestimmen, die Wegführung überdenken, Dinge in Ruhe betrachten, Gefühlen nachgehen – all das haben viele vor lauter Hektik verlernt.

Ihnen geht es vermutlich nicht anders als mir: Wir sind mit den Gedanken stets in der Zukunft und wissen genau, was wir nächste Woche machen, nächsten Monat… Und die Anforderungen werden immer höher. Wir bekommen das Gefühl, etwas saugt uns in die Zukunft hinein. Die Zeit vergeht schnell und schneller, und wir fragen uns: Was ist als Nächstes dran? Wir sollten besser einmal über die Gegenwart nachdenken oder sie Revue passieren lassen. Wir wollen alles im Griff behalten. Kontrolle, nichts als Kontrolle, statt loszulassen und stehen zu bleiben und zu gucken: Was haben wir alles erreicht? Was hat sich verändert im letzten Jahr? Was hat uns und den Menschen um uns herum zu mehr Glück verholfen? Statt nur nach vorne zu schauen, sollten wir ab und zu innehalten und auch in den Rückspiegel gucken, damit die Zeit nicht so schnell verläuft und das Leben wieder langsamer wird.

Auch im Job auf Ressourcen achten – die eigenen!

Wenn ich, was nur selten vorkommt, nach Hamburg fliege, statt mit dem Zug hinzufahren, sehe ich im Flieger viele Geschäftsleute um die 35, die morgens hinfliegen, zwei Stunden Meeting absolvieren und abends zurückkreisen. Die finden das toll, dieses irgendwie mondäne Hin- und Hersausen, und merken vor lauter

Wichtigkeit und Unersetzlichkeit gar nicht, dass sie selbst immer mehr verlieren. Die Unternehmen finden es völlig normal, diesen Stil zu pflegen. Machen ja alle so. Will man mithalten, gehört das im Konkurrenzkampf dazu.

Ich aber finde, das geht auch anders. Wer als Angestellter ein gewisses Selbstwertgefühl besitzt, sollte, statt solche Ausbeutung, Selbstausbeutung und Verschwendung zu akzeptieren, nach einem Arbeitgeber Ausschau halten, bei dem der Mensch im Mittelpunkt steht. Genau dann nämlich ist auch das Unternehmen erfolgreich, wenn die humane und die ökonomische Seite im Einklang sind und beide Bestrebungen Hand in Hand gehen. Wer seine Leute ausbeutet und ihnen zu wenig Wertschätzung entgegenbringt, der demotiviert und frustriert sie. Dann wursteln sie lustlos vor sich hin, bis sie es nicht mehr aushalten und kündigen oder auch – was leider oft vorkommt – krank werden und im Burn-out landen.

> *Auch der Job kann mit einer kritischen und bewussten Haltung wieder Spaß machen*

Ich habe eine Mitarbeiterin, eine gelernte Küchenmeisterin, die sagt: „Nein, ich will nicht mehr so einen stressigen Chefjob haben. Ich trete lieber ins Glied zurück. Ich nehme es in Kauf, weniger zu verdienen, weil ich dafür weniger Stress habe." Natürlich gibt es „Minderleister" oder „Lowperformer", wie der Personaler Faulpelze nennt, aber eben auch hoch motivierte, gute Leute, die vernünftig genug sind, um einzusehen, dass sie stressigen Positionen nicht gewachsen sind, weil sie Anzeichen von Burn-out spüren. Denn in einem Job, der viel Geld bringt, wird erwartet, dass man das Letzte gibt! Das schafft man vielleicht bis Mitte 40; dann sind viele ausgebrannt und steigen aus: Schnauze voll, ich kann und will nicht mehr. Die „Generation We" macht das anders: Viele der 20- bis 35-Jährigen haben sich bewusst für eine 30-Stunden-Woche und für eine gewisse Bescheidenheit entschieden. Eine gesunde Einstellung: Dank des Zeitgewinns können sie sich mehr um ihre Interessen kümmern, sich politisch oder ehrenamtlich engagieren, ihren Familien und Freunden mehr Zeit widmen und ihre persönlichen Ressourcen besser nutzen. Es gibt mittlerweile auch einen neuen Forschungszweig, der sich „caring economy" nennt und der den Homo oeconomicus stark infrage stellt. Die Vertreter dieser neuen Gruppe sagen: Es gibt schließlich noch etwas anderes im Leben als nur das Streben nach dem schnöden Mammon, nämlich Werte wie Beziehungen, Fürsorge und Vertrauen.

„Shit! Wir haben keine Zeit, um zu sehen, ob das, was wir tun, richtig ist", sagte unlängst eine Mitarbeiterin von mir. „Ich sitze da immer am gleichen Platz am Computer, es flutscht alles von morgens bis abends, und ich bin immer wie mit dem Tempomaten unterwegs. Ohne Beschleunigung, aber auch ohne zu reflektieren." Wir funktionieren vielfach nur und treiben monoton unser Hamsterrad an. Wenn ich etwa im Hotel gefragt werde: „Hatten Sie eine gute Anreise?", dann weiß ich so gut wie Sie: Das ist ein Standardspruch und höchstens eine rhetorische Frage. Als Antwort genügt folgerichtig: „Danke."

Überall begegnet uns der gleiche Standard – dabei sind wir doch so frei wie noch nie! Wir genießen eine Freiheit, die, weiß Gott, nicht jeder Mensch auf der Welt besitzt. Doch irgendwie sind wir gleichgeschaltet und nehmen sie uns nicht wirklich. Das müssen wir ändern und Widerstand leisten. Nehmen Sie sich also Zeit zum Reflektieren, zum Bremsen. Dann vergeht die Zeit nicht mehr so schnell, als wenn Sie nur in Ihrem Terminkalender und damit in der Zukunft leben statt in der Gegenwart.

Die Freiheit nutzen!

Die Mehrheit agiert immer gleich, lehnt das Gleiche ab und findet das Gleiche toll. Das Streben nach Luxus beispielsweise drückt sich bei den meisten gleich aus: gleiches Auto, gleicher Wohnstil, gleiches Urlaubsziel, gleiche Kleidung, gleiche Denke. Ist das nicht auffallend? Es gab doch nie eine Zeit, zu der wir hier in Mitteleuropa so viele Freiheiten gehabt hätten! Aber wir nutzen diese Freiheit nicht, auch mal anders zu sein, zu denken, zu handeln. Das enttäuscht mich ziemlich. Die Welt wird so doch immer langweiliger, finden Sie nicht? Andererseits sehe ich an Vertretern der nachfolgenden Generation, die – egal in welcher Einkommensschicht – mit dem ganzen Konsumwahnsinn aufgewachsen ist, dass manche anders zu denken beginnen. Ihnen ist es nicht mehr so wichtig, rund um die Uhr an den Job zu denken und am Samstag zum Shoppen in die Stadt zu gehen.

Die „Generation Y" (why), die nach dem Warum fragt, sieht ihr Ziel darin, Zeit zu haben. Ihre Vertreter rennen nicht in das neue tolle Hotel, auf die Messe, zum Shoppen und zu irgendwelchen Events, die ein gesteigertes Erleben versprechen. Nein. Sie sagen bewusst Nein und nutzen ihre Zeit, indem sie bereits um 17 Uhr Feierabend machen, um für ihre Familie da zu sein, mit Menschen zu reden, sich politisch und ehrenamtlich zu engagieren. Das bringt mehr Glück als das Shopping. Sie genießen es, für ihr Kind oder für ihren Hund da zu sein, statt sich mit immer mehr Geldverdienen und entsprechendem Konsum aufzublähen: Konsum ist falscher Genuss. Dem Genuss

Wir nutzen die Freiheit nicht, auch mal anders zu sein, zu denken, zu handeln

am „immer mehr" sollten wir die Freude am „immer weniger" vorziehen. Das bedeutet Lebensqualität und wahren Lustgewinn. Es ist eine Kopfsache, hinter der ein immenser Wertewandel steckt. Auch der Job kann mit einer solchen kritischen und bewussten Haltung wieder Spaß machen. Ich bin kein Freund des Modebegriffs „Work-Life-Balance", denn der klingt ja so, als gehörte die Arbeit nicht zum Leben. Dieses Schlagwort führt in die falsche Richtung. Es geht um eine Haltung und nicht um Ausschluss und Verurteilung von irgendwas.

Verzicht bringt Lustgewinn

Worum es im Prinzip geht, hat der US-amerikanische Schriftsteller Jonathan Safran Foer schön auf den Punkt gebracht: „Ich liebe Bratwurst, aber ich esse sie nicht." Warum nicht? Weil sich sein Werteverständnis verändert hat, was das Essen von Tieren anbelangt. Das ist sehr konsequent. Und ich? Natürlich gehe ich auch mal shoppen, esse Bratwurst, natürlich bin ich auch mal Sau. Aber grundsätzlich halte ich mich beim Kaufen zurück, beim Kaufen von Elektronik zum Beispiel. Da soll man hier noch was kaufen und da noch was, denn der *Media-Markt* wirft dir jede Woche eine Werbung ein. Immer hat man bei all der tollen und interessanten Werbeflut das Gefühl, man müsste jetzt diesen oder jenen neuesten Schnickschnack haben, nur weil es ihn gibt und er angeblich cool ist. Vor fünf Jahren hatte jeder nur zwei elektronische Geräte statt jetzt zehn dieser Dinger, und ich glaube, es kostet nicht viel, sich zu fragen: „Hey, brauche ist das? Ich bin doch nicht blöd!"

Wir nutzen unsere Freiheit nicht, auch mal anders zu sein, zu denken, zu handeln

Mir macht es mittlerweile richtig Spaß, auf etwas zu verzichten, was ich mir eigentlich leisten könnte und woran ich sogar Spaß hätte: Klamotten zum Beispiel, die mich sicher super kleiden würden. Es gibt wahnsinnig viele schöne Sachen, aber ich kaufe sie nicht. Das ist – und das hört sich bestimmt erst einmal schräg an – fast wie eine Droge. Es ist wie das Sammeln kleiner immaterieller Nicht-Kauf-Trophäen!

Der schöne Nebeneffekt dabei: Sie gewinnen ganz viel Zeit, wenn Sie sich nicht ständig mit dem Konsum beschäftigen. Sie haben endlich Zeit, die Oma anzurufen, mit den Kindern zu spielen oder Gespräche zu führen, Musik zu machen, zu malen, hinaus in die Natur zu gehen, nicht nur zur morgendlichen Jogginrunde, sondern ausgiebig und achtsam ... Sie können sich auch ehrenamtlich oder politisch engagieren.

Weg vom Easterlin-Paradox

Wenn wir alle unseren Konsum nur ein Stück herunterdrehen würden, mit einer kleineren Wohnung, einem kleineren Auto, einer kleineren Reise, hätte das einen riesenhaften Effekt! Würde dadurch mein Leben schlechter? Müsste ich da wirklich auf etwas verzichten? Nein, im Gegenteil: Ich verbessere mich! Weil ich raus bin aus der sogenannten hedonistischen Tretmühle. In ihr sind die vielen Menschen gefangen, die sich dann glücklich fühlen, wenn sie mehr Geld haben als vorher oder mehr als ihr Nachbar. Der Reiz muss also ständig stärker werden. Also strengen sie sich laufend an, um noch prächtiger zu verdienen. Sie werden aber nie wirklich glücklich, weil ihnen das Geld oder die Anschaffung nur kurzfristig Befriedigung verschafft.

Konsum macht unglücklich

Dieses Paradox hat der US-amerikanische Hochschullehrer und Wirtschaftsforscher Richard Easterlin beschrieben. Er hat herausgefunden, dass wir mit Geld nicht reicher werden, wenn unsere Grundbedürfnisse gedeckt sind. Sogar das Gegenteil ist der Fall: Wir geraten in jene Tretmühle, in der uns Vergleich und Gewohnheit unzufrieden machen. Konsum löst so viel Begierde in uns aus und konsumiert so viel Zeit und Anstrengung, dass es uns, wenn wir den Gedanken an ihn in die Schranken weisen, auch leichter gelingt, zur Ruhe zu kommen.

Wir sind in dreifacher Weise beschleunigt, befindet der Soziologe Hartmut Rosa: durch den technischen Fortschritt, den sozialen Wandel und das eigene Lebenstempo. Die Geschichte der Moderne sei, so Rosas Meinung, gleichzeitig eine Geschichte der Beschleunigung. Aufgrund des Zeitgewinns durch technischen Fortschritt entsteht eine Zeitnot und kein Zeitgewinn. Er führte in diesem Zusammenhang auch den Begriff „Slippery-Slope-Phänomen" ein, der metaphorisch umschreibt, dass der Mensch sich nie ausruhen oder zufriedengeben darf, weil er sonst einen Verlust oder einen Nachteil befürchtet. So macht er sich mit seiner latenten Unzufriedenheit selbst zum Sisyphos. Einen ähnlichen Effekt hat die Multioptionalität: Dass der Einzelne die sich laufend ausweitenden Möglichkeiten in seinem Leben immer weniger ausschöpfen kann, wirkt sich am Ende nicht als Bereicherung aus, sondern subjektiv als Verarmung.

Ich kenne wirklich viele Menschen, die ihren Job, wenn sie ehrlich sind, überhaupt nicht lieben, aber wahnsinnig gut verdienen. Sie zahlen für ihr Gehalt einen hohen Preis – in der Währung Lebensqualität. Irgendwann hört man von ihnen zuerst den Ruf nach mehr Work-Life-Balance, und dann ereilt sie die große innere Leere, der Frust, nicht das tun zu können, woran sie am meisten Freude und damit am meisten Erfolg hätten. Daher finde ich den Satz von Konfuzius so schön, der sagt: „Wähle einen Beruf, den du liebst, und du brauchst keinen Tag in deinem Leben mehr zu arbeiten."

Meine Haltung betrifft auch meine Umwelt und meine Umgebung

Ein Anzeichen dafür, dass man seiner wirklichen Berufung folgt, ist es, wenn man sich guten Gewissens sagen kann: „Ich stehe auf und gehe ins Bett mit dem tiefen, wohligen Gefühl, einen Beitrag für die Welt geleistet zu haben, egal wie groß oder klein, und diene nicht den falschen Herren!" Ich habe solche Umsteiger auch in meinen Firmen, und die sind die bewusstesten Mitarbeiter, auf die ich zählen kann.

Zeit verschenken hilft

Der Ausweg aus dem Dilemma ist in den Augen von Hartmut Rosa nicht etwa, Zeit zu sparen, sondern sie zu verschenken, und zwar an Kinder oder ältere Menschen oder indem man sich ehrenamtlich engagiert, so sein Rat. Das halte den Fluss der Zeit an und gebe einem ein gutes Gefühl zurück.

Wie sinnstiftend und erfüllend *voluntary work* (ehrenamtliche Arbeit) sein kann, haben mir Freunde in den USA beigebracht: Man muss einspringen für die Belange, für die der Staat kein Geld ausgibt, weil sie ihm nicht wichtig genug erscheinen, sei es bei kulturellen Veranstaltungen oder in sozialen Einrichtungen. Vor allem dort, wo die Schere zwischen Arm und Reich immer weiter auseinanderklafft, da ist *community spirit* (Gemeinsinn) auch volkswirtschaftlich wichtig.

Ohne das enorme unentgeltliche Engagement von Bürgern wären in den USA viele soziale und kulturelle Leistungen gar nicht möglich. Schon in der Schule lernt in den Staaten jeder, sich sozial zu engagieren. Jeder Lebenslauf, der für eine Bewerbung verwendet wird, muss viel von diesem Engagement widerspiegeln. Auch in Deutschland engagieren sich immer mehr Menschen fürs Gemeinwohl – mehr als 23 Millionen. Tatsächlich hat jeder Talente, Fertigkeiten oder Ressourcen, die er in die Gemeinschaft einbringen kann: Gefragt sind Zeit, Wissen, Ideen, Fantasie, Empathie, Kreativität, Geld, Kontakte… Oder eine Mischung aus allem (mehr dazu siehe ab Seite 231).

Perspektivenwechsel

Wer Dauerstress als Folge der beschriebenen Beschleunigung und Multioptionalität bekämpfen will, dem hilft sicherlich auch ein Perspektivenwechsel, wie bereits eingangs (ab Seite 17) angesprochen: weg vom Ich, hin zum Wir. Diese Forderung möchte ich hier etwas weiter fassen und vertiefen.

Ich bin der festen Überzeugung: Wenn ich meine Blickrichtung ändere, wandelt sich auch meine Haltung mir selbst gegenüber, und ich komme so zum Wir. Denn meine Haltung betrifft auch meine Umwelt und meine Umgebung. Damit meine ich nicht nur meinen Beitrag innerhalb der Gesellschaft in Sachen Konsum und ökologische Systeme, sondern im weiteren Sinn auch jeden Menschen und alles, was mir begegnet. Geht es mir selbst gut, sorge ich auch dafür, dass es den anderen gut geht, weil mir klar ist, dass alles eine Einheit ist.

Vom Industriemagnaten zum Buddha-Mönch

Der buddhistische Meister Han Shan, dessen Werke und Gedanken ich sehr schätze, hat vier soziale und persönliche Tugenden definiert, die ich in diesem Zusammenhang für entscheidend halte. Hier in aller Kürze seine Lebensgeschichte: Unter seinem alten Namen Hermann Ricker war der deutschstämmige Han Shan in seinem früheren Leben ein sehr erfolgreicher Unternehmer und Multimillionär. 1995 überlebte er einen schweren Autounfall beinahe unverletzt. Danach hatte er das unbedingte Gefühl, nicht einfach weiterleben zu können wie bis dahin. Er schenkte (!) sein Firmenimperium im Wert von 330 Millionen Dollar seinen Mitarbeitern und ging nach Thailand, um dort viele Jahre als Bettelmönch durchs Land zu ziehen.

> Mitfreude bedeutet, angstfrei zu leben und nicht hinter jedem Busch einen Feind zu sehen

Heute möchte Meister Han Shan die Herzen der Menschen berühren und sie für die ultimative Wahrheit öffnen, dass jeder Mensch die Klarheit seines Seins erfahren und im Einklang mit der eigenen Berufung zum Wohl der Allgemeinheit beitragen kann. Im Jahr 2010 erschien sein erstes Buch *Wer loslässt, hat zwei Hände frei – Mein Weg vom Manager zum Mönch*. Darin bespricht Han Shan die vier zentralen Tugenden, nach denen wir im Umgang mit uns selbst und mit allen unseren Mitmenschen – auch mit unseren Mitarbeitern – streben sollten. Sie sind sozusagen die Essenz des

Veränderungsprozesses, den die Welt braucht, um wieder lebenswerter und gesünder zu werden.

Die vier Tugenden nach Meister Han Shan

1. **Universelle Liebe:** Dieser Begriff ist am schwierigsten zu fassen, weil er ein Grundgefühl bezeichnet, das beinhaltet, seine Angst zu verlieren. Dieses Gefühl sollten wir möglichst oft in uns hervorrufen, damit wir Vertrauen entwickeln in uns selbst, unser Umfeld und unsere Welt. Universelle Liebe darf auch Dinge aussprechen, die uns weniger gut gefallen, weil ihre Absicht echtes Mitgefühl ist, Mitfreude und nicht voyeuristische Freude. Daher sollten wir neben Kultur und materiellen Dingen die universelle Liebe pflegen. Konsum ist nur Ablenkung. Ich glaube nicht, dass er Menschen glücklich macht, denn er behindert Hingabe und Mitgefühl. Ich bin überhaupt kein Feind des Konsums, aber wenn wir ihn übertreiben, geht etwas Großes und Zentrales verloren. Viele Menschen reisen, weil es ihnen zu Hause nicht gefällt. Der beste Urlaub ist, mit sich selbst alleine zu sein, und das heißt auch, sich selbst aushalten zu können. Ohne andere. Daraus können wir große Kraft schöpfen.

   Han Shan schenkte sein Firmenimperium den Mitarbeitern

2. **Mitgefühl:** Das hat nichts zu tun mit Mitleid. Es geht darum, sich in andere hineinzuversetzen, ihre Perspektive einzunehmen und ihnen zu helfen. Wer kein Mitgefühl hat, wird sich auch nicht genötigt fühlen zu helfen.

3. **Mitfreude:** Ich soll mich, auch wenn der jeweilige Anlass mich nicht unmittelbar betrifft, mitfreuen. Das ist ein ganz wichtiges Ziel für unsere Gesellschaft. Wenn jemand anderes Erfolg hat, einen netten Partner kennengelernt hat, befördert wurde oder was auch immer, sollen wir nicht Neid oder Missgunst empfinden, sondern uns mitfreuen. Es hat mich zum Beispiel

gefreut, dass nach meinem Umbau von *basic* andere erfolgreich waren. Mitfreude bedeutet, angstfrei zu leben und nicht hinter jedem Busch einen Feind zu sehen. Sonst leben wir in ständiger Angst: „Alles ist gewiss, nur die Zukunft nicht." Was du aussendest, kommt zu dir zurück. Das ist schwer zu sehen in einer Gesellschaft, die auf Verdrängung ausgelegt und auf Egoismus aufgebaut ist. Ich sage: Erst kommt die Begeisterung, dann die positive Ausstrahlung und dann das Geld.

4. **Mentale Ausgeglichenheit:** Sie hilft uns, die Angst und das Misstrauen zu überwinden und nicht im Stress zu versinken. Sie hilft mir, mich gut zu fühlen, gesund und kräftig zu sein und das Gefühl zu haben, dass ich gebraucht werde. Ich kann lachen und weinen, wenn ich ein Gefühl von Kraft habe und wenn ich das Alleinsein mit mir selber aushalte. Alleinsein ist herausfordernd, weil man allein anfängt zu denken. Das ist für mich wahnsinnig schwer, weil ich immer denke: Wen könnte ich jetzt anrufen, wen besuchen, wen einladen? Man kann sich immer beschäftigen, also ablenken. Mit Ablenkungen unterdrücken wir aber unsere Angst, statt uns ihr zu stellen. Wir verlangen von der Welt, dass alles vorhersehbar sein soll, und haben große Angst vor Risiken und eigenem Versagen.

Achtsamkeit hilft, aufmerksamer zu sein, aber auch, Stress abzubauen

Achtsamkeit entwickelt die Persönlichkeit

Wer sich für diesen Themenkreis öffnen und mental zur Ruhe zu kommen will, dem hilft die sogenannte und heute oft empfohlene Achtsamkeit. Durch dieses Innehalten im Alltag schaffe ich leichter einen Wechsel der Perspektive und kann die gegenwärtige Situation aus einem anderen Blickwinkel sehen. Ein Beispiel: Ärgere ich mich über einen Freund, weil er sich so rar macht oder im Gespräch ruppig ist, kann ich mir sagen: „Der ist komisch; den treffe ich nicht mehr." Oder aber ich versuche mich in seine Situation hineinzuversetzen und frage mich: „Warum ist der so? Hat er Probleme? Ist sein Tag nicht gut gelaufen?"

Beispiele in der Belegschaft

Ein anderes Beispiel, das ebenfalls mit Weitblick und Mitmenschlichkeit zu tun hat, ist folgendes. Ein Abteilungsleiter sagt zum anderen: „Auf den Mitarbeiter X müssen wir ein besonderes Augenmerk legen. Der arbeitet nicht so, wie wir das verlangen. Er ist eigentlich untragbar für uns. Wir sollten in Zukunft nur noch befristete Verträge abschließen." Mit dieser Haltung tritt man dem anderen schon mit Misstrauen gegenüber. Wenn ich die Einstellung umdrehe und versuche, im Gegenüber das Positive zu sehen, verändere ich auch bei meinem Gegenüber etwas.

Wir hatten einmal in Sonnenhausen eine Köchin, von der wir bald dachten, ihr Mund wäre sozusagen zugenäht. Ich bekam die ersten Monate überhaupt keinen Zugang zu ihr. Dann habe ich irgendwann die Initiative ergriffen und gesagt: „Astrid, ich kenne dich gar nicht. Sollen wir uns mal zusammensetzen?" So auf sie zuzugehen hat wahnsinnig viel bewirkt. Heute läuft sie entspannt durchs Restaurant und fragt die Gäste, ob es ihnen geschmeckt hat. Das ist toll zu sehen. Ich hätte mich

Wir verlangen von der Welt, dass alles vorhersehbar sein soll

abwenden und sagen können: „Die performt nicht". Oder sie fragen: „Warum kommunizieren Sie nicht?" Stattdessen habe ich einfach anders reagiert, und das geht in jeder Lebenssituation. Natürlich ist es am einfachsten, Leute in Schubladen zu stecken; aber es geht auch anders, menschlicher. Damit kann man sein

Umfeld komplett verändern. Fragen Sie sich, wie Sie am besten mit den Menschen um Sie herum umgehen können. Arbeiten Sie in dieser Hinsicht an sich selbst, dann können Sie alles mit ihnen erreichen. Sie brauchen nur dieses positive Mitgefühl.

Stressbremse Achtsamkeit

Achtsamkeit hilft, aufmerksamer zu sein, aber auch Stress abzubauen. Die nationale Gesundheitsbehörde der USA (NIH) hat gerade 50 große klinische Studien in Auftrag gegeben: von Angststörungen über die Rolle des Immunsystems bei Infektionen bis hin zu Erschöpfungszuständen. Alle diese Krankheiten sollen im Hinblick auf die *Mindfulness-Based Stress Reduction* (MBSR) untersucht werden.

> *Achtsamkeit schafft Verständnis und Klarheit und bringt uns inneren Frieden*

Die Methode und den Begriff dafür hat der US-amerikanische Molekularbiologe Jon Kabat-Zinn entwickelt. Er sieht als größten Alltagsstressor unserer Zeit die zunehmende Aufsplitterung unserer Aufmerksamkeit an – durch Multitasking, permanente Erreichbarkeit, Kontrollzwänge der sozialen Medien usw. Kabat-Zinn erkennt darin die Gefahr einer stetigen Entfremdung des Bewusstseins vom Körper, die zu gesundheitlichen Beeinträchtigungen führe. Das Vertrackte daran: Wir spüren die Warnsignale unseres Körpers nicht mehr.

Gegen permanente Ablenkung kann man sich, so Kabat-Zinn, ganz einfach wehren, etwa indem man eine Uhr trägt, statt aufs Handy zu gucken, um dabei auch zu sehen, ob auf *WhatsApp, Facebook* und dem E-Mail-Account neue Nachrichten liegen. Man lege das Handy nicht neben sein Bett, wo man sich sonst gleich beim Aufwachen wieder mit Zukünftigem beschäftigt. Es ist natürlich auch gut, hinaus in die Natur zu gehen, denn dort sind die Ablenkungen am geringsten (siehe dazu ab Seite 227).

Interview mit Katja Sterzenbach: „Achtsamkeit bringt den guten Charakter zum Vorschein"

Was hinter dem Begriff „Achtsamkeit" steckt und wie man diesem Prinzip in seinem Leben Geltung verschafft, dazu fragte ich Katja Sterzenbach (siehe Abb. 29). Sie berät als Achtsamkeitscoach seit fünf Jahren Manager und Privatleute, wie sie achtsamer und damit gestärkt durchs Leben gehen können (www.be-younique.de).

Was bedeutet Achtsamkeit?
Es geht darum, einfach das wahrzunehmen, was ist. Achtsamkeit ist eine Methode, wahrzunehmen und in das Wahrgenommene nichts hineinzuinterpretieren. Das bedeutet, die Dinge so zu sehen, wie sie wirklich sind, und nicht so, wie wir sie gern hätten. Es bedeutet auch, in seiner Mitte zu ruhen und sein eigenes Energielevel wahrzunehmen, egal ob gelassen und ruhig oder „volle Pulle" lachend und singend. Dazu gehört auch, dass ich mich bewusst für etwas entscheide und erkenne, wie viel Liebe, Toleranz und Neugierde ich mir selbst und meinem Umfeld entgegenbringe.

Wie schaffe ich das?
Indem ich mir bewusst mache, dass unser Geist ständig arbeitet und pausenlos alles bewertet: Dies will ich haben, jenes nicht, der ist komisch, die zickig... Schalte ich das aus und versuche nur zu spüren, dann bin ich achtsam. Das fällt uns leichter, wenn wir regelmäßig trainieren und auf unsere Sinne achten, statt uns permanent im Kopf aufzuhalten. Eine sehr gute Übung dafür ist die Meditation.

Warum ist Achtsamkeit so wichtig?
Sie führt zu Verständnis, Klarheit und Offenheit und bringt uns inneren Frieden.

Wofür ist Achtsamkeit gut?
Der menschliche Geist hüpft laufend von der Vergangenheit in die Zukunft, beschäftigt sich mit Erwartungen, Wünschen und Ängsten und vergleicht ständig alles miteinander. Mit der Distanz der Achtsamkeit schaffen wir es, uns stärker im Hier und Jetzt zu verwurzeln und die Qualität des Augenblicks zu erleben. Ich schaffe eine Zäsur und reagiere nicht mehr nur. Im Gegenteil. Es gelingt mir, mich zu fokussieren und mich zu fragen: Was will und brauche ich jetzt wirklich? Was tut mir und meinem Umfeld gut? Und damit steigt meine Lebensqualität, weil meine wirklichen Wünsche und Bedürfnisse ans Licht kommen. Ich beginne zu agieren, anstatt nur zu reagieren. Das bringt ein Gefühl der Zufriedenheit hervor, das nicht erkaufbar ist.

Wogegen wappnet Achtsamkeit?
Sie verhilft dazu, nicht Sklave seiner selbst zu sein. Die indische Philosophie fordert uns auf: „Be a master over your monkey mind." (Sei der Herr deines Affenhirns.) Es geht um die Freiheit, das zu tun und zu lassen, was ich mag – auf der Grundlage ethischer Regeln wie Ehrlichkeit, Gewaltlosigkeit, Reinheit etc. Ich will frei von Illusionen tun und lassen, was ich will, und frei sein von dem Zwang, materielle Güter anzuhäufen, die nur angeblich glücklich machen. Die meisten Menschen leben mit einer starren Haltung und erreichen es nicht, den Augenblick anzunehmen und weniger zu bewerten. Doch wie viel und was brauchen wir denn wirklich? Was ist wirklich wichtig für mich? Achtsamkeit hilft gegen Gier und Hass und bringt den guten Charakter zum Vorschein. Wofür? Um mental gesund zu sein.

Wer braucht Achtsamkeit?
Niemand und zugleich alle oder jeder, der sich für diesen Weg entscheidet. Viele wollen auf diesem Weg aus einem Burnout herausfinden. Auch Manager, die viel fliegen und einen

Ausgleich brauchen, um sich wieder in ihrem Körper wohlzufühlen. Das kann ich ihnen beibringen. Menschen kommen zu mir, die sich nicht hindern lassen wollen, die keine Angst vor sich selbst haben und keinen Respekt vor dem Kartenhaus ihres Lebens und ihrer hergebrachten Glaubenssätze. Menschen, die sich auf ihren eigenen Weg machen wollen. Wenn Sie einmal begonnen haben, den Weg zu gehen, gibt es kein Halten mehr. Denn wenn Sie einmal diese Wahrhaftigkeit gespürt haben, wirkt sie wie ein Sog.

Was raten Sie diesen Menschen, wie sie diese Achtsamkeit anwenden sollen?
Ich rate zu zwei Dingen:
1. Achtsamkeitsmeditation: Dabei setzt man sich hin und lenkt seinen Fokus auf das Heben und Senken der Bauchdecke. Wenn ich etwas wahrnehme, benenne ich es; etwa Rasenmäher (hören), Luftzug (fühlen)… Wenn ich es benenne, verfliegt es.
2. Dass ich alles, was ich tue, bewusst tue. Beim Essen frage ich mich: Wie schmeckt das, was ich esse, und warum? Oder: Wie arbeite ich? Wie sitze ich dabei? Wie ist meine Körperhaltung, wie halte ich meinen Unterkiefer?… Das hat viel mit Reflektieren zu tun und nimmt Tempo heraus, weil ich dadurch langsamer werde. Es lässt mir Zeit, nachzudenken und mich zu fragen: Will ich das jetzt wirklich so oder doch anders? Wenn Sie es besonders eilig haben, ist es am besten, zu bremsen und eine Extrarunde um den Block zu gehen oder sich erst recht zwei Minuten Zeit zum Innehalten und Atmen zu nehmen. Das relativiert den Druck, unter den wir uns selbst setzen, und Gleichmut stellt sich ein.

Wie halten Sie es persönlich mit der Achtsamkeit?
Ich übe mich täglich darin und bin genauso ein Übender wie jeder andere. Ich wende Achtsamkeit möglichst immer an. Also

wenn ich etwas tue oder sage oder mit Dingen umgehe, die passieren. Und ich achte darauf, dass ich nicht zu schnell bin. Wie schnell schnell ist, hängt allerdings von der Perspektive ab. Schnell ist schon eine Bewertung. Ich stelle mir auch laufend Fragen: Fühle ich mich wohl? Woran orientiere ich mich? Wie rein bin ich? Welchen inneren Frieden spüre ich? Bei mir ist das ein permanentes Ritual seit 2008. Und einmal im Jahr mache ich zehn Tage lang ein *Silent Retreat,* um sozusagen den Reset-Knopf für mich zu drücken. Das ist mein bester Urlaub: die Reise zu mir selbst.

Achtsamkeit für Anfänger

Ich fasse zusammen: Achtsamkeit ist nichts anderes, als dass wir mit allen unseren Sinnen und unserem Kopf zu 100 Prozent auf Empfang gepolt durchs Leben gehen. Ein Beispiel: Sie trinken eine Tasse Tee und nehmen bewusst seine Farbe wahr. Sie merken, wie sich der Henkel der Tasse an Ihren Finger schmiegt, wenn Sie diese ergreifen und zum Mund führen. Sie spüren den heißen Tee an Ihren Lippen, riechen sein Aroma, wenn Sie trinken. Wie warm und fein schmeckt dieser Schluck, wie rinnt er jetzt die Kehle hinunter, denken Sie, und setzen die Tasse mit einem Lächeln und zartem Porzellanklappern zurück auf die Untertasse. Im Moment der Achtsamkeit sind Sie zu 100 Prozent Auge, Ohr, Nase, Tastsinn und Geschmack. Ihre aktuellen Gedanken sowie das Wissen um Ihr Eingebundensein in eine soziale und ökologische Welt runden dieses Panoramabewusstsein der Achtsamkeit ab. Das funktioniert, indem wir uns ganz auf uns selbst und unsere Umwelt konzentrieren, auf alles, was uns umgibt. Unser gegenwärtiges Dasein wird zum Fokus unserer Wahrnehmung, ohne es dabei zu bewerten. Wir nehmen

Denn wenn Sie einmal diese Wahrhaftigkeit gespürt haben, wirkt sie wie ein Sog

stattdessen an, was ist, und schenken dem sinnlichen Erleben besondere Aufmerksamkeit.

Achtsamkeit muss man nicht „erlernen". Es geht mehr um ein Aktivieren, ein Aufmerksamsein, wenn man sie leben will. Denn von Natur aus ist jeder Mensch achtsam. Die Fähigkeit stammt aus unserer Entwicklung: Für ihr Überleben waren unsere Ahnen gezwungen, ihre Umgebung mit allen Sinnen genau zu scannen und alles wahrzunehmen, was um sie herum passierte, ob sich da etwas veränderte, sei es klimatisch oder ob sie plötzlich von einem Säbelzahntiger oder Mammut angegriffen wurden. Um Achtsamkeit zu praktizieren, muss man aus seinem alltäglichen Automatismus umschalten in diesen sinnlicheren Wahrnehmungsmodus.

> **Leichte Umschaltübung für Achtsamkeitsanfänger**
>
> Der effizienteste Achtsamkeitsübung, die es für Sie gibt, wenn Sie sich ganz schnell auf Ihre Sinne konzentrieren wollen, ist das bewusste Hören. Achten Sie auf jedes Geräusch und benennen Sie es in Gedanken: Eine wohltuende Zeitbremse!

Sein statt Tun

In Sonnenhausen haben wir für Individualgäste vor Kurzem die *Nichts-tu-Tage* eingeführt. Ein mutiges Unterfangen, meinten die Menschen um mich herum, weil der Aktivismus so stark in uns verankert ist. Wir müssen ja dauernd ins Kino gehen, auswärts essen, verreisen, mit vielen Leuten reden – alles, um uns abzulenken von uns selbst. Genau das Gegenteil müssen wir kultivieren, das Nichtstun! Natürlich tut man dann nicht wirklich nichts. Es ist nur ein kleines, freches Wortspiel, das einen gewissen Aha-Effekt auslösen soll. Wir lassen den Menschen Zeit für sich selbst. Es gibt tatsächlich nicht viel außer gutem Essen, dem Angebot, in die Sauna zu gehen oder draußen in der Natur zu sein. Nur ein paar wenige Aktivitäten wie Yoga und Meditieren kommen dazu. Ich bin gespannt, wie das ankommt, denn ich selbst habe die größte Mühe, mit mir allein etwas anzufangen!

Von Natur aus ist jeder Mensch achtsam

Meditation

Meditation ist *die* Achtsamkeitsübung schlechthin. Viele denken, es wäre mordskompliziert, dabei ist es sehr einfach. Und es wirkt, wie Gustav Dobos, Leiter der Klinik für Naturheilkunde und Integrative Medizin der Kliniken Essen-Mitte, gegenüber dem Nachrichtenmagazin *Focus* beschreibt, „wie eine Beruhigungstablette ohne Nebenwirkungen". Dobos ist Pionier der in den USA wesentlich stärker verbreiteten *Mind-Body-Medizin*. Diese versucht mit Entspannungsmethoden wie Meditation, aber auch mit Sport und gesunder Ernährung schädliche Stressfaktoren zu minimieren und Selbstheilungskräfte zu aktivieren.

Meditieren – eine Anleitung

1. **Ruhe.** Suchen Sie sich einen Ort, an dem Sie die nächsten 30 Minuten niemand stört, zum Beispiel Ihr Schlafzimmer. Günstig ist es, gleich morgens vor dem Frühstück zu meditieren, weil der Tag dann viel fokussierter beginnt.
2. **Sitzen.** Der klassische Sitz ist der Lotussitz mit gekreuzten Beinen. Sie können aber auch auf einem 15 Zentimeter hohen Zafu, einem mit Dinkel- oder Buchweizenspreu gefüllten Baumwollpolster, oder einem Stuhl sitzen.

3. **Hände falten.** Falten Sie die Hände vor dem Bauch so, dass sich die Daumenspitzen berühren. Die übrigen Finger sind verschränkt; fast wie beim Beten, nur loser.
4. **Abschalten.** Schließen Sie die Augen bis auf einen Spalt und fokussieren Sie sich auf Ihre Atmung. Hilfreich ist es, beim Ein- und Ausatmen ein Mantra vor sich hin zu sagen. Beliebte Mantras sind „A-men", „Stil-le" oder „ein–aus".
5. **Gedanken.** Wehren Sie sich nicht, wenn Ihnen Gedanken durch den Kopf gehen oder Sie Spannungen in Ihrem Körper spüren. Das ist normal; auch dass Sie vielleicht sogar weinen. Spüren Sie auch dem einfach nach. Wenn die Gedanken zu banal werden, konzentrieren Sie sich wieder auf Ihre Atmung. Brechen Sie die Sitzung ruhig ab, wenn Sie sich nur zusammenreißen müssen; aber auch dann, wenn große Ängste oder unbekannte Schmerzen auftreten.
6. **Muße.** Stehen Sie nach einer Meditation nicht abrupt auf, selbst wenn Sie gestört werden. Verneigen Sie sich in Ruhe und lassen Sie sich eine oder zwei Minuten Zeit, bevor Sie von sich aus in den Alltag zurückkehren.

Ich kann aus meiner eigenen Praxis sagen: Selbst wenn es mir nicht jedes Mal gelingt, alle meine störenden Gedanken abzuschütteln, ist das normal und heißt nicht, dass Meditieren dann nichts bringt. Nein, auch dann hilft mir die Technik, Ordnung in mein Inneres zu bringen.

Bewegung

Es hört sich vielleicht paradox an: Zur Ruhe komme ich auch, indem ich mich bewege. Vermutlich weil körperliche Aktivität den Kreislauf anregt, Anspannung reduziert, für klare Gedanken sorgt und die Ausschüttung von Glückshormonen fördert. Denn was passiert bei Stress im Job? Stresshormone werden ausgeschüttet und versetzen den Körper in Alarmbereitschaft. Die natürliche Konsequenz wäre entweder Angriff oder Flucht. Doch weil die meisten von uns bei Stressattacken am Schreibtisch verharren, passiert nichts dergleichen. Wir wählen fast immer das dritte unserer urtümlichen Verhaltensmuster und stellen uns tot. Wir greifen weder an noch fliehen wir, es sei denn, wir müssen schnell noch den Flieger oder den Zug erreichen und sind wegen des Staus auf der Stadtautobahn viel zu spät dran. Aber sonst bleiben wir in „Alarmsituationen" meist ziemlich bewegungslos. Wir lassen den Stress in unseren Körper fahren und leiten das abgerufene Energiepotenzial nicht ab. Werden die körpereigenen „Starkmacher" allerdings nicht abgebaut, sammeln sie sich an und schädigen, je mehr Stress wir haben, unsere Gesundheit. Wir implodieren förmlich.

Mein Tipp für Vielbeschäftigte ist Urban Walking

Wer sich dagegen bewegt, durchbricht diesen Kreislauf. Mindestens dreimal die Woche etwa 30 Minuten, empfehlen Experten und raten dazu, Treppen zu steigen statt den Lift oder Rolltreppen zu nehmen, und mittags um den Block zu spazieren. Noch besser ist natürlich regelmäßiger Ausdauersport. Er macht uns nicht nur fit und baut Stress ab, sondern lässt uns erwiesenermaßen auch leichter Lösungen für unsere Probleme finden.

Mein Tipp für Vielbeschäftigte ist *Urban Walking*. Wer in der Stadt lebt, sollte auch längere Wege nicht immer mit dem Auto, Rad oder öffentlichen Verkehrsmitteln fahren, sondern einfach mal laufen. Das macht den Kopf frei. Natürlich ist es besser, in der freien Natur zu spazieren, doch werktags hat man nicht immer genug Zeit. Beim Laufen in der Natur kommt noch der Effekt der fehlenden Ablenkung hinzu, der positiv auf die Psyche wirkt und uns beruhigt. Wie die US-amerikanischen Psychologen Rachel und Stephen Kaplan herausgefunden haben, kostet es uns Energie, die Aufmerksamkeit zielgerichtet auf bestimmte Reize zu fokussieren und störende auszublenden. Heulende Sirenen, Maschinen, Straßenlärm, klingelnde Telefone, plaudernde Kollegen … all das raubt uns Kraft. Im Grünen ist weniger willentliche Aufmerksamkeit notwendig. Wir müssen uns dort nicht anstrengen, um die Bäume wahrzunehmen oder vorbeiziehende Wolken. So ist die Natur nicht nur gut für das Denken, sondern auch für das Wohlbefinden, nicht zu vergessen die sauerstoffreichere und schadstoffärmere Luft.

Selbstwirksamkeit

Wenn wir wieder stärker in und bei uns sind und uns selbst wahrnehmen können, erlangen wir auch mehr Vertrauen und Selbstvertrauen. Sie empfinden sich dann als „wirksamer". Den Begriff *self-efficacy* (Selbstwirksamkeit) prägte der kanadische Psychologe Albert Bandura bereits in den 1970er-Jahren. Die aktuelle Debatte über die Volkskrankheiten Depression und Burn-out, der nichts anderes ist als eine Erschöpfungsdepression, hat den Begriff aktuell wieder ins Bewusstsein gebracht.

Die vier Quellen der Selbstwirksamkeit

1. **Wissen,** dass es Wege und Möglichkeiten gibt, Emotionen wie Angst oder Stress abzubauen und uns zu entspannen.
2. **Vertrauen** in uns selbst, weil wir auf eigene Erfolgserlebnisse zurückblicken können. Das stärkt uns, weil wir erkennen: Hey, wir haben das schon einmal geschafft!
3. **Erkennen,** dass andere mit den gleichen Fähigkeiten wie wir selbst ebenfalls knifflige Aufgaben bewältigen. Das motiviert und gibt uns die Sicherheit, das auch hinzukriegen.
4. **Ermutigung** durch andere. Dadurch glauben wir stärker an uns, als wenn andere an uns zweifeln. Allerdings sollte man jemanden nicht unrealistisch fordern. Das verkehrt sich bei wiederholtem Misserfolg ins Gegenteil und demotiviert.

Diese vier Aspekte helfen, Vertrauen in unsere eigene Kompetenz aufzubauen und zu verstärken. Das ist gerade in stürmischen Zeiten notwendig, damit man ihnen resilient begegnen kann. Resilient zu sein bedeutet, psychisch widerstandsstark zu sein, und setzt Lösungsorientiertheit, Akzeptanz und den Optimismus voraus, das Leben trotz auftretender Widrigkeiten zu meistern. „Oft sitzt das Scheitern im Kopf, in Form von Selbstverurteilung", weiß etwa die Trainerin für Stressmanagement Monika Gruhl. Sie hat beobachtet, erklärt sie gegenüber dem Magazin *Der Spiegel Wissen,* dass bei vielen das Selbstbild total im Keller ist. Die Broschüre *The Road to Resilience,* eine Anleitung zum Erlernen von Resilienz, herausgegeben von der amerikanischen Psychologenvereinigung, empfiehlt deshalb: Sorge für dich selbst, glaube an deine Kompetenz, baue soziale Kontakte auf, entwickle realistische Ziele, verlasse die Opferrolle, nimm eine Langzeitperspektive ein. Und vor allem: Betrachte Krisen nicht als unüberwindbares Problem.

So ist die Natur nicht nur gut für das Denken, sondern auch für das Wohlbefinden

Schritt für Schritt

Auf seinem Weg zurück zur Zufriedenheit sollte man den Weg zu fernen Zielen in Etappen zerlegen. Diese sind der Reihe nach leichter zu bewältigen, und man kann das Erreichen jedes Teilziels einzeln feiern. Durch diese Herangehensweise wächst das Zutrauen zu uns selbst. Es ist, wie wenn wir uns selbst Handlungsspielräume zugestehen und diese immer weiter ausdehnen. Man erfährt sich als sinnvoll in dem, was man tut. Das schenkt Lebens- und Schaffensfreude. So schließt sich der Kreis an der Stelle wieder, an der es darum geht, in sich eine Heimat zu finden, um daraus für die große Heimat draußen Kraft zu schöpfen und einen Umdenkprozess anzustoßen.

Aktiv werden in der Praxis: einige Beispiele

AKTIV WERDEN IN DER PRAXIS

Es macht Spaß und ist eine Genugtuung, sich als Unternehmer oder als Bürger zu politisieren. Es ist meiner Meinung nach die Pflicht eines jeden, sich gemäß dem humanistischen Ideal persönlich in unserer aufgeklärten Welt zu engagieren. Jeder ist in unserer unentrinnbaren Weltgemeinschaft dazu aufgefordert, solidarisch seinen Teil zur Entwicklung der Gesellschaft beizutragen; nach bestem Wissen und Gewissen und je nach individuellem Vermögen. Vor allem den Reichen und Einflussreichen kommt dabei große Verantwortung zu.

Natürlich wäre es wünschenswert, wenn die Gesetzgeber für unsere Zukunft die Weichen mit Weitblick und Verantwortung richtig stellen würden. Doch die Politiker sind vielen Einflüssen, Zwängen und Verlockungen ausgeliefert, dies nicht zu tun; sei es aus Angst um die Wiederwahl, sei es wegen des massiven Drucks vonseiten der Lobbyisten, die aus Wirtschafts- und Machtinteressen soziale und ökologische Veränderungen bekämpfen. So spielen zwangsläufig die vielen kleinen Schritte und Taten von uns einfachen Bürgern die größte und wichtigste Rolle für die dringend notwendigen Veränderungen. Die Zeit wird immer knapper für unsere krisengeschüttelte Welt. Auf die Politik sollten wir nicht warten.

> Wir brauchen gewaltfreien Widerstand gegen das Establishment

Jede noch so kleine Initiative ist wichtig, denn alle Initiativen zusammengenommen verändern die Welt! Dazu muss man energisch und bewusst zu leben lernen. Das ist nicht leicht, sind wir doch meist täglich mit individuellen Sorgen und der vielen Arbeit so beschäftigt, dass wir die restliche Zeit und Energie nur noch für den Konsum verplempern. Aber wir können tatsächlich etwas anstoßen und bewirken, wenn wir unser Verhalten ändern. Das leider häufig zu hörende Argument „Ich kann als Einzelner ja doch nichts tun" ist eine bequeme Ausrede, grundfalsch und fatal. Mit dieser Einstellung wird man nie einen Beitrag leisten.

Außerdem ist es nicht erstrebenswert, immer dem Mainstream zu folgen, denn der lebt in einem „selbstgerechten Wohlstand", gepaart mit einer „aggressiven Normalität". Mit diesen Begriffen kennzeichnet Georg Diez in einem Artikel im *Spiegel* 14/2015 zwar die Gesellschaft in den 1980er-Jahren in der fränkischen Provinz. Aber ich finde, sie treffen bis heute zu, und zwar nicht nur auf einige Ecken und Winkel der Republik. Wir brauchen gewaltfreien Widerstand gegen das Establishment, das am liebsten immer so weitermachen würde wie bisher. Und der rührt sich tatsächlich, wie die vielen Beispiele in diesem Buch zeigen.

Kommen wir nun von den großen Zusammenhängen und meinen konsumkritischen Frustrationen zurück zu konkreten Einzelfragen, die wir im Auge behalten müssen.

Die Fischbestände schonen

Wir alle wissen, wie es um die meisten Fischbestände in allen Meeren und Binnengewässern der Welt bestellt ist, nämlich hundsmiserabel! Ein Beispiel dafür, wie Verbraucher ihren Einfluss geltend machen und so die Welt verändern können, ist die Kampagne *Slow Fish* (www.slowfood.com/slowfish/). Sie gibt uns die Chance, uns zu informieren und so aus dem Angebot im Handel kritisch auszuwählen. Wir können aufmerksamer und neugieriger werden, neue gastronomische Wege entdecken und uns in unserem kleinen Rahmen aktiv am Schutz der Fischbestände beteiligen. Jeder von uns, ob Verbraucher, Koch oder Fischhändler, kann seinen Teil dazu beitragen!

Wir können tatsächlich etwas anstoßen und bewirken, wenn wir unser Verhalten ändern

Dass in den 90er-Jahren die Verbraucher ihre Stimme erhoben, um den Tod von Delfinen als Beifang beim Thunfischfang zu verhindern, hat die Dinge wirklich geändert. Auch die Kampagne *Give*

Swordfish a Break! Ende der 90er-Jahre in den USA war ein Erfolg und führte zu einer Erholung der Schwertfischbestände. Aber das alles genügt noch lange nicht. Grundsätzlich ist die Riesenmenge an Beifang, der in der Regel tot ins Meer zurückgekippt wird, ein immenses Problem. Der Beifang muss endlich in die Fangquote eingerechnet werden. Nur dieser wirtschaftliche Zwang kann die Fangflotten zu durchgreifenden Änderungen bewegen.

Tierschutz in der Landwirtschaft

Esther Müller, Fachreferentin beim *Deutschen Tierschutzbund,* hält einen grundlegenden Systemwechsel in der Tierhaltung für überfällig: „Wir müssen weg von der Hochleistungszucht, die dazu führt, dass Masthühner nicht mehr laufen können und Turbokühe leistungsbedingt krank werden und vorzeitig sterben. Wir müssen weg von der Tiermanipulation und verbieten, dass Schnäbel und Schwänze kupiert werden. Wir brauchen eine Landwirtschaft, die ihre Haltungssysteme den Bedürfnissen der Tiere anpasst und nicht umgekehrt."

Dass mehr Tierschutz möglich sei, zeige der *Verein für tiergerechte und umweltschonende Nutztierhaltung Neuland,* den der Deutsche Tierschutzbund gemeinsam mit dem BUND und der *Arbeitsgemeinschaft bäuerliche Landwirtschaft* (AbL) bereits 1988 gegründet hat. Seit einem Jahr gibt es auch Produkte mit dem Label *Für Mehr Tierschutz* (www.tierschutzlabel.info). Dass die Verbraucher heute mehr Tierschutz fordern, sei längst mehr als deutlich: „An der Demo *Wir haben es satt!* nehmen jährlich mehr als 20 000 Menschen in Berlin teil, und beim *Tollwood-Festival* in München wurden mehr als 60 000 Unterschriften für mehr Tierschutz in der Landwirtschaft gesammelt. Das

> Die vielen Spitzenköche sollten regelmäßig mit der Faust auf den Tisch hauen

sind klare Signale an die Bauernverbände und die Politik, einen Systemwechsel einzuleiten!", so Müller weiter.

Wer laufend billiges Fleisch aus fragwürdiger Tierhaltung kauft, ist mitschuldig daran, dass Fleisch mit verachtenswerten Methoden erzeugt wird. Das ist logisch, und alle wissen es. Die Mehrheit der Menschen liest Zeitungen und Magazine, hört Radio oder sieht fern. Es wimmelt nur so von Enthüllungen über die grausige Realität in deutschen Ställen, über Gammelfleisch- und andere Lebensmittelskandale. Wie kommt es nur, dass dann am Kühlregal doch die Augen zugemacht werden? Es muss am Geld liegen, am Egoismus, am Geiz. Oder an der Ignoranz.

Die vielen Spitzenköche sollten regelmäßig mit der Faust auf den Tisch hauen, denn ihnen glaubt man, den prominenten Protagonisten der guten Küche. Die fängt aber leider in den Kochsendung erst da an, wo es schon zu spät ist, weil das Stück Fleisch schon anonym auf dem Schneidebrett liegt. Kaum jemand scheint sich dafür zu interessieren; vielleicht traut man sich wegen der Einschaltquote nicht, mal Farbe zu bekennen. So sind die Kochsendungen belanglose Promitalks. Alfons Schuhbeck, den ich für sein Wissen und seine Arbeit sehr schätze, engagiert sich leider auch nicht. Immerhin klopft er keine negativen Sprüche über Bio, was andere durchaus tun. Eine Mitarbeiterin, die mit ihm Rezepte für Kochbücher erarbeitet, hat zu mir gesagt: "Ich arbeite an ihn hin. Das Einzige, wozu ich ihn überreden kann, sind unbehandelte Bio-Zitronen."

Alle predigen unablässig die Qualität ihrer Zutaten. Aber hohe Qualität, was heißt das eigentlich? Geschmacks- und Verarbeitungsqualität? Tierwohlqualität? Handwerkliche Metzgerqualität? Oder geht es auch um soziale Fragen? Wird der Erzeuger anständig entlohnt, werden seine Mitarbeiter gut behandelt? Man muss Qualität benennen, wenn man über Qualität spricht, und sagen, welche Qualität man meint. Viele Spitzenköche haben das noch nicht begriffen, aber es wird langsam besser, weil sich immer mehr Menschen für diese Art von Qualität interessieren.

Naturschutz im Ackerbau

Glyphosat, ein 1974 erfundenes Herbizid (Unkrautvernichter) ist heute als „Totalherbizid" unter dem Namen *Roundup* das am häufigsten eingesetzte Pflanzenschutzmittel in der Landwirtschaft. Im Frühjahr 2015 war ich in Schwaben bei Ludwigsburg, wo jede Rebenreihe im Weinbau mit Glyphosat gespritzt wird, weil man sich die Mühe der mechanischen Unkrautbekämpfung im Weinbau nicht mehr macht. Die Reben fingen gerade an auszutreiben. In der Mitte zwischen den Rebenreihen sieht man grüne Steifen, unter den Reben verlaufen gelbe Streifen, wo die Blätter gelb sind und tot am Boden liegen. Natürlich gelangt das Glyphosat in den Boden. Jährlich werden allein in Deutschland 5000 Tonnen von dem Unkrautvernichter versprüht.
Dieses Problem gibt es nicht nur im Weinbau und überhaupt im ganzen landwirtschaftlichen Anbau, sondern auch in privaten wie öffentlichen Gärten und Parks! *Monsanto* schreibt auf seine Sprühflaschen im Baumarkt (ein Drittel der gesamten Glyphosat-Produktion wird an Privatleute verkauft!) gegen Unkraut: Nur auf die Pflanze, nicht auf den Boden sprühen, weil das Mittel nicht ins Grundwasser gelangen soll. Das liest natürlich kein Mensch, und das Mittel löst sich ja nicht in Nichts auf, sondern bleibt immer irgendwo. Am besten und sichersten ist es immer noch, das „Beikraut", wie wir es nennen, mechanisch zu zupfen, statt zu sprühen! Das gibt ein gutes Gefühl.
Glyphosat steht im Verdacht, den sogenannten chronischen Botulismus bei Rindern zu verursachen. Beim Eintritt in die Nahrungskette ist auch der Mensch betroffen: 15 000 Tonnen werden pro Jahr versprüht, und zwar immer kurz vor der Ernte, weil das Mittel die Reifung beschleunigt und die Unkräuter beim Ernten stören können. In Amerika, wo Monsanto Glyphosat-resistente Pflanzen entwickelt hat, etwa Mais und Soja, wird noch wesentlich mehr Glyphosat in Form von *Roundup Ready* versprüht. Derzeit wird

noch gegen den Willen der Industrie ein Zusammenhang zwischen Glyphosat und dem extrem angestiegenen Auftreten von Allergien, Demenz und Krebs erforscht.

Bewiesen ist, dass der Wirkstoff gefährlich ist. Auf der Website des Albert-Schweitzer-Instituts (albert-schweitzer-stiftung.de) findet man folgenden bedenkenswerten Text: „Schon in geringen Mengen schädigen Glyphosat und Roundup die menschlichen Embryonal- und Plazentazellen sowie die DNA von Menschen und Tieren. In menschlichen Zellen kann Roundup innerhalb von 24 Stunden zum vollständigen Zelltod führen. Nachweislich tödlich ist Roundup vor allem auch für Amphibien. Zudem bestehen bei Menschen und Tieren Zusammenhänge zwischen Glyphosat und Fehlbildungen/-geburten. Darüber hinaus weist eine neuere Studie darauf hin, dass Glyphosat Erkrankungen wie Alzheimer, Diabetes und Krebs den Weg ebnen sowie zu Depressionen, Herzinfarkten und Unfruchtbarkeit führen könnte. Nicht zuletzt hat Glyphosat hohe negative Auswirkungen auf die Bodenfruchtbarkeit und das Bodenleben: Bestimmte krankheitserregende Pilze wie Fusarien (parasitäre Schimmelpilze, die ihren Wirt töten) werden gefördert, die Aufnahme von Mikronährstoffen und die Krankheitsabwehr von Pflanzen gestört, die für die Durchlüftung von Böden unverzichtbaren Regenwürmer meiden mit Glyphosat belastete Böden."

Dieser Befund ist absolut alarmierend! Und weltweit wird der Einsatz von Glyphosat auch noch stark steigen und sich in zwei, drei Jahren auf 1,5 Millionen Tonnen verdoppeln! Jeder einzelne Mensch muss das für sich erkennen, die Konsequenz ziehen und auf alternative Nahrungsmittel umsteigen, denn der Ökolandbau ist die einzige Alternative. Nur durch unsere bewusste Auswahl beim Konsum können wir das Verbot gentechnisch veränderter Pflanzen durchsetzen und die Bauern und Lebensmittelhersteller davon abbringen, weiter Billigware von fragwürdiger Qualität im großen Stil zu vermarkten.

Seit 30 Jahren führen wir die Diskussion über die Pestizide. Seit 90 Jahren zeigen wir, dass man mit Biolandbau anständige Qualität erzeugen und gute Erträge erwirtschaften kann, ohne ständig Gift in den Boden oder auf die Pflanzen zu spritzen, nur mit natürlicher Düngung. Es gibt aber immer noch Professoren, die behaupten, Grenzwerte würden heute kaum mehr überschritten und es seien nicht mehr die gleichen Pestizide erlaubt wie noch vor Jahren. Das sind Verharmlosungen, und ich frage mich, wo der Stolz und das Ethos der Wissenschaftler bleiben, die Wahrheit zu ergründen. Haben sie Angst? Diese Professoren sollten eigentlich jungen Leuten etwas über gesunde Ernährung beibringen…

Die Industrie ins Boot holen

Jeder Betrieb, jeder Konzern muss sich dem Thema Nachhaltigkeit stellen. Er muss erforschen, wie er seine Produkte und Dienstleistungen (noch) besser produzieren kann und Entscheidungen unter dem Aspekt des *Impact* auf die Welt prüfen. Stichwort *Corporate Social Responsibility* (CSR): Dabei geht es nicht nur um die korrekte Behandlung der Mitarbeiter, den Abfall im Büro und den Dieselverbrauch des Fuhrparks, sondern vor allem um die Produkte und Leistungen, die das Unternehmen anbietet. In Bereichen wie dem Energieverbrauch, für die es bis heute kaum gesetzliche Vorgaben oder Verbote gibt, muss jede Firma sich selbst an die Kandare nehmen. Es ist nicht verboten, viel Energie zu verbrauchen oder zu verschwenden. Der Gesetzgeber zwingt auch niemanden dazu, den sogenannten *Carbon Footprint* seines Unternehmens zu reduzieren. Niemand fordert offiziell dazu auf, nicht länger Ressourcen und Waren aus Betrieben irgendwo in der Welt zu beziehen, die Kinder, Näherinnen oder Bergarbeiter ausbeuterisch und unter menschenverachtenden oder lebensgefährlichen Bedingungen arbeiten lassen. Es ist nicht verboten, Kosmetika zu produzieren, die an Tieren getestet werden, oder Tierfutter, das gentechnisch verändert ist. Da zucken viele immer noch nur mit den Schultern und sagen: „Der Wettbewerb ist eben hart. Sollen wir etwa Arbeitsplätze riskieren?"

Auch ohne gesetzliche Verpflichtung und strikte Verbote sollte jedes Unternehmen, das mit solchen Techniken und Methoden produziert, aus freien Stücken umdenken – aus moralischen, ethischen und ökologischen Erwägungen. Möglichst bald und nicht erst, wenn es zu Skandalen kommt oder die Ökosysteme für die weitere Produktion nicht mehr taugen, weil das kurzsichtige Denken und der Raubbau sie zerstört haben.

Als Unternehmer trägt man in jeder Hinsicht Verantwortung. Als unser Hotel Sonnenhausen mehr und mehr zu einem Seminarort für Firmen wurde, habe ich die Order ausgegeben: „Keine Rüstungsfirmen!" Ich hatte mitbekommen, dass einmal ein solches Unternehmen bei uns gebucht hatte. Im Allgemeinen bin ich nicht kleinkariert. Jedes Unternehmen sollte meiner Meinung die Chance haben, sich (langsam!) zu verändern. Der folgende „Zwischenfall" zeigt, dass das möglich ist. Das für den probiotischen Drink *Actimel* zuständige Team von *Danone* war wegen eines Firmenworkshops bei uns, als das Unternehmen den *Goldenen Windbeutel 2009* für die dreisteste Werbelüge des Jahres im Bereich Lebensmittel erhielt. Thilo Bodes Verbraucherschutzorganisation *Foodwatch* vergibt diesen Negativpreis jährlich seit 2009. Die Werbung hatte behauptet, der Trinkjoghurt beuge Erkältungskrankheiten vor. Foodwatch wies

> *Jeder Betrieb, jeder Konzern muss sich dem Thema Nachhaltigkeit stellen*

nach, dass Actimel das Immunsystem nicht mehr stärkt als irgendein anderer Naturjoghurt. Mit zwei Unterschieden: Der Drink sei viermal so teuer und enthalte die doppelte Menge Zucker.

Als der Leiter des *Danone*-Teams das auf seinem Laptop sah, wurde er ziemlich nervös. Und da wir in Sonnenhausen seit der Gründung für Foodwatch werben und er sich daran erinnerte, forderte er uns unter Androhung der Stornierung aller *Danone*-Veranstaltungen (nicht wenige!) auf, die Foodwatch-Flyer zu entfernen. Wir weigerten uns, weil wir die Arbeit von Foodwatch schätzen. Wenn ein Verein solche Preise vergibt, dann nicht, um andere zu ärgern, sondern um sie wachzurütteln. Sie sollen sich fragen: Was machen wir falsch? Was können wir verbessern? Im Nachhinein kann ich die Reaktion des Teamleiters verstehen, wenn auch nicht akzeptieren. Viele Manager leben wie in einer Art Kokon und sehen nur ihre Firma und ihr Produkt. Sie haben gar keine Zeit und keine Kapazitäten, nach links und rechts zu blicken.

Allerdings hat *Danone* dazugelernt: Heute entwickelt der Lebensmittelkonzern eine echte Nachhaltigkeitsstrategie, und die kommt „von ganz oben" aus der Zentrale in Frankreich. Langfristig will man nur noch gentechnikfreie Milch verarbeiten und stellt sich auch sonst die Frage: Wie können wir uns ökologisch verbessern? Die Kunststoffflasche für den probiotischen Drink stellen sie auch nicht mehr aus Erdöl, sondern aus Zuckerrohr her. Statt „Actimel aktiviert Abwehrkräfte" lautet der Slogan heute: „Actimel: starker Start in den Tag".

Nichts anderes als Umdenken wollten die „Foodwatcher" bewirken. Genau dafür sind die NGOs (Nichtregierungsorganisationen) da. Sie wollen keine Skandale um der Skandale willen produzieren. Sie sind keine Chaoten, sondern wollen zum Umdenken und Handeln anregen.

Öffentlich Druck machen

Auch der Organisation Greenpeace geht es nicht ums Krawallmachen. Sie will Umweltsünden aufdecken wie zuletzt mit den Bildern von den riesigen Köhlereien und abgeholzten Wäldern im Amazonasgebiet, illegal getöteten Walen auf japanischen Schiffen und verseuchten Landschaften in Russland. Dort werden illegal abgeholzte Bäume zu Holzkohle verarbeitet, um damit das sogenannte *pig iron* zu gewinnen, eine Form des Eisens. Dazu wird das Eisenerz in Hochöfen mit Holzkohle verhüttet und das Roheisen herausgeschmolzen, der Grundstoff für die Herstellung von Stahl, den nachweislich auch Audi verwendet hat.

Auf Missstände hinzuweisen und gleichzeitig offen zu sein für Gespräche mit Industrie und Politik, damit eine Entwicklung möglich wird – das ist die Strategie von Greenpeace. Immer wieder werden „Greenpeacer" gefragt, warum sie sich mit dem „Feind" an einen Tisch setzen; das sei doch gegen das Prinzip. Aber es geht nicht darum, Fronten aufzubauen, sondern um die Sache an sich, also darum, etwas zu verändern. Um das zu erreichen, muss man, bevor man eine für ein Unternehmen schmerzhafte Kampagne lostritt, auf das Unternehmen zugehen, um im Gespräch Auge in Auge eine Annäherung zu versuchen. Manchmal verändern sich die Dinge dann ohne viel Aufhebens und riesige Pressekampagnen. Das war bei der *Detox*-Kampagne ab 2011 der Fall, bei der es um schädliche Chemikalien in Sportkleidung geht. Alle drei großen Sportkleidungshersteller, mehrere Textilketten und auch Aldi haben sich bewegt. Sie sind den Forderungen nachgekommen und haben sich verpflichtet, auf die gefährlichen Chemikalien bis 2020 zu verzichten. Solche Erfolge sind großartig!

Mitunter muss man aber mit spektakulären Aktionen nachhelfen, um eine Wende im Denken einzuleiten – mitunter an den Grenzen der Legalität. Die alten Vorkämpfer von Greenpeace sahen das ziemlich entspannt: Mitgründer David McTaggart etwa (1932–2001), sagte einmal: „If you want to bring your children into the 21st century, fuck the rules!" (Wenn du deine Kinder ins 21. Jahrhundert durchbringen willst, dann scheiß auf die Regeln!)

Natürlich sagen weite Bereiche von Industrie und Handel nach wie vor „ohne mich" und wollen alles weiter so machen wie bisher. Meist nur aus Marketingüberlegungen heraus und nicht etwa aus

Überzeugung bewegen sie sich im Schneckentempo ein wenig in Richtung Nachhaltigkeit. Doch eigentlich ist ihnen dieses ganze Öko-Gedöns eher lästig.

Soziales Engagement für die junge Generation

Bei einem Gespräch mit einem Freund kam ich eines Abends auf das unbequeme und peinliche Thema „Hunger in Deutschland" zu sprechen. Da sagte er: „Mach doch mit *basic* ein Social-Sponsoring-Projekt dagegen." Das war der Auslöser dafür, dass *basic* seither mit dem Verein *Children for a better World* zusammenarbeitet. Seit 1994 bekämpft dieser mit entsprechenden Initiativen Kinderarmut, Hunger und Bildungsnotstand in Deutschland und der Welt. Als unser Partner verteilt die Organisation seit 2004 die Spenden aus unserem Projekt *Mittagstisch für Kinder und Jugendliche.* Dafür spendet *basic* von jedem im Supermarkt getätigten Einkauf einen Cent. *Children for a better World* gibt das Geld dann an lokale Organisationen, die mittags für Kinder kochen, die sonst nichts oder nichts Vernünftiges zu essen bekämen. In jeder Stadt, in der *basic* eine Filiale hat, unterstützen wir ein solches Projekt. Das heißt, wir sind aktuell bei 25 Projekten.

Um mir einen Eindruck zu verschaffen, habe ich einzelne dieser Einrichtungen besucht. Immer war die Umgebung ähnlich: sozialer Wohnungsbau, anonyme Wohnsilos, Graffiti an den Wänden, bröckelnder Putz... In vormals bürgerlichen Vierteln Deutschlands herrscht heute oft Not. Kleine Vereine, bei den Kirchen angesiedelte Gruppen und Privatpersonen, alle nur erdenklichen Arten von Initiativen haben wir gefunden und gefördert, denn jede ist notwendig und für uns förderungswürdig, solange dort jeden Mittag ein warmes Essen ausgegeben wird. Manche Initiativen betreuen

auch die Hausaufgaben, geben Nachhilfe, bieten Ferienprogramme an oder sind Anlaufstelle für minderjährige Drogenabhängige. Und alle sind auf Spenden angewiesen. Der Staat fühlt sich für die gesunde Ernährung von Kindern und Jugendlichen offensichtlich nicht angesprochen; sonst würden die Bundesministerien in Berlin nicht so hilflos wirkende und praxisferne Projekte entwickeln. Anders die Sozialpädagogin Johanna Hofmeir: 1993 rief sie die Aktion *Lichtblick Hasenbergl* ins Leben. Der Stadtteil Hasenbergl ist ein sozialer Brennpunkt im Münchner Norden. Die Kennzahlen: 26,8 Prozent Ausländeranteil, zweitgrößte Armutsdichte der Stadt und eine Arbeitslosenquote bei unter 25-Jährigen von 13,5 Prozent – viel für eine reiche Stadt wie München.
Hier setzte die Initiative an, die heute als „Einrichtung der Katholischen Jugendfürsorge der Erzdiözese München und Freising" 80 Schul- und Kindergartenkinder betreut. Zusätzlich kümmert sich die Einrichtung um 40 Azubis zwischen 18 und 21 Jahren.
Was zuerst als reiner Mittagstisch begann, ist heute zu einer Initiative mit intensiver sozialtherapeutischer Nachmittagsbetreuung geworden – für viele das Sprungbrett in den Arbeitsmarkt.

Wir wussten gar nicht, dass es in unserer Stadt so eine Not gibt

Mit *basic* unterstützen wir die Initiative via *Children for a better World* nicht nur mit Spenden, sondern laden Zehnjährige innerhalb des Programms *Pro10* (zur Berufsbefähigung für Kinder ab zehn Jahren) zu einem Praktikum ein. Außerdem stammen zwei Lehrlinge in Münchner *basic*-Filialen aus Johanna Hofmeirs Organisation. Toll, wenn solche Projekte sichtbar fruchten!
Die Reaktionen einiger unserer Kunden sind eindrucksvoll. Durch unsere Plakate aufmerksam gemacht, sagten einige: „Wir wussten gar nicht, dass es in unserer Stadt so eine Not gibt." Gleichzeitig bekundeten sie, sich stärker einbringen zu wollen. Davon ermutigt, stellten wir an jeder Kasse eine Spardose auf. In diese stecken viele ihre Wechselgeldmünzen und ab und zu sogar einen Schein.

Mein Nachfolger im Vorstand von *basic*, Stephan Paulke, hat das Projekt fantasievoll weiterentwickelt. Für Sonderspendenaktionen hat er mit einigen Produzenten vereinbart, dass beide etwas von ihrer Spanne abgeben: wir von unserer, der Hersteller von seiner. Das machten wir in den Läden durch Plakate bekannt und mit „Hoffnungsträger"-T-Shirts, die die Mitarbeiter trugen. Bei den Preisschildern an den Waren der teilnehmenden Hersteller platzierten wir den Hinweis „*basic* hilft". Das steigerte den Umsatz dieser Produkte deutlich. 2014 konnte *basic* über 160 000 Euro an die Initiativen zahlen. Damit können ein Jahr lang etwa 2000 Kinder täglich mit einem warmen Mittagessen versorgt werden!

Wir machen einen riesigen Fehler, wenn wir – und damit meine ich Europa – uns nicht intensiv um die Kinder und Jugendlichen kümmern, denn was wir in ihrer Ausbildung heute nicht leisten, wird irgendwann unbezahlbare soziale und wirtschaftliche Folgen haben. Früher gaben die Großfamilie oder Sippe, der Stamm oder die Gemeinde den Kindern Halt und erzogen sie, soweit die Eltern nicht dazu in der Lage waren. In manchen Gesellschaften gab es sogar das Prinzip, dass die Kinder mit steigendem Alter nach und nach der Gemeinschaft anvertraut wurden. Da gab es keine „Härtefälle", denn die sozial Schwächeren waren immer integriert. Ebenso wurden die alten Menschen und die Kranken früher nicht abgeschoben und gettoisiert. Aber den menschlichen Lebensrahmen Großfamilie und intakte dörfliche Gemeinschaften gibt es in den westlichen Ländern praktisch nicht mehr. Die Bevölkerung ist nach Alter, Gesundheitsstatus, Herkunft, sozialem Status und wirtschaftlicher Situation vielfach aufgespalten und auseinandersortiert. Immerhin zeigt sich ein Hoffnungsschimmer in Form der genannten Mehrgenerationenhäuser oder Wohnprojekten wie *Alt hilft Jung hilft Alt*, *Wohnen für Hilfe*, *VinziRast* oder *Grandhotel Cosmopolis*.

> *Die Bevölkerung ist vielfach aufgespalten und auseinandersortiert*

Die Solidarität der Gesellschaft fördern

Paradebeispiele für Gegenbewegungen sind die Kibbuzim in Israel und die eher als Sekte bekannte Yamagishi-Vereinigung. Diese entwickelte sich nach dem Zweiten Weltkrieg ab 1953, als Japan völlig am Boden lag, auf Basis der nachhaltigen und pazifistischen Lebensauffassung ihres Gründers, des Reisbauern Miyozo Yamagishi (1901–1961). In beiden Modellen leben die Menschen jeweils in einer engen Gemeinschaft. Die erwirtschafteten Erzeugnisse gehören allen, wichtige Entscheidungen werden basisdemokratisch getroffen, und die Kinder werden von Geburt an nicht in der Kleinfamilie, sondern gemeinsam mit Gleichaltrigen erzogen. Das klingt rigide, vielleicht sogar fundamentalistisch. Doch die Idee dahinter ist: Die Einbindung in eine starke Solidargemeinschaft verhindert, dass Kinder verwahrlosen oder unter Hunger und anderen Mängeln leiden müssen.

Wenn ich mir anschaue, wie Vereine und einzelne ehrenamtliche Aktivisten um Hilfe betteln müssen, frage ich mich, was uns der große Wohlstand in diesem Land eigentlich gebracht hat. Von einer Solidargemeinschaft kann jedenfalls kaum die Rede sein. Deswegen kann ich nur dazu auffordern, sich sozial und ehrenamtlich zu betätigen, denn das macht die Welt auf jeden Fall ein bisschen besser. Und einen selbst ausgeglichener, wie der Soziologe Hartmut Rosa meint.

Was ist denn eigentlich die Aufgabe der Gemeinschaft, die wir so abstrakt Staat nennen, als hätten wir nichts mit ihr zu tun? Soll sie nicht in erster Linie soziale Härten abfedern? Natürlich stimmt auch das Argument, dass sich nur ein Staat mit einer starken Wirtschaft soziale „Großzügigkeit" leisten kann. Aber wer genau hinsieht, erkennt, dass Wirtschaftsförderung nicht notwendigerweise zu mehr Solidarität führt. Eher das Gegenteil scheint der Fall

zu sein. Der Armutsbericht des Deutschen Paritätischen Wohlfahrtsverbands gibt das traurige Zeugnis: 12,5 Millionen Deutsche sind von Armut bedroht.
Die Politiker opfern nachhaltige Konzepte ihren kurzsichtigen parteipolitischen Interessen – etwa beim Betreuungsgeld: Das Kinder-Küche-Kirche-Modell hat in jeder Hinsicht ausgedient; auch aus wirtschaftlichen und demografischen Gründen. Trotzdem wird dafür ein Nebenkriegsschauplatz eröffnet. Der Mangel an Ganztagsschulen, Krippen- und Hortplätzen wird dadurch nicht aufgehoben, sondern höchstens kaschiert. Wie gut, dass die Bürger hie und da freiwillig mit sozialem Engagement einspringen, um Lücken zu füllen. Weil die staatliche Rundumversorgung ebenso wie die finanzielle Sicherheit in Deutschland brüchig geworden ist, nehmen Elterninitiativen, Bürger- und Nachbarschaftshilfe weiter zu, belegt die Heidelberger Marktforscherin Dr. Kerstin Ullrich. Das stimmt optimistisch.

Engagement wird einem nicht in die Wiege gelegt. Man muss Vorbilder haben und dazu angeleitet werden

Sehr bedenkenswert finde ich die Worte des französischen Menschenrechtlers Stéphane Hessel (1917–2013), der 2011 in seinem Buch *Empört Euch!* schreibt: „Die Welt ist groß, wir spüren die Interdependenzen, leben in Kreuz- und Querverbindungen wie noch nie. Um wahrzunehmen, dass es in dieser Welt auch unerträglich zugeht, muss man genau hinsehen, muss man suchen. Ich sage den Jungen immer: Wenn ihr sucht, werdet ihr finden. ‚Ohne mich' ist das Schlimmste, was man sich und der Welt antun kann. Den Ohne-mich-Typen ist eines der absolut konstitutiven Merkmale des Menschen abhandengekommen: die Fähigkeit zur Empörung und damit zum Engagement."
Wir müssen daher von uns aus über den Tellerrand hinausblicken. Sieht man sich etwa in Stadtteilen wie München-Mitte, -Bogenhausen oder -Schwabing um, in denen der Konsum beheimatet

ist, hat man den Eindruck: alles fein, teuer, schick. Doch es gibt Ecken in München und ganze Landstriche in Deutschland, wo es ganz anders aussieht. Hinter der Fassade des Konsums und abseits der Flaniermeilen bröckelt eine ganze bürgerliche Schicht weg, die sogenannte Mittelschicht, und man fragt sich vor diesem Hintergrund wirklich, warum sich die eine oder andere Partei noch als bürgerlich bezeichnet.

Engagement wird einem nicht in die Wiege gelegt. Man muss Vorbilder haben und dazu angeleitet werden. In unserer Familie war das der Fall. Meine Großmutter Erna und später meine Mutter Doris haben sich um die Belange der Mitarbeiter unserer Fleischwarenfabrik *Herta* gekümmert. Meine Mutter saß in den 80er-Jahren im Frauenausschuss des Bezirksparlaments der Düsseldorfer SPD. Als „Unternehmergattinnen" hatten beide neben der Arbeit im Betrieb das Wohl der Betriebsangehörigen im Sinn, vor allem das der Frauen, von denen viele bei *Herta* harte Arbeit in kalter, feuchter Umgebung verrichteten, bis in die 60er-Jahre oft ohne Tageslicht. Wenn jemand in der Belegschaft oder eines seiner Kinder krank wurde, wurde geholfen – mit Krankenhausbesuchen, einer Nanny auf Firmenkosten oder mit einem Wurstpaket und Blumen.

> *Hinter der Fassade des Konsums bröckelt eine ganze bürgerliche Schicht weg*

Ich glaube, dass wir drei Geschwister, mein Bruder Karl, meine Schwester Anne und ich, auf diese Weise eine ordentliche Portion Gemeinsinn mitgekriegt haben, den wir wiederum unseren Kindern weitergeben können. Vielleicht spielt es eine Rolle, dass wir im Ruhrgebiet aufgewachsen sind. Bereits während unserer Schulzeit in den 70er-Jahren setzte dort die Strukturkrise ein. Die Schließung der Stahlwerke und Zechen sorgte für viel Frust und Elend, was wir hautnah miterlebt haben. Neuen Mut zu fassen fiel den Ruhrgebietlern schwer, denn sie waren über Generationen daran gewöhnt, dass für alles gesorgt war. Meine Schwester Anne hat das früh erkannt. Sie lebte nach dem Abitur in Recklinghausen in einer WG und pendelte von dort jeden Tag nach Bochum, wo sie in der heutigen *Hutzel Vollkorn-Bäckerei* als Bäckerin arbeitete und bereits mit 20 Jahren ihre Ministiftung *Aspirina D7* gründete. Annes Stiftung unterstützt soziale und gemeinschaftsbildende Projekte sowie kleine Selbstständigkeitsinitiativen und springt bei sozialen Nöten ein, um bei den Betroffenen sozusagen Kopfschmerzen zu vertreiben; deswegen der Name. Viel später, nämlich 2005, hat meine Schwester dann für Herrmannsdorf das *Dorf für Kinder und Tiere* geschaffen.

Aber auch mein Vater und mein Bruder waren nicht untätig: Mein Vater gründete ja bereits 1985 die *Schweisfurth-Stiftung* mit dem Zweck, „Wege zu fördern, die das Leben und die Arbeit in besseren Einklang mit der Natur bringen". Ihrer Kapitalausstattung nach gehört sie zwar zu den kleineren Stiftungen in Deutschland, ihrem Renommee nach hat sie sich in den vergangenen Jahren jedoch zu einer der führenden entwickelt. Wenn es um alternative Neuerungen in der Land- und Lebensmittelwirtschaft geht, ist die Schweisfurth-Stiftung heute nicht mehr wegzudenken.

Mein Bruder Karl engagiert sich in vielen Verbänden ehrenamtlich, um die Notwendigkeit der handwerklichen und ökologischen Qualität von Lebensmitteln und ihre Wirkung auf unser Leben in die Köpfe der Politiker zu bringen.

Jetzt umdenken: zehn Tipps für den Einstieg

Machen auch Sie mit und bewegen Sie etwas – in Ihrem Rahmen und Ihrem Maßstab. Halten Sie nicht länger fest an verantwortungslosem Konsumverhalten. Ausreden wie „Das habe ich schon immer so gemacht" oder „Das machen doch alle" sind keine Rechtfertigung. Das Scheinargument „Ich bin zu klein und schwach, um etwas zu verändern" täuscht absolut und zeugt nur von Bequemlichkeit. Fassen wir also die wichtigsten Punkte für den Paradigmenwechsel vom kurzsichtigen Ich-Prinzip zur nachhaltigen Wir-Perspektive zusammen.

1. **Konsum überdenken:** Laufen Sie nicht mit der breiten Masse mit. Stürzen Sie sich zum Beispiel nicht gedankenlos ins Shopping-Vergnügen.
2. **Klasse statt Masse:** Machen Sie sich bewusst, welche Gifte und schlechten Haltungs- und Arbeitsbedingungen Sie akzeptieren, wenn Sie konventionell erzeugte Ware kaufen. Achten Sie auf Qualität und einwandfreie Herkunft beim Essen wie bei der Bekleidung. Wenn es Fleisch sein soll, wählen Sie Bio-Qualität und essen Sie es nicht jeden Tag, sondern kleine Mengen; etwa 300 Gramm die Woche.
3. **Reduce, Re-use, Repair, Recycle:** Sich bescheiden ist Trumpf! Sehen Sie alles Defekte als kreative Herausforderung statt als Anlass zum Neukauf. Denken Sie nach und hören Sie sich um, bevor Sie etwas Gebrauchtes wegwerfen.
4. **Stromverbrauch einschränken:** Entlarven Sie die Stand-by-Sünder unter Ihren Geräten und achten Sie auf Ihr Verhalten. Schluss mit der Unbedachtheit: Machen Sie sich bei allem den Energieverbrauch bewusst und unterscheiden Sie selbstkritisch zwischen Notwendigem, Komfort und Luxus.
5. **Weniger fliegen:** Folgen Sie Ihrem schlechten Gewissen und vermeiden Sie unnötige Flugreisen. Nutzen Sie wenigstens die Möglichkeit, über ein Ausgleichsportal Ihre CO_2-Sünden zu kompensieren.

6. **Peak Oil:** Das Maximum der globalen Ölförderung wird nach heutiger Einschätzung kritischer Experten wahrscheinlich zwischen 2020 und 2030 erreicht sein. Danach wird die Verknappung die Förderung fossiler Brennstoffe zwangsweise reduzieren und deren Preise stark in die Höhe treiben. Natürlich kommt heute aus den Zapfsäulen noch Öl und Benzin. Aber wann sollen wir umdenken? Erst wenn nichts mehr kommt? Erste Umdenker reagieren bereits: Statt ein SUV zu fahren, nehmen sie an Carsharing teil, setzen sich aufs Rad oder gehen zu Fuß.
7. **Achtsamkeit üben:** Wer achtsam ist, fängt sich selbst wieder zu spüren an, wird sich seiner Sinne bewusst und funktioniert nicht mehr nur. Höchst positive Begleiterscheinung: Man wird flexibler, es fällt einem leichter zu switchen und seine Ansichten zu ändern.
8. **Natur genießen:** Die Natur ist unsere Lebensgrundlage, und das nicht nur im materiellen und energetischen Sinn, sondern auch spirituell. Begegnen Sie ihr mit offenen Sinnen, erleben Sie unmittelbar, wie großartig sie ist. Wir sind nur ihre Gäste. Vielen Menschen bedeutet die Natur die wahre Heimat, weil sie ihnen die universelle Liebe nahebringt und Geborgenheit, das Aufgehen des Individuums in einem großen Ganzen.

Machen auch Sie mit und bewegen Sie etwas – in Ihrem Rahmen und Maßstab

9. **Gehen Sie voraus:** Warten Sie nicht auf andere und schon gar nicht darauf, dass die Politik den ersten Schritt macht und in Sachen Ecoismus vorangeht! Handeln Sie!
10. **Was wollen Sie ändern?** Zu Beginn des Buches habe ich Sie gefragt, inwiefern Sie sich bereits bewusst für die Umwelt einsetzen. Was wollen Sie noch in diesem Jahr, im nächsten Monat oder gleich morgen in Ihrem Leben starten und ändern? Auf geht's!

Literaturtipps

Bin im Garten 01/2014. Jahr Top Special Verlag, Hamburg

bio – Magazin für ein einfach besseres Leben 2/2014. Weber Media, Wien

Braungart, Michael; McDonough, William: Intelligente Verschwendung. The Upcycle. Auf dem Weg in eine neue Überflussgesellschaft. Oekom, München, 2014

Czwalina, Johannes; Brandstetter, Clemens: Vom Glück zu arbeiten. Warum eine würdevolle Beschäftigung so wichtig ist. Frankfurter Allgemeine, Frankfurt am Main, 2010

Das ist an Bio wirklich bio. In: Die Zeit, 22.3.2012

Die Täuschung. In: Greenpeace Magazin 6/09

Enorm. Wirtschaft für den Menschen 3/2012. Social Publish Verlag, Hamburg

Foer, Safran, Jonathan: Tiere essen. Kiepenheuer & Witsch, Köln, 2010

Forum nachhaltig Wirtschaften 3/2011 und 2/2015. ALTOP Verlag, München

Frankfurter Allgemeine Sonntagszeitung:
18.7.2010: **Es muss nicht immer Sedum sein**
26.12.2010: **Ist die Welt denn noch zu retten?**
8.2.2011: **Verbraucher, es geht um die Wurst!**
19.8.2012: **Hiergeblieben!**
25.8.2013: **Urlaub in Utopia**
19.1.2014: **Schneller Radeln durch die Metropolen**
10.5.2014: **Vom Büro direkt auf den Acker**
18.5.2014: **Grüner Schwede!**

Frankfurter Allgemeine Zeitung:
30.6./1.7.2012: **Weltretter nach Feierabend**

Future Concepts. Zukunftsinstitut, Kelkheim, 2015

Gottwald, Franz-Theo; Krätzer, Anita: Irrweg Bioökonomie.
Kritik an einem totalitären Ansatz. edition unseld, Berlin, 2014

Happinez. Das Mindstyle-Magazine 7/2014. Bauer, Hamburg

Hohler, Hubert; von Koerber, Karl: Nachhaltig genießen.
Rezeptbuch für unsere Zukunft. Trias, Stuttgart, 2012

Hopkins, Rob: Einfach. Jetzt. Machen! Oekom Verlag, München, 2014

Kauf mich nicht! In: Enorm. Wirtschaft für den Menschen 3/2013.
Social Publish Verlag, Hamburg

Koller, Christine; Seidel, Markus: Geld war gestern.
Finanzbuch Verlag, München, 2014

Löwenstein, Felix zu: Foodcrash. Wir werden uns ökologisch
ernähren oder gar nicht mehr. Pattloch, München, 2011

Master Han Shan: Wer loslässt, hat zwei Hände frei.
Bastei Lübbe, Köln, 2009

Müller, Christa: Urban Gardening, Die Rückkehr der Gärten in
die Stadt. Ökom-Verlag

Nomadisch Grün GmbH (Hg.): Prinzessinnengarten.
Anders gärtnern in der Stadt. Dumont, Reinbek, 2013

Nur wo du zu Fuß warst, warst du wirklich.
In: Psychologie heute, Oktober 2008

Philips, April: Designing Urban Agriculture – A Complete Guide.
John Wiley & Sons, New York, 2013

Rohstoffe ohne Raubbau. In: Wirtschaftswoche,
Green Economy, 27.10.2014

Rohstoffquelle Abfall. Wie aus Müll Produkte von morgen werden.
Oekom Verlag, München, 2012

Literaturtipps

Roth, Gerhard: Persönlichkeit, Entscheidung und Verhalten. Warum es so schwierig ist, sich und andere zu ändern. Klett-Cotta, Stuttgart, 2007

Rützler, Hanni; Reiter, Wolfgang: Food Report 2015. Herausgegeben vom Zukunftsinstitut und der Lebensmittel-Zeitung

Rützler, Hanni; Reiter, Wolfgang: Muss denn Essen Sünde sein? Christian Brandstätter Verlag 2015

Schill, Sarah: Anständig leben. Südwest, München, 2014

Schweisfurth, Georg; Koller, Christine: Bewusst anders. dtv, München, 2012

Schweisfurth, Georg; Tress, Simon: Fleisch. Christian Verlag, München, 2014

Süddeutsche Zeitung:
27.8.2013: **Die neue Mitte**
9.4.2014: **Basteln statt wegschmeißen**
9.4.2014: **Frag den Falk**
30./31.8.2014: **Schwellen raus!**
17.12.2014: **Den Sparmodus aktivieren**
13.2.2015: **Das Meer als Deponie**

Teilen ist das neue Haben. In: Auto, Motor, Sport 8/2014

Thompson, Henrietta: Mach Neu aus Alt. Kleidung und Accessoires. Edel Books, Hamburg, 2009

Vom Glück, mal allein zu sein. In: Stern 39/2014

Welt am Sonntag:
5.6.2011: **Nicht nur die Harten kommen in den Garten**
19.10.2014: **Leben im Finanzamt**

Ziegler, Jean: Wir lassen sie verhungern. Die Massenvernichtung in der Dritten Welt. C. Bertelsmann, München, 2011

NACHHALTIG KANN JEDER!

224 Seiten | ISBN 978-3-517-08991-1

Sarah Schill kommen Zweifel am sorglosen Leben in unserer westlichen Wohlstandsblase, dem gedankenlosen Verzehr tierischer Produkte und der ungeheuren Menge Müll, die wir anhäufen. Sie beginnt einen Selbstversuch: vegan, plastikfrei, nachhaltig, einen Monat lang. Was daraus geworden ist: ein neues Leben. Denn wer sich der Wegwerfmentalität und des bodenlosen Massenkonsums in unserer Gesellschaft bewusst geworden ist, für den gibt es kein Zurück. Ein Ratgeber für alle, denen ihr ökologischer Fußabdruck nicht egal ist.

Leseprobe unter
suedwest-verlag.de

Impressum

ISBN 978-3-424-15269-2
1. Auflage

© der deutschen Ausgabe 2015 by Irisiana Verlag, einem Unternehmen der Verlagsgruppe Random House GmbH, 81637 München
Die Verwertung der Texte und Bilder, auch auszugsweise, ist ohne Zustimmung des Verlags urheberrechtswidrig und strafbar. Dies gilt auch für Vervielfältigungen, Übersetzungen, Mikroverfilmung und für die Verarbeitung mit elektronischen Systemen.

Die Verlagsgruppe Random House weist ausdrücklich darauf hin, dass im Text enthaltene externe Links vom Verlag nur bis zum Zeitpunkt der Buchveröffentlichung eingesehen werden konnten. Auf spätere Veränderungen hat der Verlag keinerlei Einfluss. Eine Haftung des Verlags für externe Links ist stets ausgeschlossen.

Verlagsgruppe Random House FSC®N001967

 Gedruckt auf dem FSC®-zertifizierten Papier Munkenpremium Cream.

Reproduktion: Regg Media GmbH, München

Druck & Bindung: GGP Media GmbH, Pößneck
Printed in Germany

Projektleitung und Redaktion: Nikola Hirmer

Lektorat, Layout und Satz: Knipping Werbung GmbH, Berg bei Starnberg
Korrektorat: Susanne Schneider
Herstellung: Sonja Storz
Bildredaktion: Anka Hartenstein

Fotoproduktion: Sabine Kestler
© Silvio Knezevic Fotografie,
c/o Atelier S07, Reifenstuelstr. 7, 80469 München

Umschlaggestaltung: Geviert, Andrea Janas unter Verwendung eines Fotos von © Silvio Knezevic

Bildnachweis: 1: Gerhard Roth; 2: Matthias Beier; 3: Niko Paech; 4: http://www.leopold-kohr-akademie.at; 5: Getty Images/David Levenson; 6: Janne Tervonen; 7: Nicole Heiling; 8: Jaqueline Godany; 9: Camilla Plum; 10: Columbus Leth, 11: Wolfgang M. Weber; 12: Jim Wileman; 13: Marco Clausen/Prinzessinnengarten; 14: Dr. Christa Müller; 15: dpa Picture-Alliance/Robert B. Fishman; 16: Martin Waalboer/Stichting Repair Café; 17: Christian Weiss; 18: Thirza Schaap; 19: Anna Schweisfurth; 20: Helgo von Meier; 21: www.danielgeorge.de; 22: Michael Fritschi; 23: dpa Picture-Alliance/Wing Shya; 24: dpa Picture-Alliance/RIA Novosti; 25: Max Doyle; 26: mit freundlicher Genehmigung von Jeremy Rifkin Enterprises; 27: Anton Dapont; 28: Christian Gelleri; 29: Nadia Cortellesi